Karlheinz Ebert

Bodensee und Oberschwaben

Zwischen Donau und Alpen:
Wege und Wunder im ›Himmelreich des Barock‹

DuMont Buchverlag Köln

Umschlagvorderseite: Wallfahrtskirche Birnau am Bodensee (Foto: W. Ligges, Flaurling)

Umschlagklappe vorn: Heiligkreuztal, Christus-Johannes-Gruppe, um 1310 (Foto: K. Ebert, Waldbronn)

Umschlagrückseite: Pfarr- und Wallfahrtskirche Steinhausen (Foto: K. Ebert, Waldbronn)

Frontispiz S. 2: Kaiser Otto III., umgeben von den Vertretern der geistlichen und weltlichen Stände. Aus dem Evangeliar, das im Auftrag des Kaisers gegen das Jahr 1000 auf der Reichenau entstand. (Bayerische Staatsbibliothek, München)

© 1981 DuMont Buchverlag, Köln
8. Auflage 1990
Alle Rechte vorbehalten
Satz: Boss-Druck, Kleve
Druck und buchbinderische Verarbeitung: C & C Offset Printing Co., Ltd.

Printed in Hong Kong   ISBN 3-7701-1185-0

Kunst-Reiseführer in der Reihe DuMont Dokumente

Zur schnellen Orientierung – die wichtigsten Orte und Sehenswürdigkeiten des Bodenseegebietes und Oberschwabens auf einen Blick:

(Auszug aus dem ausführlichen Ortsregister S. 324–329)

In der Umschlagklappe: Übersichtskarte Bodensee und Oberschwaben

In der hinteren Klappe: Zeittafel zur Geschichte

Inhalt

Vorbemerkung

Die Beschreibung einer Landschaft, in der nahezu jedes Dorf ein gutes Stück Vergangenheit in sehenswerten Bau- und Kunstdenkmälern bewahrt, mußte sich im Entwurf wie in den Details auf eine Auswahl beschränken, wenn sie den Rahmen dieser Buchreihe nicht sprengen sollte. Um so mehr kam es darauf an, neben Reisezielen, die vom organisierten Tourismus ohnedies schon bevorzugt werden, auch die stilleren, zum Teil abseits der ›Oberschwäbischen Barockstraße‹ gelegenen Kleinode angemessen zu berücksichtigen, damit in der Beschränkung ein Eindruck von der Vielfalt des Ganzen erhalten blieb. Eine weitere Absicht war, die Bedeutung eines Ortes, eines Bauwerks oder eines Kunstgegenstandes nicht allein aus seiner heutigen Situation heraus zu erklären, sondern – wo immer möglich und im Hinblick auf den Umfang vertretbar – den geschichtlichen Hintergrund mit einzubeziehen.

Von wenigen Ausnahmen abgesehen, blieben Objekte unerwähnt oder wurden zumindest nicht ausführlich behandelt, wenn sie nicht allgemein zugänglich sind. Eine stark verkürzte, dem Gewicht eines Themas auf den ersten Blick vielleicht nicht entsprechende Darstellung wurde gewählt, wo Besichtigung nur in geführten Gruppen möglich ist und eine detailliertere Information sich im Rahmen einer solchen Führung von selbst ergibt (z. B. in Salem oder Heiligenberg).

Vorsorglich muß auf die Möglichkeit, ja Wahrscheinlichkeit hingewiesen werden, daß der Leser an Ort und Stelle immer wieder Situationen vorfinden wird, die sich gegenüber dem hier mitgeteilten Informationsstand geändert haben. Die Kunstdiebstähle häufen sich, und dementsprechend nimmt auch die Zahl der Kunstwerke zu, die von den Eigentümern der Öffentlichkeit entzogen und in sichere Verwahrung genommen werden. Öfters erhalten sie auch nur einen neuen Platz in der alten Umgebung, an dem sie besser zu sichern sind. Viele kleinere und weniger besuchte Kirchen – katholische wie evangelische – sind heute aus den gleichen Gründen außerhalb der Gottesdienste geschlossen. Da aber die Schwaben auf ihren Besitz allemal stolz sind und ihn darum nicht nur im Verborgenen glänzen lassen wollen, kommt man mit einem freundlichen Wort im Mesner- oder Pfarrhaus fast immer zum Ziel oder zumindest zum passenden Schlüssel.

Um die praktische Handhabung des Reiseführers vor allem solchen Benutzern zu erleichtern, die mit möglichst wenig Aufwand an Zeit und eigener Initiative möglichst viel sehen wollen, werden Tagestouren vorgeschlagen und zur Grundlage der Gliederung gemacht. Sie sind in erster Linie für den Autofahrer gedacht und lassen, da die Streckenlänge in keinem Fall wesentlich über 100 Kilometer hinausgeht, neben der reinen Fahrzeit genügend Raum für Besichtigungen, wenn auch nicht gerade für ausgedehnte Museumsbesuche. Im übrigen zeigt ein Blick auf die Karte, daß sich diese Vorschläge locker handhaben lassen, denn da es von Ulm nach Friedrichshafen nur 100 Kilometer sind, das ganze Gebiet also ziemlich klein beieinander bleibt, ist jede Tagesroute von allen Seiten her ohne größeren Aufwand anzufahren. Selbst am und um den Bodensee ergeben sich einfache Verknüpfungen untereinander durch den gut bedienten Fährverkehr zwischen Konstanz und Meersburg, Romanshorn und Friedrichshafen.

Die beste Art und Weise, den Bodensee und Oberschwaben kennenzulernen, sind indessen immer noch ein längerer, erholsamer Aufenthalt und die individuelle Auswahl dessen, was man an Werken der Kunst und der Architektur nicht nur flüchtig sehen, sondern sich als ideellen Besitz aneignen und hinterher durch vertiefende Lektüre womöglich noch festigen möchte. Hierfür sind das Ortsregister und ein Literaturverzeichnis gedacht. Was die einschlägige Literatur betrifft, ist besonders hinzuweisen auf die dreibändige ›Oberschwäbische Barockstraße‹ des Weingartener Benediktinerpaters Gebhard Spahr. Sie ist das Ergebnis jahrzehntelangen Studiums von Erscheinungsformen und geistesgeschichtlichem Umfeld des Oberschwäbischen Barock, behandelt aber auch die Geschichte der Landschaft und ihrer Menschen im weitesten Sinne und bietet außerdem eine erschöpfend ausführliche Ikonographie.

Durch die Gemeindereform in Baden-Württemberg haben sich auch in Oberschwaben und am Bodensee Ortsnamen insoweit verändert, als sie jetzt nur noch Teilortsbezeichnungen innerhalb größerer Gemeindezusammenschlüsse sind. Dessenungeachtet sind im folgenden die alten Namen jeweils an erster Stelle genannt und die neuen ggf. in Klammern beigefügt, weil davon auszugehen ist, daß die meisten unserer Reiseziele dem Fremden unter ihren althergebrachten Bezeichnungen geläufiger sind, er also beispielsweise die ›schönste Dorfkirche der Welt‹ nicht in Bad Schussenried, sondern nach wie vor in dem kleinen Ort Steinhausen suchen wird, der jetzt nach Bad Schussenried eingemeindet ist. Im Ortsregister wird er selbstverständlich unter beiden Bezeichnungen fündig werden.

Zu guter Letzt: der Autor kann seinem bescheidenen Versuch, durch eine deutsche Kulturlandschaft von europäischem Rang zu führen, keinen besseren Wunsch mit auf den Weg geben, als daß der Leser etwas nachempfinden möge von dem Glück des Aufgehobenseins in einem Stück Heimat, in dem Geschichte und Gegenwart, Kunst und Leben, Gott und die Welt wohl noch näher beieinander sind und selbst die Natur einem noch ursprünglicher vorkommt als anderswo.

Landschaft – Geschichte – Barock

Viermal in erdgeschichtlichen Zeiträumen hat sich der Rheingletscher nach Norden und Westen vorgeschoben und auf seinen eiszeitlichen Wanderungen nicht nur das Bodenseebecken ausgeschliffen, sondern Schritt für Schritt auch die angrenzende Landschaft bis hinauf zur Donau geformt, mit seinen Schmelzwassern breite Talsohlen zwischen Moränenhügeln ausgeschwemmt und die Mulden gegraben, denen die vielen kleinen und großen Seen weitum ihre Existenz verdanken. Der letzte Gletschervorstoß in der Würmeiszeit vor etwa 25 000 Jahren kam dann allerdings nur noch bis zur Mitte Oberschwabens voran. Er hinterließ den Höhenrücken, der seither die Wasserscheide zwischen Rhein und Donau ist.

Das Land unmittelbar nach der letzten Eiszeit hat man sich – vergleichbar heute etwa mit Sibirien – als eine Tundra vorzustellen, in die allerdings mit der Wärme bald dichte Wälder eindrangen und mit den Tieren, die hier Lebensmöglichkeit fanden, der Mensch. Noch war er der primitive Jäger, doch es dauerte nur ein paar tausend Jahre, bis sich Kultur in jener weitesten Auslegung des Begriffs entwickelte, die bei der Urbarmachung und Pflege des Bodens ansetzt und über die Gestaltung von Haus und Hof, von Werkzeug, Waffen und häuslichem Gerät bis zur Erfüllung persönlicher Schmuckwünsche in die ganze Vielfalt menschlicher Lebensbedürfnisse hineinreicht. Zahlreiche ergiebige Bodenfunde, vor allem am Feder- und am Bodensee, belegen diese Entwicklung.

Jetzt begann das Land durch menschliches Zutun vollends die Gestalt anzunehmen, die ihm die Natur bereits vorgezeichnet hatte, indem sie bei Ulm die weiten Schotterebenen bildete, nach Süden hin anmutige Hügelketten aufschichtete, fruchtbares Acker- und Weideland bis zum Allgäuer Alpenrand ausbreitete und im kleinräumigen Moränengebiet am Bodensee beste Voraussetzungen für den Obst- und Weinbau schuf. Doch überall ist der Wald dabeigeblieben, teils auf großen zusammenhängenden Flächen, zum anderen Teil in kleineren und kleinsten Arealen, die manchmal nur gerade eine Hügelkuppe zudecken oder als dunkelgrüne Farbtupfer zwischen Wiesen und Äcker gesetzt sind. Am meisten von dem Überfluß an Leben und Vergänglichkeit lassen indes die großen Feuchtbiotope der Hochmoore und Riede ahnen, wo die Natur auf Zehntausenden von Hektaren noch ganz sie selbst sein darf.

Die Entstehung dieser Landschaft war gewiß ein Vorgang von elementarer Dramatik. Davon zurückgeblieben ist gerade das Gegenteil: ein Stück epischer Beschaulichkeit, ein Eindruck von luftiger Weite, an manchem Tag ein fast schon mediterranes Licht, eine Helle, als teile der Bodensee die empfangenen Sonnenstrahlen wie ein Spiegel weit um sich herum wieder aus. Dennoch: Will man die Schönheit, die in alledem einbeschlossen ist, näher charakterisieren, so wird man sie eher herb nennen, als lieblich finden – und davon allenfalls die unmittelbare Nachbarschaft des Bodensees ausnehmen. Oberschwaben ist ein Land von eigenem Charakter, das sich keinem aufdrängt. Es verlangt, daß man von ihm lerne, es zu lieben.

Kelten und Römer, Alamannen und Franken sind in geschichtlicher Zeit darüber hingegangen, machten sich seßhaft, wurden wieder vertrieben oder arrangierten sich, aber das, was man eine dieses ganze Gebiet umfassende, einem roten Faden entlang erzählbare Geschichte nennen könnte, brachten sie nur in Bruchstücken zustande.

Nach der alamannischen Landnahme regierten zunächst Adelsfamilien und Kleinkönige unter einem alamannischen Herzog. Die Franken beseitigten dieses Herzogtum, und jetzt übernahmen Grafengeschlechter unter fränkischer Aufsicht die Regierungsfunktionen, bis schließlich das vom alten alamannischen Herzogshaus abstammende Geschlecht der Udalrichinger, dem auch Hildegard, die Gattin Karls des Großen, angehörte, beträchtlichen Einfluß gewann. Doch auch diese Vorzugsstellung ging wieder verloren – jetzt an die Welfen, die Reichsgüter im Schussental erwarben, das Benediktinerkloster in Altdorf, dem heutigen Weingarten, gründeten und auf der Veitsburg bei Ravensburg Hof hielten. Der letzte, der hier residierte, Welf VI., war als besonders kunstsinnig bekannt und versammelte die bedeutendsten Dichter und Minnesänger seiner Zeit um sich.

Als Welfs einziger Sohn 1167 starb, kaufte Kaiser Friedrich I. Barbarossa den ganzen welfischen Besitz in Schwaben, der vom Ostrand der Schwäbischen Alb bis zum Ammersee und über Tirol bis hinunter ins Etschtal reichte. Die Staufer faßten hier um so lieber Fuß, als sie damit neben allen anderen Vorteilen auch wichtige Durchgangsstraßen zu den Alpenpässen in die Hand bekamen, was wiederum im Interesse ihrer Italienpolitik und des möglichst ungehinderten Zugangs zu den bis nach Sizilien reichenden Besitzungen ihrer mächtigen Herrschaft lag.

Mit dem Zerfall der staufischen Reichsmacht war dann auch der Traum von der Einheit des alten Herzogtums Schwaben ausgeträumt, das einmal das ganze Gebiet des alamannisch-schwäbischen Sprachstamms mit der deutschen Schweiz, dem Elsaß, Südbaden, großen Teilen Württembergs und dem bayrischen Schwaben bis zum Lech umfaßt hatte. Jetzt war vielmehr die Stunde des niederen Adels, der ehemaligen Ortsherren und Ministerialen der Welfen und Staufer gekommen. Sie versuchten, durch Kauf, Tausch und Heirat ihren Herrschaftsbereich zu vergrößern. Manche dieser Adelsfamilien erlangten in späterer Zeit für ihre Verdienste um das Reich die Grafenwürde, so beispielsweise die Waldburg oder die Königsegg. Andere taten sich zur ›Ritterschaft in Schwaben‹ zusammen, die in Ehingen und in Wangen residierte.

Reichenau, Gero und der Schreiber Anno. Widmungsbild aus dem Reichenauer Gero-Codex, vor 969; Apokalypse: Der Engel mit dem Mühlstein, Reichenau vor 1020

Je länger, desto mehr wurde das Land zwischen Donau und Bodensee zu einem Musterfall äußerster territorialer Zersplitterung. Jeder Versuch, diesen Zustand geordnet und zusammenfassend darzustellen, scheitert denn auch an der heillosen Verzweigtheit der kleinräumigen geschichtlichen Entwicklungen. Von kurzen Übersichten auf lokalhistorische Zusammenhänge im Hauptteil des Buches abgesehen, bleibt hier im Grunde nur übrig, auf ein paar herausragende Herrschaftsgebilde hinzuweisen, etwa auf die relativ geschlossenen Besitzungen der Fürstabtei Kempten, die kleineren Territorien der Benediktinerabteien Ochsenhausen und Zwiefalten, des Augustinerchorherrenstifts Beuron und der Prämonstratenserabtei Schussenried oder auf den im Verhältnis zur Größenordnung der Diözese eher bescheidenen Besitz der Konstanzer Bischöfe.

Die Grundherrschaften der Adelsgeschlechter bildeten die anderen Steine in diesem bunten Mosaik, allen voran die Reichserbtruchsessen von Waldburg, die mit der Zeit ein größeres zusammenhängendes Herrschaftsgebiet erlangten und sich in die Linien Wolfegg, Waldsee, Zeil, Scheer, Trauchburg und Kißlegg teilten, dann die Fugger, die Königsegg, die Thurn und Taxis. Den Herren von Bodman am westlichen Bodensee hatte Rudolf von Habsburg 1277 die ehemalige Pfalz Bodman verpfändet; am östlichen See bis weit in das Rheintal und nach Graubünden hinein hatten die Grafen von

Bregenz und ihre Nachfolger, das Haus Montfort, das Sagen. Und zwischen solchem Vielerlei an Besitz und Rechten lagen wiederum verstreut die zahlreichen Reichsstädte, Reichsdörfer und Reichsabteien, die wohl nirgendwo sonst noch einmal so gehäuft waren wie gerade in diesem Raum.

Nun gab es aber neben den Reichsstädten auch noch eine ähnlich große Zahl von Landstädten, als Hauptgruppe unter ihnen die von Habsburg gekauften ›Fünf Donaustädte‹ Riedlingen, Munderkingen, Mengen, Saulgau und Waldsee, zu denen 1343 noch Ehingen kam. Obwohl mehrfach und zum Teil längere Zeit verpfändet, weil der Schutz des Reiches, vor allem seine Verteidigung in den Türkenkriegen, enorme Geldmittel erforderte, sind diese Städte bis zur Bereinigung der Landkarte durch Napoleon wichtige Stützpunkte des Hauses Österreich in Oberdeutschland geblieben.

Die Erwerbungen Habsburgs in diesem Raum sind im Zusammenhang mit einer langfristig angelegten Territorialpolitik zu sehen. Die Grafen von Habsburg, deren Stammsitz über dem Zusammenfluß von Aare und Reuß im Grenzgebiet zwischen Elsaß und Schweiz liegt, hatten im 12. und 13. Jahrhundert ihren Herrschaftsbereich verhältnismäßig schnell vergrößert und neben den ihnen seit 1135 und 1170 gehörenden Grafschaften im oberen Elsaß und im Zürichgau Besitz im Aargau, Frickgau und Thurgau hinzugewonnen, ihn dann durch die Pfullendorfer und Lenzburger Erbschaft wie auch durch einen Teil des einstigen Zähringer Territoriums südlich des Rheins vergrößert und in der Folgezeit weiter abgerundet. Eine Stärkung ihres Einflusses im südlichen Schwarzwald brachte der Erwerb der Vogtei über St. Blasien.

Rudolf von Habsburg, den die deutschen Kurfürsten 1273 zum König gewählt hatten, versuchte die Einigungsidee der Staufer noch einmal aufzugreifen, das verlorene Reichsgut zurückzugewinnen und das alamannische Herzogtum in seinem alten Umfang wiederherzustellen. In der Verfolgung dieses Ziels nahm er u. a. den Württembergern die Vogtei über Ulm, den Herzögen von Teck die Vogtei über Rottweil ab und organisierte den Reichsbesitz in den Landvogteien Oberschwaben, Augsburg und Niederschwaben. Aber die territorialen Kleinstrukturen und die auf sie gegründeten Machtverhältnisse waren doch schon so erstarkt, daß Rudolf mit seinen Absichten hier nicht mehr durchdrang.

Ohnehin hatten sich die Akzente seiner Territorialstrategie verlagert, nachdem 1276 das Herzogtum Österreich auf das Haus Habsburg übergegangen war und jetzt die Stärkung und Ausweitung dieser Position nach Osten zu den neuen Grundlinien seiner Politik gehörte, die damit über den engeren alamannischen Raum hinauswies. Zugleich sollte aber auch die Stellung am Oberrhein gefestigt und möglichst eng mit dem östlichen Machtkomplex verbunden werden. Eben diesem Ziel diente auch der Erwerb der Donaustädte und mehrerer Grafschaften im Donauraum sowie der Herrschaft Tengen im Hegau. Nach Norden drang Habsburg über die Schwäbische Alb hinweg bis ins Neckarbecken vor. Zur Zeit des Königs Albrecht I. umfaßte der österreichische Einflußbereich den Voralpenraum von der Aare bis zum Bodensee, das Oberelsaß, den Südschwarzwald und zahlreiche Besitzungen im Donauraum, die wiederum durch

Stützpunkte im Klettgau, Hegau und auf der Baar mit den übrigen Gebieten einschließlich des Neckarraums verbunden waren.

Da jedoch die Grafen von Württemberg nicht untätig zusahen, wie der die südwestdeutsche Geschichte thematisch beherrschende Dualismus Württemberg – Habsburg zu ihren Ungunsten aus dem Gleichgewicht zu kommen drohte, bauten sie ihre Position zunächst im Norden und Nordwesten kraftvoll aus, sicherten sich längerfristig wieder ihre Vorherrschaft im Neckarraum und schufen die Grundlagen für einen straff organisierten Territorialstaat. Auch ein erfolgreicher Vorstoß Kaiser Karls V. gegen Herzog Ulrich von Württemberg im Jahre 1519 hat letztlich nichts mehr daran geändert, daß die Bildung eines großen, den ganzen Südwesten umfassenden Territoriums scheiterte.

Habsburg wurde auf seine Ausgangspositionen zurückgeworfen, behielt zwar seine Stellung im Elsaß, Breisgau und in Teilen seiner Donaubesitzungen bis auf weiteres bei, verlor aber andererseits die Schweiz, wo die Bildung der Eidgenossenschaft zunächst in der Westschweiz eine ganz neue Entwicklung ausgelöst hatte (während sich in der Ostschweiz die alten Adelsherrschaften noch längere Zeit hielten). Württemberg hatte sich jetzt zwar nach Süden ausdehnen können, aber stärkerer Einfluß im Donautal blieb ihm trotzdem versagt. Hier und in ganz Oberschwaben florierte das kunter-

Sitzung des schwäbischen Kreises in Ulm, 1669

15

bunte Gemengsel von kleinen und kleinsten weltlichen und geistlichen Territorien unbeeindruckt von der Weltgeschichte vor sich hin. Seit dem Ende des 15. Jahrhunderts hatte es in dieser Region auch keine allzu bedeutenden Veränderungen mehr gegeben. 1780 allerdings kam Österreich noch einmal in den Besitz eines wichtigen Brückengliedes zwischen der Landvogtei Oberschwaben und Vorarlberg, als es die total überschuldete Grafschaft Montfort mit dem Hauptort Tettnang erwarb. Ein letzter größerer Besitzwechsel war die Übertragung der Grafschaft Friedberg-Scheer mit Dürmentingen und Bussen von den Grafen von Waldburg-Wolfegg auf die Fürsten von Thurn und Taxis im Jahr 1786, nachdem die Waldburger diesen Besitz kurz zuvor von dem aussterbenden Grafengeschlecht derer von Sonnenberg ererbt hatten.

Nach dem Reichsdeputationshauptschluß (1803), der Säkularisation und dem Sieg Napoleons bei Austerlitz setzte der Preßburger Frieden von 1805 den Schlußpunkt hinter die süddeutsche Eigenbrötelei. Mit Ausnahme von Hohenzollern wurden die kleinen Territorien zu Baden und Württemberg geschlagen – zum neuen badischen Großherzogtum, das jetzt erst zu einem geschlossenen Staatsgebilde zusammenwuchs und über den südlichen Schwarzwald Verbindung zum Bodensee erhielt, zum Königreich Württemberg, das sich den besonderen Dank Napoleons für die Hilfe bei der Niederwerfung Österreichs verdient hatte. Bayern bekam Lindau mit seinem Hinterland.

Erfragt man besondere Begleiterscheinungen oder Folgen der jahrhundertelangen territorialen Zersplitterung des Bodensee-Donauraumes, so ist zu bemerken, daß gerade die Reichsstädte und Reichsstifte den über die eigenen Horizonte weit hinausweisenden Reichsgedanken am treuesten bewahrt hatten. Andererseits boten sie, wie auch die Adelsherrschaften, mit ihren überschaubaren, heute würde man sagen: bürgernahen Ordnungen, der reibungslosen Funktion von Regierung und Verwaltung, mit ihrem gesunden Selbstbewußtsein der Entfaltung von Bau- und Bildkünsten günstigste Bedingungen, die vollends in der Barockzeit zu einem unvergleichlichen Aufschwung führten.

Nun hat man zwar immer wieder versucht – und versucht es heute im Zeitalter der ideologisch verfärbten Brillen vielleicht mehr denn je –, diesen barocken Kraftakt unter dem einseitig verkürzenden Aspekt zu sehen, er sei einzig zu Lasten ausgebeuteter Untertanen gegangen. Das trifft in manchen Fällen gewiß zu, im großen Ganzen wurden aber gerade umgekehrt mit einer Arbeitsbeschaffung auf breitester Basis durch Bauwesen und künstlerische Tätigkeit Reichtum auf Untertanen verteilt, produktive Faktoren einer künstlerischen Allgemeinbildung aktiviert, junge Begabungen früh entdeckt und in der Bewährung an allgemein anerkannten Aufgaben zur Reife geführt, kurzum: viele Impulse für die kulturelle Entwicklung eines ganzen Landes freigesetzt, deren Nachwirkungen bis heute fühlbar geblieben sind. Vorbereitet, begleitet und mit dem größten Nachdruck vorangebracht wurde dieses Aufblühen der Künste, auch der Wissenschaften, der Kultur im weitesten Sinne vom Wiedererstarken des nachmittelalterlichen Benediktinertums, das seinerseits wieder parallel gerichtete Energien in den klösterlichen Gemeinschaften der Prämonstratenser, Zisterzienser und des

Erste Dampf-Trajektfähre auf dem Bodensee aus dem Jahr 1869. Zeichnung von Th. Weber

Deutschen Ordens mobilisierte. Um die finanziellen Mittel sorgten sich tüchtige, haushälterische Prälaten, die meist aus dem Bürgertum stammten, aber die geistigen Grundlagen trug das ganze Land mit, über das seit dem Trientiner Konzil und der von ihm ausgelösten Selbstbesinnung der Kirche und ihrer Institutionen eine neue Blüte des religiösen Lebens gekommen war.

Hinter alledem stand aber auch die Notwendigkeit eines gewaltigen Wiederaufbaus nach den Verheerungen des Dreißigjährigen Krieges – ein wenig vergleichbar fast der deutschen Situation des Jahres 1945. Während die uns aber, wo Altes nicht mehr zu restaurieren war, in der Folgezeit nicht viel mehr als die gesichtslosen Betonwüsten wiederaufgebauter Städte bescherte, griffen damals Fürsten und geistliche Herren die in Italien angebahnten Entwicklungen neuer künstlerischer Formen und Ausdrucksweisen auf. Sie aktivierten und finanzierten die schöpferischen Kräfte im eigenen Lande wie auch die Baumeister und Künstler, die sie aus dem Ausland, vornehmlich aus Italien und Österreich, hereinholten.

Sie alle führten jene letzte Epoche einer noch allgemein verbindlichen Kultur herauf, die eine Gemeinschaft sämtlicher Bildkünste mit der Architektur stiftete, um einer neuen ›Welt-Anschauung‹ Ausdruck zu geben. Die Schaufreude als Teil einer das ganze Dasein umfassenden Lebensfreude, in der gleichwohl der Gedanke an Tod und Vergänglichkeit stets gegenwärtig geblieben ist, der Einklang von Natur und

Kunst, die unmittelbare Anschauung auch des Himmels, den die Künstler ihren Mit-
menschen in die Kirchen- und Festräume hereinholten, um den Verunsicherungen des
Glaubens durch die Wissenschaften entgegenzuwirken – das alles gehört wesentlich
mit zum süddeutsch-oberschwäbischen Barock, in dessen Schöpfungen mindestens
ebenso viel Irrationales wie Rationales mitschwingt. Darauf hat Hausenstein hingewiesen, als er schrieb: »Der Barock hat auch im ganzen eine sehr rationale Seite. Doch
ist dem barocken Rationalismus, wo er sich bis zu seinen Konsequenzen erfüllt, das
Irrationale sozusagen perspektivisch, sozusagen spekulativ einverleibt; über den
solidesten Plänen, hinter dem gediegensten, auch ruhigsten Aufriß wird sofort das
gleichsam Planlose in die Höhe fahren, das Momentane, das Zufällige, eine Fülle der
Launen, in denen heimlich, trotz aller Freiheit, aber doch noch die Rechnung funk-
tioniert.«

Auch dies, einen solchen Gedanken an Ort und Stelle nachzuempfinden, und verstehen zu lernen, was wirklich hinter einer Kunstäußerung steckt, die viele nur für
überladenes Gepränge halten – auch dies also ist eine Chance, die sich dem Reisenden
am Bodensee und in Oberschwaben bietet. Doch es ist nur eine unter vielen, wie eben
auch der Barock in diesem Landstrich nur die kräftigste Farbe in einem weiten, viel-
farbigen Spektrum ist.

Weltstadt zwischen zwei Inseln

Konstanz – Mainau – Reichenau

Konstanz sei nur noch das Skelett seiner selbst, allein bemerkenswert durch die Trümmer seiner einstigen Größe, meinte Abbé Lambert Anno 1794, während Gérard de Nerval 1851 dem gleichen Konstanz bestätigte, es sei nicht nur die am prächtigsten gelegene Stadt Europas, sondern geradezu ein Klein-Konstantinopel. »Es ist das Kreuz dieser Stadt, daß sie einmal schon Weltstadt war«, so sieht es heute der Konstanzer Neubürger und kommunalpolitisch engagierte Biologieprofessor Peter Hemmerich.

Konstanz

Es ist schon recht merkwürdig: da hatte die Geschichte den Bischofssitz der einst größten deutschen Diözese durch das 16. allgemeine Konzil für eine Weile in den Mittelpunkt der abendländischen Welt gerückt, und da ist er heutzutage die üble Nachrede »In den Gassen wächst Gras« immer noch nicht ganz los geworden. Und dies, obwohl die junge Universität, Kongresse, Tagungen, Touristentrubel und wohl auch die Existenz einer Spielbank zu Zeiten eine Unruhe verbreiten, unter der die historische Atmosphäre der Altstadt kaum weniger leidet als unter manchem modernen Um- und Neubau, der ihr zu nahe tritt.

Hinzu kommt die exponierte Lage, in der Konstanz vielleicht besser die erste Stadt der Schweiz als die letzte in Deutschland geworden wäre. Aber so recht haben's die Konstanzer eigentlich nie gewußt, was sie sein wollten, und als sie sich doch einmal ganz und gar für etwas entschieden hatten, war's unglückseligerweise die Reformation. Vor ihr setzten sich die Bischöfe nach Meersburg ab, bis nach 1821 Freiburg der neue Bischofssitz wurde. Die Stadt sank in den Schatten ihrer eigenen Vergangenheit zurück. Einer stolzen Vergangenheit immerhin, in der sie ein Zentrum nicht nur geistlicher, sondern auch politischer Macht war, zudem ein Mittelpunkt weltweiten Handels, Brücke von Italien nach Deutschland, ein Umschlagplatz auch für die neuen Ideen der Renaissance, an deren Weg nach dem Norden – wie Peter Rabe es formulierte – ein schönes Stück Florenz in Konstanz stehenblieb: das Rathaus.

Zu dieser Zeit war der Ort freilich schon ein gutes Jahrtausend alt. Unter der Regentschaft des Kaisers Constantius Chlorus muß wohl um das Jahr 300 auf dem Münsterhügel ein kleines römisches Kastell gebaut worden sein, um die Alamannen abzu-

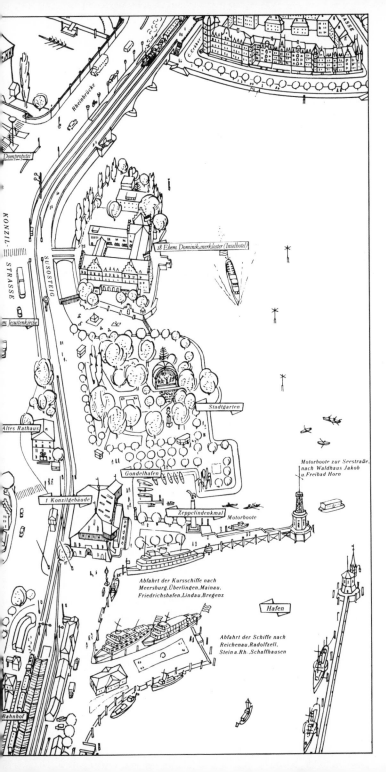

Konstanz

1 Konzilgebäude
2 Dreifaltigkeitskirche
3 Rosgartenmuseum
4 Rathaus
5 Schnetztor und
   Hus-Haus
6 Landserhof
7 Ehemaliges
   Franziskanerkloster
8 Pfarrkirche
   St. Stephan
9 Wessenberg-
   Gemäldegalerie
10 Zunfthaus zur Katz
   (Stadtarchiv)
11 Haus zur Kunkel
12 Münster Unserer
   Lieben Frau
13 Ehemalige
   Jesuitenkirche
   (jetzt altkatholisch)
14 Stadttheater (früher
   Jesuitengymnasium)
15 Kirche des ehe-
   maligen Domini-
   kanerinnenklosters
   Zoffingen
16 Ehemalige
   Dompropstei
17 Rheintorturm
18 Ehemaliges Domini-
   kanerkloster
   (Inselhotel)
19 Altes Rathaus

wehren. Im frühen 6. Jahrhundert verbindet sich zum ersten Mal mit der Erinnerung an diesen Kaiser der Name Constantia für die junge Stadt, in die um 600 das spätrömische Bistum Vindonissa (Windisch im Aargau) verlegt wird, und in der schon wenig später die erste Bischofskirche bestanden haben muß, auch wenn diese urkundlich erst in der zweiten Hälfte des 8. Jahrhunderts bezeugt ist.

Bischofs- und Kaufleutesiedlung, die letztere um 900 mit Marktrecht ausgestattet, dehnen sich rasch aus und treten 1153 mit dem Konstanzer Reichstag unter der Herrschaft Friedrich Barbarossas vollends ins helle Licht der Geschichte. Ein Schutzbrief Kaiser Heinrichs IV. stellt 1192 die Bürgerschaft frei von allen bischöflichen Steuern, und eine Urkunde von 1204 macht zum ersten Mal mit einer Einrichtung bekannt, die zu dieser Zeit gewiß noch nicht zum normalen Zubehör einer Stadt gehörte: einem Theater. In ihm hat man den frühen Vorläufer des Konstanzer Jesuitentheaters zu sehen, das im 17. und 18. Jahrhundert große Bedeutung erlangte.

Die Reichsstadt wird 1237 erstmals erwähnt, doch kommt es in der Folge zu langwierigen Auseinandersetzungen um die Stadtherrschaft mit den Bischöfen, die erst 1372 mit einem Vertrag beendet werden. Konstanz erreicht jetzt den Höhepunkt seiner politischen und wirtschaftlichen Entwicklung und wird um seines Ansehens willen zum Tagungsort des schon erwähnten Konzils vom Herbst 1414 bis zum April 1418 bestimmt, das die Kirche reformieren und ihre Spaltung mit drei rivalisierenden Päpsten an der Spitze beseitigen sollte. Die Stadt erlebte in diesen Jahren die Inthronisation des neuen Papstes Martin V. und die Krönung des Königs Sigismund zum Kaiser des Heiligen Römischen Reiches Deutscher Nation.

Dem Aufstieg folgen Jahrzehnte und Jahrhunderte eines schmerzlichen Niedergangs, der gewiß nicht allein mit dem Verlust der Rolle, die Konstanz als Bischofssitz spielte, zu erklären ist. Er hatte vielmehr schon früher eingesetzt – interessanterweise in dem Augenblick, als Zünfte und Patrizier 1430 mit einer paritätischen Sitzverteilung im kleinen und großen Rat der Stadt einen seit langem schwelenden Streit um eben diese Sitzverteilung beendeten. Wohlhabende Konstanzer Familien kehren jetzt für kürzere oder längere Zeit der Stadt den Rücken; der Wohlstand schwindet, die Wirtschaft geht zurück.

Der ›Schwabenkrieg‹ 1499, in dem sich die seit längerem gereizte Stimmung zwischen den Eidgenossen und dem Reich entlädt, bringt Konstanz neue Probleme. In seiner Blütezeit mit St. Gallen, Schaffhausen und Zürich zu einem Bund der Reichsstädte am Bodensee unter Konstanzer Führung vereinigt, verliert es jetzt sogar noch die ihm überlassenen landgerichtlichen Rechte im Thurgau und wird zu der Grenzstadt, die es bis heute blieb. Nach der Reformation im Schmalkaldischen Bund evangelischer Reichsstädte dem Kaiser unterlegen, verfällt es der Reichsacht, muß 1548 auf die Reichsfreiheit verzichten, wird österreichische Garnison und bleibt, wieder katholisch geworden, österreichische Landstadt bis 1806. Dann kommt es zu Baden, während das Bistum 1821 auf die Länder Baden und Württemberg aufgeteilt und künftig von Freiburg und Rottenburg aus verwaltet wird.

Wer sich nun auf den Weg macht, an Ort und Stelle den Spuren der Geschichte zu folgen, der hat's in Konstanz leichter als anderswo, denn an allen Gebäuden von historischer Bedeutung und auch an zahlreichen alten Straßen hat die Stadt Tafeln anbringen lassen, die über die wichtigsten Daten und Fakten informieren.

Gleich am Rande von Hafen und Bahnhof ist der unübersehbare Blickfang das *Konzilgebäude* (Farbt. 7), das allerdings fälschlich so bezeichnet wird. Denn mit dem Konzil, das im Münster tagte, steht der wuchtige Baukörper nur insoweit in Verbindung, als er damals eine Zeitlang ein Kardinalskonklave beherbergt haben soll. Seiner wirklichen Bestimmung nach diente er der Konstanzer Kaufmannschaft als ›Kaufhaus‹. In seinen zwei übereinander liegenden dreischiffigen Hallen befand sich u. a. einer der wichtigsten Umschlagplätze des Leinwandhandels. Das mehrfach umgebaute Haus steht jetzt vornehmlich für Kongresse und Konzerte zur Verfügung.

Vom Bahnhofsvorplatz aus gelangt man über die Bahnhofstraße zur Rosgartenstraße und findet hier gleich an der Ecke die *Dreifaltigkeitskirche,* die bis 1802 das Gotteshaus des 1872 abgebrochenen Klosters der Augustiner-Eremiten war. Es ist trotz der Helle und der barocken Zier eine merkwürdig herbe Stimmung, die den Besucher in dieser Kirche umfängt, ja selbst die heitere Rokoko-Poesie der Stuck-Kapitelle auf den massigen Pfeilern ändert daran wenig oder gar nichts. Möglicherweise haben das die Renovatoren und Restauratoren von 1840/41 noch stärker empfunden und nun erst recht dem gotischen Kern des im 14. Jahrhundert errichteten Baus ihre eigene und die Aufmerksamkeit der Besucher zuwenden wollen. Daß sie zu diesem Behufe die barocke Ausstattung kurzerhand hinauswarfen, war freilich ein schlimmes Mißverständnis.

Der Konstanzer Münsterpfarrer und nachmalige Freiburger Erzbischof Dr. Conrad Gröber, unter dessen Leitung seit 1907 eine gründliche Instandsetzung der Dreifaltigkeitskirche betrieben wurde, hatte große Mühe, nicht nur den noch vorhandenen Teil des barocken Inventars wieder zu Ehren kommen zu lassen, sondern es auch durch Zuerwerbungen qualitätsvoll zu ergänzen, unter anderem mit einer besonders schönen Kanzel. Gröber ließ aber auch die Konzilsfresken an den Wänden des Mittelschiffs freilegen, ein Kunstdenkmal erster Ordnung mit einer spannungsreich rhythmisierten Folge von achtzehn Szenen aus der Geschichte des Augustinerordens. Während man davon ausgehen darf, daß die Bilder der West- und Südseite noch weitgehend den Originalen entsprechen, ist das bei den Szenen auf der Nordwand, die stärker in Mitleidenschaft gezogen waren, nicht so sicher. Es gibt Kenner, die meinen, es handele sich da eher um Neuschöpfungen des Restaurators Kaltenbacher von 1907.

Die monumentalen Gestalten in den Bogenzwickeln unter dem Fries stellen übrigens Heilige aus dem Hause des königlichen Stifterpaars dar: König Sigismund hatte 1417, also noch während des Konzils, den Auftrag zu dem malerischen Wandschmuck, den ›Konzilsfresken‹ gegeben.

Zur Marktstätte und Stadtmitte hin steht an der Rosgartenstraße das *Rosgarten-Museum,* das der Konstanzer Apotheker Ludwig Leiner 1870 gründete, und das mit seinen naturwissenschaftlichen, kunst- und kulturhistorischen Sammlungen zum bedeutendsten Museum der Region wurde. (1969 wurden die naturwissenschaftlichen Bestände in ein Gebäude an der Katzgasse beim Münster verlegt und bildeten den Grundstock für das Bodensee-Naturmuseum.) Themen des Rosgarten-Museums sind die mit vielen Funden belegte Vor- und Frühgeschichte des Bodenseeraums, darunter so einzigartige frühe Kunstwerke wie die Ritzzeichnung eines weidenden Rentiers; dann die Stadtgeschichte, Kunst und Kunsthandwerk vom 14. bis 19. Jahrhundert und vieles andere mehr. Das Haus selbst, das alle diese Schätze birgt, hat Museumswert: 1324 zum ersten Mal erwähnt, war es das mittelalterliche Zunfthaus der Metzger und Krämer, wurde 1454 im Zuge eines Umbaus mit dem Haus ›Zum schwarzen Widder‹ vereinigt und hat aus dieser Zeit seinen prachtvollen gotischen Zunftsaal mitbekommen.

An der Einmündung der Rosgartenstraße in die Marktstätte zweigt links die Kanzleistraße zum *Rathaus* (Farbt. 8) ab, wo sich im Hof das schon erwähnte Stück florentinischer Renaissance in seiner vollen Pracht zur Augenweide bietet: über der Erdgeschoßlaube des Rückgebäudes ein durch Fenstergruppen schön gegliedertes Obergeschoß mit volutengeschmücktem Zwerchgiebel in der Dachmitte, das Ganze von zwei Rundtürmen flankiert.

In der Hussenstraße beim Schnetztor erinnert das *Hus-Haus* an den böhmischen Reformator, der hier bis zu seiner Festnahme und Hinrichtung gewohnt hatte. Johannes Hus war von König Sigismund mit dem Versprechen freien Geleits zum Konzil nach Konstanz eingeladen worden; die Kirche bemächtigte sich dennoch des ›Ketzers‹ und machte ihm den Prozeß. Am 6. Juli 1415 wurde Hus verbrannt. Das Hus-Haus, das seit 1924 der Hus-Gesellschaft in Prag gehört, wurde in den Jahren 1979/80 restauriert und das darin seit 1965 untergebrachte Museum neu geordnet. Gezeigt werden Dokumente, Erinnerungsstücke und Bilder zum Leben und Wirken des Johannes Hus sowie des Hieronymus von Prag, der ebenfalls während des Konzils hingerichtet wurde.

Am Obermarkt wie überhaupt in dem ganzen umgebenden Kern der alten Stadt stehen so viele alte Bauten aus der glücklichen Zeit der Reichsfreiheit beieinander, daß wohl niemand dem Besucher die Mühe abnehmen kann, sie in den Straßen und Gassen ringsum selbst zu entdecken – das *Malhaus* beispielsweise gleich an der Ecke der Hussenstraße, den *Friedenshof* an der Stelle, wo Kaiser Barbarossa 1183 den Frieden mit den lombardischen Städten geschlossen haben soll, das mit historischen Szenen bemalte *Haus zum hohen Hafen*, das *Haus zum goldenen Löwen*, nicht weit davon einen gotischen Bau mit schmuckem Zeltdach und reicher Bemalung, dann vor allem das *Hohe Haus* mit seinem gotischen Giebel, das während des Konzils der Burggraf Friedrich von Zollern bewohnte. In der nach ihm benannten Zollerngasse steht auch das *Haus zum guten Hirten*, in dem der um 1540 in Holland geborene Bildhauer Hans Morinck lebte. Sein Porträtrelief von 1608 schmückt das Gebäude, das er 1598 erworben hatte.

Auch jenseits der Wessenbergstraße, an der Nordseite von St. Stephan, steht noch ein ansehnliches Exemplar der mittelalterlichen ›Hochhäuser‹. Von da ist es übrigens nur eine kleine Wegstrecke zum *Landserhof,* dessen Frontseite der ›Unteren Laube‹ zugewandt ist, und der mit dem Schmuck seiner Giebel und einem hübschen Torturm angenehm auffällt. Unmittelbar am Stephansplatz erinnert das ehemalige *Franziskanerkloster* an das Jahr 1848, als hier Friedrich Hecker vergeblich die deutsche Republik ausrief. *St. Stephan* selbst ist wahrscheinlich das älteste Gotteshaus am Ort, ja geht möglicherweise sogar auf spätantike Ursprünge zurück. Nachgewiesen ist eine romanische Säulenbasilika im 12. Jahrhundert als Markt- und Bürgerschaftskirche der alten Stadt. Auf deren Fundamenten entstand zwischen 1428 und 1486 der spätgotische Neubau, eine weiträumige Basilika ohne Querschiff mit einer 1905 eingezogenen Flachdecke über dem Mittelschiff und dem im 18. Jahrhundert barockisierten Chor.

Bemerkenswert ist das Chorgestühl vor allem deshalb, weil es ausnahmsweise keine einheitliche Arbeit ist, sondern einerseits aus Teilen des früheren Münstergestühls (um 1300) besteht, das die Konzilsväter noch benutzten, andererseits aus Teilen und Ergänzungen, die im späten 13. und im 15. Jahrhundert für St. Stephan geschaffen wurden. Das Sakramentshaus im Chor, eine großartige figürliche Komposition, ist ein Werk des Hans Morinck. Zum Schönsten, das Morinck schuf, gehört – ebenfalls im Chor – das Grabmal für seine Frau, ein Relief der Beweinung Christi. Auch die drei Passionsszenen am gleichen Ort (Kreuztragung, Kreuzigung, Grablegung) werden ihm zugeschrieben. Weitere Bildwerke aus anderer Hand sind ein Marientod aus Ton (um 1500) in der Wand neben dem linken Seitenaltar sowie ein ehemaliges Altargemälde von Kaspar Memberger d. Ä. (1616), das von der Anbetung der Könige handelt, und eine Marienkrönung von Jakob Karl Stauder (1739). Zu dieser letzterwähnten Gruppe bedeutender Kunstwerke gehört dann freilich auch das Deckenfresko von Franz Ludwig Hermann im Chorgewölbe.

Auf der Wessenbergstraße in Richtung Münster lädt die Städtische *Wessenberg-Gemäldegalerie* zum Besuch ein. Hier hat die Sammlung des ehemaligen Bistumsverwesers Ignaz Heinrich Freiherr von Wessenberg (1774–1860) ihre Bleibe. Durch Ankäufe und Vermächtnisse wuchs sie an Umfang und Qualität mit den Jahren beträchtlich an und präsentiert ein gut sortiertes Angebot von Malerei und Graphik vom 16. bis zum 20. Jahrhundert, darunter viele Meisterwerke von Rembrandt, Ruisdael, van Goyen, Fra Bartolommeo, Tizian, Raffael, Tiepolo, Dürer, Altdorfer, Baldung Grien u. a. m. Auch das regionale Kunstschaffen des 19. Jahrhunderts ist mit Werken von Maria Ellenrieder und der Brüder Moosbrugger vertreten. Regelmäßige Wechselausstellungen bringen die Galerie immer wieder neu ins Gespräch.

Ein paar Schritte weiter um die Ecke prunkt in der Katzgasse das *Zunfthaus zur Katz,* das 1424 als Adelskasino errichtet wurde und mit seiner kraftvollen Rustikafassade an Vorbilder der italienischen Renaissance erinnert. Es beherbergt das Stadtarchiv. In dem restaurierten mittelalterlichen Bürgerhaus unmittelbar daneben wurden der Reformator Ambrosius Blarer und sein Bruder Thomas, der während der Reformationsjahre Bürgermeister von Konstanz war, geboren. 1969 hielt hier das Bodensee-Naturmuseum als Teil des Rosgarten-Museums Einzug; Geologie, Mineralogie, Paläontologie, Botanik und Zoologie sind seine hauptsächlichen Sammelgebiete.

Das *Haus zur Kunkel,* Münsterplatz 5, ist um seiner Wandmalereien in den Obergeschossen willen eine Sehenswürdigkeit. Die um das Jahr 1300 in Auftrag gegebenen Bildwerke gehören zu den frühesten profanen Fresken nördlich der Alpen. Das Haus ist nach dem Zweiten Weltkrieg der Öffentlichkeit zugänglich gemacht worden.

Das *Münster Unserer Lieben Frau* auf dem Hügel des Römerkastells ist unstreitig das bedeutendste Bauwerk an Deutschlands Südgrenze und birgt in sich die ganze Vielfalt heimatlicher Bauweisen über Jahrhunderte hinweg. Schwächlich daran ist ausgerechnet der Teil, der als Silhouette die ganze Stadt überragt: der neugotische Turmhelm, den das 19. Jahrhundert dem kraftvollen dreigliedrigen Turmaufbau aufsetzte.

Die früheste Bischofskirche ist, wie eingangs bemerkt, hier schon um das Jahr 600 anzunehmen. Ein von Bischof Lambert (995–1018) veranlaßter Umbau führt zum Abbruch von Teilen des älteren Münsters, schließt aber die großenteils erhaltene Hallenkrypta des Bischofs Salomon III. (890–919) in erweiterter Form mit ein. Überbleibsel dieses Lambert-Münsters, das 1052 einstürzte, sind die aufgehenden Mauern des Ostbaus und des Querhauses.

Der nun folgende Neubau der romanischen Basilika mit ihren durch sechzehn Monolithsäulen getrennten Schiffen wird mit der Weihe 1089 fürs erste abgeschlossen. Doch eben nur: fürs erste! Denn wie überall, wo die Kernsubstanz eines Bauwerks viele Jahrhunderte überdauerte, hat auch am Konstanzer Münster die Zeit ihre Zeichen hinterlassen, haben Menschen nach ihrem sich wandelnden Sinn hinzugebaut, restauriert, verändert, das Überkommene den neueren Moden angepaßt.

Schon um 1100 wächst aus der Basilika der Nordturm hoch, im frühen 13. Jahrhundert der Südturm, 1260 ein Vierungsturm, der 1290 einem Brand zum Opfer fällt und erst sehr viel später, 1566, in der vereinfachten Form eines Dachreiters wiedererscheint. Inzwischen ist das ›Heilige Grab‹ (Abb. 1) entstanden, beginnt sich die Reihe der seitlichen Kapellen zu formieren, kommen immer wieder neue, alles in allem mehr als sechzig Altäre hinzu, fegt der Bildersturm der Reformation den größten Teil einer unschätzbar reichen Ausstattung wieder hinweg, vollzieht sich eben jener fortwährende Wandel, in dem der heutige Zustand des Münsters gewiß auch nur wieder die Bedeutung einer Momentaufnahme hat und nichts Endgültiges bezeichnet.

Daß die Verbindung sehr verschiedenartiger Bau- und Dekorationsstile meist ein schwer lösbares Problem ist, wird durch das Beispiel des Konstanzer Münsters ein weiteres Mal vor Augen geführt. Betritt man es durch die Turmvorhalle mit dem mächtigen Bildwerk des ›Großen Herrgott von Konstanz‹ (um 1500), den Reliefbüsten der Kirchenpatrone Konrad und Pelagius und den 1518 von Simon Haider in Nußbaum geschnitzten, auf zwanzig Reliefs das Leben Jesu erzählenden Portaltüren (Abb. 2), so könnte der erste Eindruck überwältigender kaum sein. Denn da vergegenwärtigt die Flucht der stämmigen romanischen Säulenpaare mit den Schildkapitellen, Rundbogen und Gurtgesimsen darüber die archaische Größe noch unmittelbar, die der frühmittelalterlichen Kathedrale zu eigen gewesen sein muß. Doch erscheint sie einem sogleich in merklich abgeschwächter Form, wenn die Orgelbühne erst einmal den Blick

Konstanzer Münster, Ansicht frühes 19. Jahrhundert

zur Höhe des Mittelschiffs ganz freigegeben hat. Denn die farbige romanische Holz-decke über einem Palmettenfries, die den Hauptraum bis 1680 überspannt hatte, fiel dem Barock zum Opfer, der sie durch ein der Gotik nachempfundenes, das Schiff ver-flachendes Gewölbe ersetzte und gleichzeitig die Fenster vergrößerte.

Eine weitere Unstimmigkeit drängt sich dem Empfinden auf angesichts des klassizi-stischen Schmucks, den der um die Kunst seiner Zeit gewiß hochverdiente Michel d'Ixnard dem quadratisch geschlossenen Hochchor mit einem 1923 aus Salem hierher-gekommenen Himmelfahrtsbild des Konstanzer Malers Franz Karl Stauder aus dem Jahr 1701 auf dem Hochaltar verordnet hat. Sein deutscher Schüler Ferdinand Bickel dekorierte im gleichen Stil das Querschiff und die Vierung, die übrigens identisch ist mit dem früher durch einen Lettner vom Hochchor abgetrennten ›Unteren Chor‹. Das spätgotische Erscheinungsbild dieser Raumteile leidet sichtlich unter der klassizisti-schen Zier. Allerdings stellt sich in der Chorzone das berühmte Chorgestühl aus der Konstanzer Werkstatt des Simon Haider als die eigentliche, alle Unentschiedenheit bereinigende Dominante heraus; in ihm begegnet der Besucher des Münsters einem der Hauptwerke spätgotischer plastischer Kunst im Bodenseeraum. Der figürliche

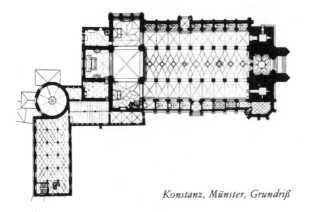

Konstanz, Münster, Grundriß

Schmuck folgt einem theologischen Programm, das christliches Leben in der Auseinandersetzung mit Sünde und Tod darzustellen versucht.

Die Westwand des Mittelschiffs wird voll in Anspruch genommen von einer breit ausladenden Orgelbühne mit dem alten Prospekt, der seit 1954 einer neuen Orgel mit 63 Registern und fast 5000 Pfeifen als Schaufront dient. Der Aufbau wie auch das bunte Vielerlei von figürlicher und ornamentaler Zier dieser Orgelempore bezeichnet sehr anschaulich den Übergang von der spätesten Gotik zu Frühformen deutscher Renaissance. Lorenz Reder hieß der Mann, der das erstaunliche Kunstwerk schuf.

Die Teile der Westwand, die die beiden Seitenschiffe rückseits abschließen, werden je von einer monumentalen Christophorus-Darstellung aus dem 15. Jahrhundert beherrscht. Die den Seitenschiffen anliegenden Kapellenreihen bergen heute hinter kunstvoll geschmiedeten Gittern des 17. und 18. Jahrhunderts nur noch einen kleinen Teil der Ausstattung aus der Zeit vor der Bilderstürmerei. Bemerkenswert ist jedoch, daß die reformatorischen Eiferer wenigstens vor der Zerstörung der vielen, künstlerisch

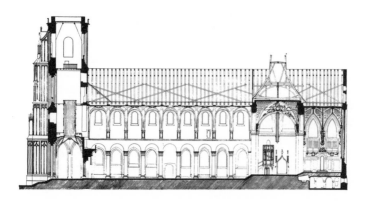

Konstanz, Münster, Längsschnitt

zum Teil sehr wertvollen Epitaphien und Bodengrabplatten zurückschreckten. Immerhin haben neben vielen anderen geistlichen und weltlichen Würdenträgern allein vierzig der nahezu hundert Bischöfe des Bistums im Münster ihre letzte Ruhestätte gefunden.

Die nördlich unmittelbar an den Westbau anschließende Welserkapelle mit ihrer reichen Netzwölbung, im Ganzen eine der gelungensten spätgotischen Schöpfungen in diesem Umkreis, ist am meisten in Mitleidenschaft gezogen worden und bezeugt die Qualität ihrer ursprünglichen Ausstattung nur noch mit dem Prophetenfries unter dem Fenster. In der anschließenden Franz-Xaver-Kapelle steht das Relief einer Kreuzabnahme von Hans Morinck im Vordergrund, in der folgenden Bartholomäuskapelle richtet sich das erste Augenmerk auf die Gemälde von Franz Ludwig Hermann (um 1750), während Morinck wiederum das Grabdenkmal des Domherrn Andreas von Stain für die Nikolauskapelle und eine Anna mit Heiliger Familie für die auf der anderen Seite des Nordportals gelegene St.-Anna-Kapelle schuf. Die letzte Kapelle dieser Reihe ist dem heiligen Mauritius geweiht und birgt unter anderem den einzigen spätgotischen Altaraufsatz des Münsters, einen von Bischof Hugo von Hohenlandenberg gestifteten dreiteiligen Flügelaltar. Wesentlich ärmer ist es um die nach Süden gelegenen Kapellen bestellt, wo es genügt, auf die Ausmalung der Bernhardskapelle, der vierten von Westen her, zu verweisen (1579).

Ein prachtvoller Barockaltar aus rotem Stuckmarmor beherrscht den südlichen Querschiffarm, den sogenannten Maria-End-Chor, der seine Bezeichnung einem in den Altar eingesetzten Gemälde des Marientodes von Johannes Rieger (1710) verdankt. Der Beachtung wert ist hier auch das Grabmal des 1466 gestorbenen Bischofs Burkard von Randegg in einer Wandnische. An der Ostwand führt eine Tür in die zweistöckige Margarethenkapelle. Wiederum in eine Nische zurückgerückt findet sich hier die Grablege des Bischofs Otto III. von Hachberg. Eine Kreuzigung hinter dem mächtigen Hochgrab und eine perspektivische Architekturmalerei mit Maria und musizierenden Engeln des sogenannten ›Meisters von 1445‹ sind frühe und bedeutende Beispiele des realistischen Stils etwa nach dem Vorbild eines Konrad Witz.

Auf gleicher Höhe wie der Untere Chor schließt der Thomas-Chor das nördliche Seitenschiff ab und bildet zugleich den nördlichen Arm des Querhauses. Neben einem dem heiligen Thomas geweihten Barockaltar von Christoph Daniel Schenk ist das bekannteste und zugleich originellste Kunstwerk dieses Raumes der ›Schnegg‹, eine reich geschmückte steinerne Treppenspindel in der Form eines sechseckigen, stumpfen, kanzelähnlichen Turms, dessen Aufbau in Maßwerk-Filigran endet. Der Schnegg ist nicht nur Zierstück, sondern einziger Aufgang zum Münsterspeicher. Unmittelbar nebenan befindet sich das Nischengrab des Domherrn Franz Soler von Richtenberg (1460) mit der vom südlichen Querhaus hierher übertragenen farbigen Steingruppe eines Marientodes.

Eine Treppe führt vom Thomas-Chor hinunter zur Konradikapelle, einem zweischiffigen Raum mit Chor, der 1313 geweiht wurde und die Stelle eines älteren romanischen Vorläuferbaus über dem Grab des 975 gestorbenen, 1123 heiliggesprochenen Bischofs Konrad einnimmt. Ein kurzes, gewölbtes Stollenstück verbindet die Konradikapelle mit dem ältesten Teil des Münsters, der dreischiffigen Hallenkrypta unter dem Hochchor mit der ebenfalls noch erhaltenen südlichen Nebenkrypta. Ihr heutiger Zustand ist das Ergebnis zweier Erweiterungen in den Jahren um 900 und 1000. Der Steinsarkophag in der Westwand birgt die um 900 aus Rom hierher überbrachten Reliquien des irischen Märtyrers und Münsterpatrons Pelagius.

Im Zuge einer 1962 begonnenen Generalinstandsetzung des Münsters fanden auch die vier kostbaren Konstanzer Goldscheiben, die seit 1299 vom Chorgiebel des Münsters auf den Bodensee hinausgeleuchtet hatten (hier 1974 durch Kopien ersetzt), an der Ostwand der Krypta einen neuen Platz. Es handelt sich um feuervergoldete Kupferscheiben, deren größte, die Majestasscheibe (zwei Meter Durchmesser!), den thronenden Christus zwischen zwei Engeln zeigt und vermutlich um das Jahr 1000 von Reichenauer Mönchen gefertigt wurde. Die drei kleineren Goldscheiben mit in Kupfer getriebenen Darstellungen von Halbfiguren der Kirchenpatrone Pelagius und Konrad sowie dem Adlersymbol des Evangelisten Johannes kommen aus verschiedenen Werkstätten, sind aber alle vor dem 13. Jahrhundert entstanden. Das neue Altargerät in der Krypta, Kreuzweg und Gittertüren am Reliquiengrab sind Bronzearbeiten der Pforzheimer Bildhauerin Gisela Bär.

Durch einen zweiten Ausgang der Konradikapelle und den nur im Süd- und Ostteil noch erhaltenen Kreuzgang wird die Mauritiusrotunde erreicht. Dieser von rechteckigen kleinen Kapellen umgebene runde Anbau am Chor des Münsters geht auf Bischof Konrad zurück und wurde im 14. Jahrhundert neu errichtet beziehungsweise aufgestockt und gewölbt. An den Wänden sind noch Reste einer frühen Bemalung sowie die von einem Domherrn gestifteten Tafelbilder mit der Leidensgeschichte Christi zu sehen. Im Mittelpunkt steht gleichsam als Tempel im Tempel das schon erwähnte Heilige Grab (Abb. 1), das ursprünglich eine Nachbildung des Heiligen Grabs in Jerusalem gewesen sein soll. Die jetzige frühgotische Kleinarchitektur auf zwölfeckigem Grundriß ist eine der bedeutendsten Bildhauerarbeiten des 13. Jahrhunderts. Die Figuren auf den Pfeilervorlagen und im Innern sind sogar als die ältesten Beispiele gotischer Bauplastik in dieser Gegend anzusprechen; sie wurden zu Szenen zusammengefaßt, die Anfang und Ende des Erdenlebens des Erlösers und die Fortsetzung seines Werkes durch die Apostel sowie den mit dem Salbenkauf beginnenden Besuch der Marien am Grabe Jesu erzählen. Barocke Zutat ist die Figur des Jesaia auf der Spitze des Bauwerks über den zwölf Aposteln, die zwischen den krabbengeschmückten Giebeln der zwölf Wimperge stehen. Die jüngste Restaurierung griff auf die spätgotische Fassung des Jahres 1552 zurück, die die zweite von fünf verschiedenen Farbgebungen war.

Dem Betrachter entginge etwas Wesentliches an diesem Kunstwerk, wenn er nicht auf die seltsam verhaltene, ganz und gar nicht heitere und festliche Darstellung der Weihnachtsgeschichte mit einer sinnierenden, dem Gatten wie dem Jesuskind abgewandten Maria und dem noch ratloser grübelnden und zweifelnden Joseph aufmerksam würde. Gerade diese Perspektive steht im Grunde der Bibel und den Apokryphen viel näher als die betulichen Schilderungen einer Heiligen Familie, in der es zwar arm, aber alles in allem doch recht problemlos zugegangen sein soll.

Mit der spätgotischen Silvesterkapelle, die gleich nebenan ebenfalls vom Kreuzgang aus betreten wird und wegen ihrer reichen Bemalung mit einem Passionszyklus und mit einer Muttergottesfigur von 1472 sehenswert ist, endet normalerweise der Rundgang durch das Konstanzer Münster, denn weder der getäfelte Kongregationssaal und der von einem Netzgewölbe überspannte, ausnehmend schöne dreischiffige Kapitelsaal, noch die untere und obere Sakristei sind allgemein begehbar, jedoch für Besuchergruppen offen, die sich aus begründetem Interesse angemeldet haben.

Nahe beim Münster und noch näher beim Kreuzgang ist die ehemalige *Jesuitenkirche St. Konrad* heute als Christuskirche ein altkatholisches Gotteshaus. Außerhalb der Gottesdienste besteht allerdings kaum Gelegenheit, mehr als einen summarischen Eindruck von der reichen Rokokoausstattung und der feierlichen Stimmung dieser Kirche zu empfangen, weil ein rückwärtiges Gitter den Zugang zu einzelnen Kunstwerken, unter ihnen die Statuen der Heiligen Drei Könige im Hochaltar, ein Kreuzigungsrelief und der Chorbogen-Kruzifixus von Hans Morinck, verwehrt. Dem ehemaligen Jesuitenkolleg benachbart ist das Stadttheater, das früher einmal Jesuitengymnasium war.

Zum Münsterplatz wieder zurückgehend, gelangt man durch die Brückengasse in Richtung Rhein zur kleinen, aber feinen *Kirche des Dominikanerinnenklosters Zoffingen,* einer Gründung von 1257, von der noch Teile erhalten sind, die aber im übrigen barock umgestaltet wurde.

Ein prächtiger, von Volutengiebeln überragter Barockbau ist die ehemalige *Dompropstei* am Rheintor, ein draußen wie drinnen reich und mit dem erlesensten Geschmack dekoriertes Stück Architektur des 17. Jahrhunderts.

Der *Rheintorturm* (Abb. 3), zusammen mit dem nahegelegenen Pulverturm und dem schon erwähnten Schnetztor am anderen Ende der Altstadt noch ein Rest des alten Berings, war die in vielen kriegerischen Auseinandersetzungen hart umkämpfte Verteidigungsbastion an der alten Rheinbrücke. Auch im derzeit sehr erneuerungsbedürftigen Zustand ist er nach wie vor ein kraftvoll schönes Bauwerk aus der Zeit um 1200 (im Inneren des offenen Torraums u. a. ein verblaßtes Kreuzigungsfresko).

Von hier aus in Richtung Hafen gelangt man auf der Seeseite zum Inselhotel, das ehemals das *Dominikanerkloster* war. Hier ist auch der Gast willkommen, der nur etwas von dem sehen möchte, was die Zweckentfremdung vom alten Baubestand erhalten hat. Es ist dies vor allem der von der Empfangshalle aus zugängliche Kreuzgang, ein vortreffliches Beispiel früher Gotik und ein Meisterwerk, das eine wunderbare Harmonie der spitzbogigen Arkaden mit den bündelweise auf ringförmigen Basen zusammenstehenden Säulchen und ihren fein gekehlten Kapitellen verwirklichte. Ziemlich verbaut wurde dagegen die zum Festsaal umgestaltete Dominikanerkirche, ehedem eine dreischiffige spätromanische Säulenbasilika; ihre Architektur-Elemente lassen gleichwohl auch jetzt noch die Würde des Gotteshauses ahnen, das lange Zeit Wirkungsstätte Heinrich Susos war.

Unser Rundgang endet – am Fischmarkt und dem Alten Rathaus mit spätgotischem Doppelportal und einem Relief der Stadtpatrone im ansonsten barocken Baugewand vorbei – an der Marktstätte, die vom Hafen in die Altstadt überleitet. Hier, wo Konstanz gar schon ein bißchen in die Rolle einer Großstadt zu schlüpfen scheint, verabschiedet es sich mit einem seiner ältesten gotischen Häuser, dem 1384 errichteten *Haus Zum Roten Korb*. Doch bleibt an der Marktstätte zu guter Letzt auch noch auf eine Spezialität hinzuweisen, die wohl schon manchen Konstanz-Besucher interessiert hätte, wenn's ihm gesagt worden wäre: das im ›Südkurier‹-Haus, dem alten Spital zum Heiligen Geist, eingerichtete, auf Wunsch und nach Vereinbarung geöffnete *Zeitungsmuseum* mit gedruckten Publikationen, Schautafeln zur Geschichte des Druckereiwesens und der Zeitungen in der Bodenseeregion, mit Maschinen und Geräten, einer Sammlung von Briefmarkenmotiven aus dem Themenkreis Druck, Nachricht und Zeitung sowie mit Beispielen zur Entwicklung der Schrift.

Mainau (Konstanz)

Ein Blumenschiff im Bodensee nennt der Inselherr, Graf Lennart Bernadotte, seine Mainau (Farbt. 5). Mehr als 400 Mitarbeiter bilden heute die Besatzung dieses Schiffes, und Millionen von Besuchern kamen und kommen zu Lande (von Konstanz über eine Brücke) und zu Wasser (von Meersburg oder von weiter her mit dem Schiff), um eine verschwenderische Blütenpracht, große Bestände an seltenen Bäumen und Sträuchern, die im feuchtwarmen Klima prächtig gedeihende, im Winter durch eine mobile Tropenhalle geschützte exotische Flora und die kunstvollen Gartenanlagen samt Schloß und Schloßkirche zu bewundern.

Ein schwimmender Dschungel war der Mainau-Park, als der Schwedenprinz und spätere Graf von Wisborg, der um einer bürgerlichen Heirat willen 1932 auf Thronfolge und Fürstentitel verzichtete, vor einem halben Jahrhundert das dem schwedischen Königshaus testamentarisch zugefallene Erbe der badischen Verwandten übernahm. Zuletzt hatte das Eiland Großherzog Friedrich II. von Baden gehört, dessen Vater Friedrich I. es 1853 als Sommersitz der Familie erworben hatte.

Anfänglich war die Mainau Besitz des Reichenau-Klosters. Als dessen Lehensträger sind die Herren von Maienowe und von Langenstein überliefert. 1271 schenkten die Langensteiner die Mainau eigenmächtig dem Deutschen Ritterorden, der sie bis 1805 behielt. 1806 ging sie zum ersten Mal auf das Großherzogtum Baden über, wechselte dann aber bis zu dem schon genannten Jahr 1853 noch mehrere Male den Eigentümer durch Verkauf und Erbfolge.

Das an der Stelle einer früheren Burg zwischen 1739 und 1746 errichtete *Schloß* ist ein Werk des Deutschordens-Baumeisters Johann Kaspar Bagnato, eine dreiflügelige,

1 KONSTANZ Münster, Heiliges Grab

2   KONSTANZ   Münster, Türrelief (Turmvorhalle)

wohlproportionierte Ehrenhofanlage mit teils reich ausgestatteten Innenräumen. Zugänglich ist allerdings nur der Wappensaal während der Kunstausstellungen, die dort den Sommer über stattfinden. Dagegen steht um so einladender die seit 1977 in zwei Etappen restaurierte, einschiffige *Schloßkirche St. Marien* offen, ein in seinen äußeren Dimensionen bescheidenes Barockjuwel, von dem berichtet wird, es sei den Zeitgenossen um das Jahr 1738 ›recht artig und angenehm‹ erschienen und habe dem Weihbischof ›vieles Vergnügen‹ bereitet. Dem Baumeister – wiederum Bagnato – gelang mit diesem festlich-heiteren Gesamtkunstwerk eine Raumkomposition von vorbildlicher Einheit und Geschlossenheit bei vielfältiger Gliederung im einzelnen und zugleich ein sinnfällig bildhaftes Mit- und Ineinander von himmlischer und irdischer Sphäre. Genau genommen begann mit der Mainau-Kirche, zu der Franz Joseph Spiegler die Fresken sowie das Hochaltarblatt mit einer Darstellung der Heiligen Sippe, Joseph Anton Feuchtmayer die Altäre und die figürliche Plastik, Francesco Pozzi die Stukkaturen und Johann Baptist Babel die dem Gnadenbild von Einsiedeln barock nachempfundene ›Schwarze Madonna‹ beigetragen haben, die Hochblüte der Barockbaukunst am Bodensee. Johann Kaspar Bagnato starb 1757 auf der Insel; eine Bronzetafel an der Unterseite der Orgelempore ist seinem Gedenken gewidmet.

An der landseitigen Brücke zur Insel steht nach sorgfältiger Restaurierung wieder das sogenannte Schwedenkreuz. Es handelt sich um eine naturalistisch dargestellte, ausdrucksvolle Kreuzigungsgruppe aus Bronze, die ursprünglich bei der Schloßkirche ihren Platz hatte. Als die Schweden im Dreißigjährigen Krieg alles mitnahmen, was nicht niet- und nagelfest war, sollen sie sich auch an diesem Bildwerk versucht, den schwierigen Abtransport aber bald aufgegeben und das Kreuz kurzerhand in den See geworfen haben. Eine andere Lesart behauptet, das Kreuz sei dort, wo es viel später wieder aufgefunden wurde, vorsorglich versenkt worden, um es erst gar nicht in die Hände der Schweden fallen zu lassen. Jedenfalls ist es seither an der Stelle geblieben, an der es wieder zum Vorschein kam.

Reichenau

Eine reiche Au (Farbt. 3) ist die Augia dives, die Richen Ow, zu der von Konstanz-Wollmatingen her ein schmaler, von Pappeln gesäumter Fahrdamm führt, allezeit geblieben. Was einmal mit dem Kräutergärtlein im Klosterbezirk von Mittelzell bescheiden begann, ist zu einer Gemüseproduktion riesigen Ausmaßes geworden, deren Jahreserträge gegenwärtig auf rund 17 000 Tonnen beziffert werden – der Wein nicht eingerechnet, der hier nebenbei auch noch wächst. Doch ist dies ein Reichtum von ganz anderer Art als die geistigen und künstlerischen Schätze, die sich auf der Insel im etwa bis zur Mitte des 9. Jahrhunderts währenden ›goldenen Zeitalter‹ des Reichenauklosters und dann noch einmal in einer ähnlich ergiebigen Periode der Nachblüte vom Ende des 10. bis Mitte des 11. Jahrhunderts angehäuft hatten. Geblieben sind die drei

Reichenau, Der Kindermord. Aus dem Codex Egberti, um 985

Kirchen. Vom alten Baubestand des einst nördlich des Münsters in Mittelzell gelegenen Klosters, das 1757 aufgehoben wurde, blieben nur wenige Reste erhalten. Die
heute anderweitig genutzten Neubauten auf der Südseite gehen auf die Zeit kurz
nach 1600 zurück. Die Bibliothek mit ihren kostbaren Handschriften und Buchmalereien, die um das Jahr 1000 einen Höhepunkt mittelalterlicher Buchkunst darstell-
ten, wurde in alle Winde zerstreut, und manches von ihr ging für immer verloren.

Im Jahr 724 hatte Bischof Pirminius die bescheidenen Anfänge des Reichenauklosters in Gang gebracht. Der große Aufschwung kam, als Karl der Große die Reichenau
zum Reichskloster erhob und sie 780 mit außerordentlichen Privilegien ausstattete.
Abt Waldo (786–806), in dessen Hand der Kaiser die Erziehung seines Sohnes Pippin
gegeben hatte, war der erste einer Reihe von Äbten, die die Glanzzeit der Klosterinsel
heraufführten. Unter seiner Leitung erlangte die Klosterschule hohes Ansehen und
wurde die später im ganzen Abendland berühmte Bibliothek begründet. Waldos alamannischer Nachfolger Heito I. (806–823) war neben seinem geistlichen Amt auf der
Reichenau Ratgeber des Kaisers und erreichte in dessen Mission 811 am byzantinischen

Hof gar die Anerkennung des Karolingerreiches durch Ostrom – ein diplomatischer Erfolg von geschichtlicher Dimension! Die Eindrücke, die Abt Heito aus Konstantinopel, insbesondere vom Studium byzantinischer Kirchenbauten mitbrachte, machte er als Anregungen für den Bau des Münsters in Mittelzell fruchtbar.

Es ist hier nicht der Ort, die Namen und Verdienste der vielen aufzuzählen, die als Äbte, Wissenschaftler oder Dichter dazu beitrugen, daß die Reichenau zum kulturellen Mittelpunkt der damaligen geistigen Welt wurde, doch darf der große Buchgelehrte Reginbert nicht fehlen und schon gar nicht der Dichterabt, Pädagoge, Liturgiker und Theologe Walahfrid Strabo (im Amt von 842 bis 849), der als Schüler u. a. von Wetti, dem Nachfolger Heitos in der Leitung der Reichenauer Klosterschule, und hernach von Hrabanus Maurus in Fulda das Geistesleben seiner Zeit auf die vielfältigste Weise anregte. Als der frühreife Achtzehnjährige die durch ihn berühmt gewordenen Todesvisionen Wettis in nahezu tausend Hexametern faßte, war damit, soweit wir heute wissen, die erste wirklich große Dichtung in der an Poeten wahrlich nie armen Bodenseelandschaft entstanden. Einem größeren Kreis eher bekannt wird freilich Walahfrid Strabos ›Hortulus‹ sein, ein Gedichtband über die Kräuter des Klostergartens.

Ein letzter Name noch, der nun allerdings schon mit der späteren und letzten Blütezeit der Reichenau unter Abt Berno in Verbindung steht: es ist Hermann der Lahme aus dem Grafengeschlecht derer von Altshausen, den man das Wunder seines Jahrhunderts nannte. Unfähig zu gehen, gekrümmt in seinem Sessel sitzend, in dem er auch getragen werden mußte, sprachlich trotz der ihm von seinen Schülern nachgerühmten Beredsamkeit stark gehemmt und außerdem auch kaum in der Lage, zu schreiben, machte er sich als ein unglaublich vielseitiger Wissenschaftler und Lehrer einen Namen und gilt mit seiner Chronik heutigen Historikern als eine der wichtigsten und verläßlichsten Quellen für die erste Hälfte des 11. Jahrhunderts.

Heitos Grundriß für das *Mittelzeller Münster* (Abb. 4) ist im Ostquerhaus erhalten geblieben. Langhaus und Westwerk erhielten von Abt Berno (1008–48) die seither im wesentlichen beibehaltene Gestalt; der Chor wurde zwischen 1447 und 1477 neu gebaut. Eine Verlängerung des Langhauses war schon das Werk des Abtes Witigowo gewesen, an den die ›Witigowosäule‹ im Münster erinnert. Sie ist noch ein Rest der älteren Anlage um 990 und stützt die beiden Bogen zum Südarm von Bernos Westquerhaus, das mit einem wuchtigen Turmbau verbunden ist. In ihn ragt als Apsis der Markus-Chor mit einer als Kaiserloge gedachten Empore hinein.

Hinter dieser bemerkenswerten Architektur steckt mehr, als das bloße Gemäuer vorzuzeigen scheint, denn die beiden Querhäuser waren die Orte, in denen geistliche und weltliche Macht einander gegenübertraten, das Langhaus andererseits das verbindende Glied, das aber auch eine fast das ganze Mittelalter durchwirkende Spannung veranschaulicht. Das westliche, durch Arkaden aus rotem und grauem Sandstein gegen die Schiffe abgegrenzte Querhaus war der Raum des Kaisers; zum östlichen, sakralen Zentrum des Münsters hatte er, obwohl als Herr des Heiligen Römischen Reiches zugleich Sachwalter des christlichen Glaubens, keinen Zugang. Das elitäre Selbstbewußtsein des Reichenauer Konvents, das gewiß in diese Positionsbestimmung mit hineinspielte, artikulierte sich ungeniert auch gegenüber der höchsten geistlichen Autorität. »Unser Ort nimmt in diesem Teil der Erde den ersten Rang ein; die Fülle unserer Weisheit nährt die Lande ringsum mit reicher Lehre«, ließ Walahfrid Strabo Papst Gregor IV. wissen. Ein stolzes Wort!

Bei Gelegenheit der jüngsten Restaurierung wurde die ursprünglich offene Dachkonstruktion des Münsters erneut freigelegt. Sie ist statisch wie auch im Hinblick auf die hier praktizierten Zimmermannstechniken ein überaus interessantes Gebilde und erinnert an Konstruktionen des Holzschiffbaus. Eines der bedeutendsten Stücke der Ausstattung ist eine lebensgroße Sandstein-Muttergottes vom Anfang des 14. Jahrhunderts in einer Nische am linken Vorchorjoch. Bemerkenswert sind ferner Glasmalereien aus der Mitte des 16. Jahrhunderts, ein älterer Wandtabernakel mit Verkündigungsgruppe, Reste von Wand- und Gewölbemalereien verschiedener Zeit und Herkunft, darunter ein Christophorus (frühes 14. Jh.) und eine Strahlenkranz-Madonna (1471) auf den Wänden des Mönchschors, barocker Heilig-Blut-Altar und kunstreiches Schmiedegitter im östlichen Querarm, Nothelfer-Altar (1498) im südlichen Seitenschiff und barock gefaßtes Vesperbild aus dem Ende des 14. Jahrhunderts. Der Markus-Altar im Westchor ist auf die Zeit um 1470 zu datieren; der schlichte Reliquiensarg (11. Jh.) birgt die Gebeine des heiligen Markus, die Ratold von Verona 830 auf die Insel gebracht hatte.

Die über einem romanischen Kellerraum errichtete spätgotische Sakristei ist heute die Schatzkammer des Münsters und dem Publikum in geführten Besichtigungen zugänglich. Falls sie geschlossen sein sollte und auch keine Führung angezeigt ist, wende man sich an das Pfarrhaus. Für jeden, der Freude an schönen und kostbaren Dingen hat, lohnt es sich, die Reliquienschreine der frühen und späten Gotik, darunter den aus Silber getriebenen und vergoldeten Markus- und den Johannesschrein (Abb. 8) zu sehen, ferner ein silbergetriebenes burgundisches Reliquienkästchen aus dem Jahr 1000, einen mit Reliefs geschmückten Elfenbeinkelch aus dem 5. Jahrhundert, als eines der wertvollsten Stücke einen Weinmischkrug aus Kana, der im 9. Jahrhundert auf die Reichenau kam, des weiteren das sogenannte ›Oberzeller Kreuz‹, vielerlei Kirchengerät, ein Evangeliar als einziges der Reichenau noch verbliebenes Beispiel der einst hier gepflegten Buchmalerei und noch vieles andere mehr.

Der politisch einflußreichste Abt, unter dessen Führung die Reichenau eine nie dagewesene und nie mehr wiederkehrende Machtfülle erlangte, war Heito III. (888–913), Erzkanzler des Reiches, Vormund des Thronfolgers nach dem Tode Kaiser Arnulfs und der Letzte, der auch nach dem Tode Ludwigs IV. (›des Kindes‹) noch einmal versuchte, über das Ende der karolingischen Herrschaft hinaus das Reich kraftvoll zusammenzuhalten und mit der Wahl und Salbung König Konrads I. zur Entstehung eines ›Deutschen Reiches‹ beizutragen.

Diesem Staatsmann im geistlichen Amte hatte Papst Formosus 896 das Haupt des heiligen Georg geschenkt, was nun wiederum der Ausgangspunkt für den Bau der

Oberzeller Georgskirche (Farbt. 2) auf einem Hügel an der Ostspitze der Insel war. An dem Ort, an dem sich schon im 9. Jahrhundert eine Klosterzelle befunden hatte, entstand nach und nach eine kleine, dreischiffige Basilika mit einem Vierungsturm und Querarmen, einem quadratischen Altarraum und einer runden Westapsis mit später vorgebauter, zweigeschossiger Vorhalle. Im Inneren führt eine Treppe zu der hoch gelegenen Vierung, die im 13. Jahrhundert gewölbt und im 17. Jahrhundert der ehedem über die Seitenschiffe hinausreichenden Querarme beraubt wurde. Noch einmal um einige Stufen höher schließt der Raum nach Osten mit dem quadratischen Chor ab. Unterhalb der erhöhten Ostteile befindet sich eine der ältesten deutschen Hallenkrypten, die durch Türen und Gänge zu beiden Seiten der Vierungstreppe betreten wird.

Einzigartig sind in der St. Georgskirche die Wandmalereien, die reichsten, die die ottonische Zeit in Europa hervorbrachte (Abb. 6). Für sie wurde in den achtziger Jahren ein aufwendiges, weltweit von Experten begleitetes Renovierungs- und Konservierungsprojekt in Gang gesetzt und inzwischen abgeschlossen. Dabei ist der Freskenzyklus, der die Langhauswände überdeckt, nur der Rest der Ausmalung des gesamten Kirchenraums. Ein weiterer Rest schmückt die Wandrückseite der Westapsis unter dem Dach der Vorhalle mit der vermutlich ältesten auf uns überkommenen Darstellung des Weltgerichts. Das Jüngste Gericht an der Innenwand der Westapsis sowie der Apostelzyklus zwischen den Hochfenstern und die Malereien am Triumphbogen gehören dagegen ins 18. beziehungsweise 19. Jahrhundert, die berühmte ›Kuhhaut‹ (Abb. 5) an der vorderen Nordwand des Langhauses in eine Zwischenzeit (nach 1376).

Die monumentalen, vielfigurigen Kompositionen in den von Ornamentleisten gerahmten Bildfeldern an den Wänden des Mittelschiffs, die durch die Reinigung und Konservierung deutlich an Frische gewonnen haben, stellen Wunderszenen aus dem Neuen Testament dar, wie sie auch in der Reichenauer Buchmalerei eine große Rolle spielten. Der Zusammenhang zwischen Fresken und Handschriften ist offenkundig; beide bedienen sich zum Teil der gleichen Bildformeln und ikonographischen Typen, beide stehen auf einer künstlerischen Höhe, zu der es nur wenig Vergleichbares gibt. Zu verweisen bleibt noch auf die aus gleicher Zeit wie die Malerei stammende Mensa des Hochaltars mit einem Gekreuzigten aus dem frühen 17. Jahrhundert darüber, auf einen spätromanischen Kruzifixus (um 1170) an der Südwand des Mittelschiffs (Abb. 7), ein Vesperbild und einen Schmerzensmann (Ausgang des 15. Jh.) in den seitlichen Apsiden.

Die dritte der Reichenauer Kirchen, die ehem. Stiftskirche *St. Peter und Paul* (Farbt.1) im abgeschieden liegenden Ortsteil *Niederzell*, hat ebenfalls eine sehr lange Vergangenheit, die in vielen Einzelheiten erst durch die jüngsten Restaurierungsarbeiten in den 70er Jahren und die mit ihnen verbundenen Forschungen an Boden und Bauwerk erhellt wurde. Sie führt zurück bis auf Egino, Bischof von Verona, der sich hier eine Zelle errichtete und als Stifter des im letzten Drittel des 8. Jahrhunderts aufgeführten Gründungsbaus anzusehen ist. Indessen wurde dieser Bau nach mehreren

Umgestaltungen vollständig niedergelegt und im späten 11. bis Mitte des 12. Jahrhunderts als querhauslose Säulenbasilika mit drei rechteckig ummantelten Apsiden in einer Fluchtlinie neu errichtet, der Mönchschor dann durch Vermauerungen aus der Verbindung mit den Seitenschiffen herausgehoben. Die Seitenschiffe selbst wurden auf Höhe des Chors gegen das Langhaus geschlossen. Die doppelgeschossige Vorhalle im Westen kam im späten Mittelalter hinzu, und danach hat auch das Rokoko die Kirche noch einmal nachhaltig verändert. Fensteröffnungen wurden vergrößert, das Langhaus mit einer Stichkappenwölbung versehen und von Dominik Wurz stuckiert.

Doch von dem schönen Regelmaß des Innenraumes und seiner wohlgestalteten Arkatur einmal ganz abgesehen, sind der Niederzeller Kirche zwei Besonderheiten verblieben, die sie vor anderen auszeichnen: zum einen die beiden Türme über den Seitenapsiden als Beispiel für eine der seltenen Ostturmfassaden, zum anderen die 1900 unter Tünche entdeckte und restaurierte Ausmalung der Mittelapsis mit dem lebensgroß in der Apsiskalotte thronenden, von den Evangelistensymbolen, den Kirchenpatronen und zwei Cherubim umgebenen Allschöpfer in byzantinisch strenger Darstellung. In der Wandfläche darunter sind Bilder der zwölf Apostel und von zwölf Propheten in zwei Arkadenreihen angeordnet. Die Fresken der Apsis sind in die Erbauungszeit der Kirche zu datieren.

In einem stattlichen, an diesem Platz wohl bis ins 12. Jahrhundert zurückreichenden Fachwerkhaus auf der Ergat in *Mittelzell,* das vermutlich einmal der Amtssitz des Klosterammanns war und zuletzt die Gemeindeverwaltung beherbergt hatte, ist ein *Heimatmuseum* eingerichtet worden. Es informiert über die Vor- und Frühgeschichte der Reichenau, über Leben und Arbeit auf der Insel früher und heute. Das Museum ist werktags von 14 bis 16 Uhr geöffnet, doch sind weitere Besichtigungsmöglichkeiten beim Fremdenverkehrsamt im gleichen Hause zu erfragen.

Bukolische Landschaften am Zeller- und Untersee

Konstanz – Bodanrück – Bodman – Radolfzell – Halbinsel Höri – Horn –
Wangen – Schienen – Öhningen – Stein am Rhein – Steckborn – Schloß
Arenenberg – Gottlieben – Kreuzlingen – Münsterlingen – Land-
schlacht – Konstanz

Von Konstanz nach Radolfzell braucht es über die Bundesstraße 33 oder mit der Eisenbahn nur eine knappe halbe Stunde, und einem Reisenden auf den Spuren der Kunst-
geschichte entginge gewiß nichts Weltbewegendes, wenn er auf diesem eiligen Wege
den Bodanrück(en) links, pardon: rechts liegen ließe. Wer aber die Landschaften um
den Bodensee nicht nur oberflächlich kennenlernen will, kommt um ihn nicht herum.
Eher sollte die Möglichkeit bedacht werden, die vorgeschlagene Route bei Radolfzell
zu teilen und sie zu Anfang mit einer Besichtigung der Mainau (s. S. 32) zu verbinden.
Das ergäbe ein rundes Tagespensum. An einem anderen Tag könnte dann der zweite
Teil des Weges mit der Reichenau (s. S. 49) kombiniert werden.

Der Bodanrück

Das schluchtenreiche, bis auf knapp 700 Meter ansteigende Waldgebirge zwischen
Gnaden- und Überlinger See ist mit seinen vielen schönen Wanderwegen noch eine
der wenigen abseitigen Oasen der Stille. Doch kommt hier auch der kunstgeschichtlich
Interessierte auf seine Kosten. Etwa, wenn er von *Wollmatingen* (Konstanz) mit der
Pfarrkirche St. Martin (spätgotisch gewölbte Turmhalle, stuckierter Chor, Wandmale-
reien um 1500) hinüberfährt nach *Litzelstetten* und *Oberdorf* (Konstanz), wo er ziem-
lich unvermutet einem edlen, kleinen Zentralbau von Johann Kaspar Bagnato mit
Stuckdekorationen von Francesco Pozzi und einem Deckengemälde von Giuseppe
Appiani begegnen wird. Wenig weiter, in dem mehr als 1000 Jahre alten *Dingelsdorf*
(Konstanz), sind es neben der ursprünglich gotischen, später barockisierten Kirche vor
allem einige der prächtigsten Fachwerkhäuser des Bodenseegebiets, die ein Augenmerk verdienen.

Den Ort *Langenrain* (Allensbach) an der Höhenstraße in Richtung Bodman
(B.-Ludwigshafen) hat einer, der es wissen mußte, einmal als das stille Herz des Bodanrück bezeichnet. Herrschaft und Schloß waren anfangs bodmanisch, kamen dann an
die Freiherren von Ulm und sind seit 1806 wieder im Besitz derer von Bodman, die das
kleine Schloß als ein wohnliches Hotel einrichteten. Von hier führt ein westlich abzwei-

gendes Sträßchen nahe an den verträumt gelegenen, nur an wenigen Stellen seiner sumpfigen Schilfufer zugänglichen *Mindelsee* heran, der eines der typischen Überbleibsel aus der Eiszeit ist. Von Parkplätzen bei Langenrain aus gelangt man auf der anderen Seite über die Burgruine Kargegg hinunter zur *Marienschlucht,* die mit ihren Felsabstürzen, den unaufhörlich rieselnden und redenden Wassern, den Walddächern und Moospolstern ein anderes, nicht weniger eindrucksvolles Naturdenkmal als der Mindelsee darstellt und im übrigen auch von Bodman aus auf einem Uferweg zu erreichen ist.

Bodman (B.-Ludwigshafen)

Das mehrfach schon genannte Bodman ist ein besonders angenehmer, von allem Verkehr abgelegener Fremdenverkehrsort mit einer jahrtausendelangen Siedlungsgeschichte. Von der karolingischen Pfalz Potoma, die einst in der Nähe der heutigen Pfarrkirche stand und später den bis heute in der Gegend seßhaft gebliebenen Herren von Bodman als Reichslehen gegeben wurde, leitet auch der Bodensee seinen Namen her: der römische Lacus Brigantinus, dessen Bezeichnung auf Brigantium, das Bregenz der Römerzeit, hinweist, erscheint 890 in St. Gallener Urkunden als Lacus Podamicus, dann u. a. als Bodamersee, bei Wolfram von Eschenbach als Bodemsê und schließlich 1438 erstmals als Bodensee.

An der Stelle einer 1307 durch Blitzschlag zerstörten Burg auf dem Frauenberg über dem See wurde zwei Jahre später eine Kapelle erbaut, zu der bald eine Wallfahrt einsetzte. 1622 kam ein neues Schlößchen hinzu; die mit ihm verbundene Kapelle wurde barockisiert und erhielt unter anderem einen hervorragend geschnitzten Tabernakel von Joseph Anton Feuchtmayer. Nach dem Burgbrand von 1307 hatten die Herren von Bodman auf dem gegenüberliegenden Wartberg eine jetzt *Alt-Bodman* genannte, 1643 von dem französischen General Corval niedergebrannte Burg errichtet und bewohnt. Die vorbildlich instandgehaltene Ruine mit Palas, zwei äußeren Wehrtürmen und Ringmauern ist eine Art Wahrzeichen des Überlinger Sees geworden, und wohl keinen, der sie von nah oder fern erblickt, verwundert es, daß sie so vielen romantisch bewegten Malern und Zeichnern Modell gestanden hat.

1760 wurde im Ort, unmittelbar gegenüber der Kirche, das wenig ältere Amtshaus des Obervogts als Herrenhaus für die Familie von Bodman eingerichtet, in der Biedermeierzeit dem klassizistischen Weinbrenner-Stil anverwandelt und ein weiteres Mal 1908/09 umgebaut bzw. erweitert. Der schöne Park, der das immer noch von der gräflichen Familie bewohnte Schloß umgibt, steht jedermann offen.

Die *Pfarrkirche* ist kein sonderlich bedeutendes Bauwerk. Ihr gotischer Turm steht auf karolingischen Grundmauern, möglicherweise auf Resten der untergegangenen Pfalz. In den 80er Jahren des letzten Jahrhunderts wurde das Gotteshaus im Sinne der Neugotik umgebaut und erweitert. Beachtenswerte Einzelheiten sind eine Muttergottesfigur des 14. Jahrhunderts, von der eine Kopie an der südlichen Außenwand steht, ferner die ornamentierte Holzdecke sowie eine Kreuzigungsgruppe und künstlerisch zum Teil bedeutende Epitaphien in der seitlichen Gruftkapelle, die zugleich Tauf- und Beichtkapelle ist.

Am südöstlichen Ortsende von Bodman, wo das Gebirge schon sehr nahe an den See herandrängt, ist das alte Lagerhaus ›Greth‹, ein weiträumiger dreigeschossiger Fachwerkbau, neu errichtet worden; von Schloß und Pfarrkirche aus in der Gegenrichtung steht der mächtige, breit hingelagerte und eigenwillig ausgefachte Bau der *Torkel* (Abb. 12), der alten Weinkelter von 1772. Mit dem abschließenden Hinweis auf die hübsche romantische Ecke beim alten Tor ist das meiste schon beieinander, das Bodman an Besonderem zu bieten hat.

Radolfzell

Ihren Namen verdankt die Stadt dem alamannischen Bischof Ratold von Verona, der 826 am nordwestlichen Ende des Zellersees die Cella Ratoldi gründete. Die im Anschluß daran sich entwickelnde Siedlung, die 1100 Marktrecht und 1267 Stadtrechte erhielt, war bis 1298 Besitz des Klosters auf der Reichenau, kam dann an Österreich, das sie zeitweise – von 1415 bis 1455 – als Reichsstadt freigab. 1805 wurde Radolfzell württembergisch, 1810 badisch.

Was in der Stadt an wichtigen historischen Bauten erhalten blieb, steht ziemlich nahe beim Münster und ist vom See wie vom Bahnhof her in ein paar Minuten Fußweg leicht zu erreichen. Eisenbahn und Bahnhof bilden übrigens eine strikte Trennlinie zum See hin, dessen Uferpromenade zum Ausgleich dafür »der schönste Wartesaal Deutschlands« ist, wie Ludwig Finckh meinte.

An der Seetorstraße, die vom Bahnhof her in die Stadtmitte führt, ihr Tor allerdings längst verloren hat, bieten zwei Bauten einen besonders schönen Anblick: das mit einem Erkeranbau versehene Haus der alten Stadtapotheke und das ehemalige Haus der Unmittelbar Freien Reichsritterschaft in Schwaben, nach mehrmaliger Umgestaltung heute Sitz des Amtsgerichts.

Östlich vom Münster steht das *Österreichische Schlößchen* (Abb. 9) an den Münsterplatz heran. Der 1626 begonnene Bau sollte Erzherzog Leopold Wilhelm, dem ältesten Sohn Kaiser Ferdinands, als Residenz dienen, wurde aber bis zu dessen Tod nicht fertig. Mit seinen Treppengiebeln, den beiden mit welschen Hauben gedeckten Eckürmchen und seinem Renaissanceportal ist es nach wie vor ein Schmuckstück der Stadt.

An der Südostecke des *Münsters* gibt die ergreifende Gestalt Christi einer dort aufgebauten Ölberggruppe eine übers Alltägliche hinausgehende Bedeutung. Im Innern der dreischiffigen Basilika, die an der Stelle eines erheblich älteren Gotteshauses von 1436 an errichtet und seither von allen Stilepochen bis zur Gegenwart heimgesucht

Radolfzell. Stahlstich von H. Rowe nach William Tombleson, 19. Jahrhundert

wurde, beherrschen trotz aller Vielfalt die gotischen, auf achteckigen Pfeilern ruhenden Arkadenbögen des Langhauses das Bild. Auch das flache barocke Stichkappengewölbe stört diesen dominierenden Eindruck des Gotischen nicht, der im übrigen auch mit den Netzrippengewölben der Seitenschiffe wie des Chors bekräftigt wird. Das Chorgestühl dürfte aus der gleichen Werkstatt stammen wie die Teile, mit denen in St. Stephan zu Konstanz das alte Gestühl aus dem Münster ergänzt wurde.

Der Drei-Hausherren-Altar im nördlichen Seitenschiff (um 1750) mit Gemälden von Franz Joseph Spiegler verweist mit seinem Namen darauf, daß in diesem Münster außer den Gebeinen des Gründers auch das Haupt des Veroneser Bischofs und Heiligen Zeno sowie die Reliquien der Heiligen Theopontius und Senesius aus der Kirche von Nonantula bei Treviso ruhen. Das Hauptstück der Ausstattung ist indessen der frühbarocke Rosenkranzaltar (Farbt. 10) aus der Überlinger Werkstatt der Brüder Zürn, wenn auch nicht unmittelbar von Jörg Zürn, dem Meister des Überlinger Hochaltars. In der Rosenkranzkapelle, die das südliche Seitenschiff abschließt, befindet sich außerdem der mit einem Hochrelief geschmückte Steinsarkophag des seligen Ratold, der 1538 in Anlehnung an einen älteren Sarkophag geschaffen wurde.

Ein Blick zurück gilt noch dem eigenartigen Turm des Münsters, der zum Wahrzeichen Radolfzells wurde. Er ist im Kern spätgotisch, wurde später mit einer barocken

Laterne versehen und ist seit Anfang dieses Jahrhunderts auch noch mit einer Balustrade bestückt, die ihrerseits mit seitlichen Ecktürmchen geziert wurde (Abb. 9).

Die Radolfzell vorgelagerte kleine Halbinsel Mettnau, auf der sich einst der Dichter Josef Victor von Scheffel (›Ekkehard‹, ›Der Trompeter von Säckingen‹ u. a. m.) im Scheffel-Schlößle ein idyllisches Domizil eingerichtet hat, bewahrt ungeachtet der zunehmenden Bebauung mit Villen, Pensionen und Sanatorien immer noch ein unberührtes und zum Glück auch geschütztes Stück Wildnis, das mit seinen Schilfwiesen und Seegestaden einer vielfältigen Flora und Fauna Lebensmöglichkeiten bietet.

Halbinsel Höri

»Jetzt hör' i auf« (jetzt höre ich auf) soll der liebe Gott gesagt haben, als er nach der Erschaffung der Welt aus den Lehmresten in seinen Händen das kleine Paradies der gegen die Reichenau vorspringenden, 63 km² großen Halbinsel Höri zwischen Radolfzell und Stein am Rhein geformt hatte und das letzte seiner Werke nun mit besonderem Wohlgefallen betrachtete. ›Des Weltenschöpfers Meisterwerk‹ nannte der Dichter Josef Victor von Scheffel dieses verzauberte Fleckchen Erde mit seinen Wiesen und Wäldern, wohlbestellten Äckern und Obstgärten, den anmutigen Hügeln und stillen, schilfumrandeten Buchten, das viele Dichter und Künstler angelockt hat und ihnen für kürzere oder längere Zeit, meist sogar für immer zur zweiten Heimat wurde. Daß der ursprünglich alamannische Herzogsbesitz auf der Halbinsel nach der Unterwerfung durch die Franken im 8. Jahrhundert Krongut und somit dem König ›gehörig‹ wurde, kommt trotz allem der Wahrheit, was es mit dem Namen ›Höri‹ auf sich hat, näher als die schöne Legende von der Sonderschicht, die der liebe Gott hier am Ende seiner Sechstagewoche noch einmal eingelegt haben soll. Wie dem aber auch sein mag, und wie selbstverständlich die heutigen Lebensumstände, der motorisierte Verkehr, neureiches Protzentum, der Zugriff renditebewußter Kapitalanleger und privater Zweithäuslebauer auch die Höri nicht ungeschoren gelassen haben – im Kern ist sie doch noch das Zipfelchen Paradies geblieben, in dem zu leben, zu wandern, dann und wann ein Stück Zeit einfach zu verträumen viel mehr Urlaub bedeuten kann, als manche Reise zu fernen Zielen.

Horn (Gaienhofen)

Von Radolfzell aus auf der ufernahen Straße gelangt man über das alte Fischerdorf *Moos*, von dem alljährlich eine Wasserprozession mit festlich geschmückten Booten zum ›Hausherrenfest‹ nach Radolfzell hinüberführt, und über *Iznang*, wo 1734 Franz Anton Mesmer, der Entdecker des tierischen Magnetismus, geboren wurde, nach Horn, das neuerdings Ortsteil von Gaienhofen ist. »Wäre ich nicht Großherzog von

Baden, wollte ich Pfarrer von Horn sein«, ließ sich hier der Landesvater einmal bei Gelegenheit eines Besuchs vernehmen. Von der kleinen Anhöhe aus, auf der die spätgotische *Pfarrkirche St. Johannes Baptist und Vitus* steht, bietet sich eine der schönsten Aussichten am See mit der Reichenau und der Silhouette von Konstanz im Vordergrund und – bei klarem Wetter – mit den schneebedeckten Alpengipfeln dahinter. Das Gotteshaus selbst gibt sich nach außen bescheiden. Im Innern wurde es 1717 barockisiert, und 1764 erhielt es seinen prachtvollen Rokokoaltar. Zum Muß für Kunstfreunde aber wird es durch zwei spätgotische Altarflügel, die 1717 von Konstanz hierher geschenkt wurden und vom Meister des in der Karlsruher Kunsthalle bewahrten Hohenlandenberger Altars gemalt sind. Es handelt sich bei diesen Tafeln, die Mariä Verkündigung (Abb. 13) und die Anbetung der Könige darstellen, um zwei vorzügliche Beispiele oberrheinischer Malerei.

Im Hauptort *Gaienhofen,* wo das ehemalige Schloß der Konstanzer Bischöfe heute ein Gymnasium beherbergt, wurde im früheren Schul- und Rathaus das neue Höri-Museum als Gedenkstätte für Hermann Hesse und Ludwig Finckh eingerichtet. Es erinnert dank zahlreicher Schenkungen und Leihgaben auch an die ›Höri-Maler‹, zu denen Otto Dix, Helmut Macke, Max Ackermann, Erich Heckel und noch viele andere gehörten. Archäologische Funde zur Pfahlbaukultur vor 6000 Jahren und bäuerliches Inventar gehören ebenfalls zum Museumsbestand. Besichtigung auf Anfrage (0 77 35 / 8 18 23).

Wangen (Öhningen)

In Wangen, einst Burgsitz der Herren von Schienen und derer von Ulm zu Marbach, birgt die *Pfarrkirche St. Pankratius* (um 1500), die später mehrfach verändert wurde, eine schöne spätgotische Sakramentsnische und eine gerade in ihrer bäuerlichen Einfachheit, ja Derbheit auf besondere Weise ausdrucksvolle Pietà des 17. Jahrhunderts. Ein künstlerisch bedeutendes Grabmal für einen 1610 verstorbenen Herrn von Ulm zu Marbach verweist auf eine Werkstatt im Umkreis Hans Morincks. Vor der Auffahrt zum *Schiener Berg,* an dessen Südhang das Naturschutzgebiet der Öhninger Kalksteinbrüche seine berühmten Versteinerungen von rund 475 Pflanzenarten und doppelt so vielen Tierarten aus der oberen Süßwassermolasse freigegeben hat, lockt vielleicht noch ein Abstecher zu dem reizvoll gelegenen Schlößchen Kattenhorn, zur Blasiuskapelle nebenan und zur evangelischen Pfarrkirche mit den Fenstern von Otto Dix.

Schienen (Öhningen)

In einer flachen Talmulde des waldigen Bergrückens hat die tausendjährige Kloster-, Wallfahrts- und Pfarrkirche *St. Genesius* in Schienen (Öhningen), die seit 1700 durch viele verständnislose Eingriffe verunstaltet worden war, seit den 60er Jahren den origi-nalen Zustand einer schlichten, nur von einem stattlichen Dachreiter überkrönten Pfeilerbasilika des 11. Jahrhunderts weitgehend wiedererhalten (Abb. 10, 11). Kunst-freunden gilt sie jetzt erst recht als die größte Kostbarkeit der Höri, gerade weil sie so ganz ohne besonderen architektonischen Schmuck das Prinzip der dreischiffigen, querhauslosen, mit flacher Holzdecke versehenen Basilika nahezu rein verkörpert. Weder die spätgotischen Fensterdurchbrüche des quadratischen Chors, noch das wenige, das man an nicht ganz hierher passender Ausstattung – teils aus Respekt ge-genüber noch lebenden Stifterfamilien – bei der letzten Restaurierung und General-bereinigung an Ort und Stelle beließ, stören das Bild der romanischen Kirche. Von alten Figuren sind als die schönste ein heiliger Michael links im Chor, ferner eine hei-lige Anna am linken Seitenaltar (beide um 1500) und das Gnadenbild Mariens mit dem Kind von 1430 in der Wallfahrtskapelle erhalten und restauriert worden, desglei-chen eine Kreuzigungsgruppe von 1720 an der Rückwand. Neu hinzu kamen Silber-tabernakel und Altarkreuz von Jan Dix, dem Sohn des Malers Otto Dix, sowie ein far-biges Chorfenster von Anton Wendling.

Öhningen

Eine ähnlich frühe Gründung wie die Kirche auf dem Schiener Berg, deren Geschichte bis zu einem Kloster in karolingischer Zeit zurückreicht, ist auch aus Öhningen über-liefert. Ein Graf Kuno von Öhningen und das Jahr 965 werden in diesem Zusammen-hang genannt, jedoch fehlen verläßliche Baunachrichten aus dem Mittelalter. Die ka-tholische *Pfarrkirche* und ehemalige Augustiner-Chorherrenkirche ist ein von dem Konstanzer Bischof Jakob Fugger geförderter Neubau aus der Zeit der Renaissance mit weitem Saalraum und erhöhtem Chor über einer Gruft. Die dem bischöflichen Wap-pen über dem Westportal beigegebene Jahreszahl verweist auf 1617 und damit auch auf die Bauzeit der Stiftsgebäude. Altäre, Kanzel und der schmückende Stuck in der Kirche sind allerdings erst später hinzugekommen (etwa zwischen 1680 und 1730).

Stein am Rhein

Drei Kilometer Straße verbinden miteinander, eine Landesgrenze trennt vom badi-schen Öhningen das schweizerische Stein am Rhein (Farbt. 4) – ein anderes Rothen-burg, ein mittelalterliches Städtchen wie aus dem Bilderbuch, das kennenzulernen Auto und Eile nicht verträgt, auch wenn die hier einfallenden Touristenmassen wohl oder übel ertragen werden müssen.

Auf der anderen, linken Rheinseite, nicht weit von der Brücke, stehen Kirche und Pfarrhaus von *Burg* mitten im Areal eines zur Zeit des Kaisers Diocletian befestigten römischen Grenzkastells. Man ging in dieser Gegend wohl immer ein bißchen mehr als anderswo auf Nummer sicher, denn auch rechtsrheinisch, wo sich die Merowinger einen Königshof eingerichtet hatten, hieß die Brückensiedlung neben dem 1005 vom Hohentwiel hierher verlegten Benediktinerkloster anfänglich ›munitio‹, was so viel bedeutete wie ›befestigter Markt‹. Obwohl das Kloster schon 1007 und 1024 Münz- und Marktrecht erhalten hatte, wurde Stein erst 1267 Stadt und knapp zwei Jahrhunderte später (1457) Freie Reichsstadt. Doch kaum in dieser neuen Würde richtig heimisch geworden, verzichteten die Steiner freiwillig auf ihre Reichsfreiheit und schlossen sich 1484 dem aufstrebenden Zürich an, von wo sie 1803 an Schaffhausen kamen.

Herz der Stadt ist der von einer Menge charaktervoller Häuser umstandene Rathausplatz. Das *Rathaus* (Abb. 14) von 1539 wurde 1745/46 erstmals umgestaltet und erhielt damals das in Fachwerk ausgebaute zweite Obergeschoß sowie ein hohes Mansardendach mit Uhr- und Glockentürmchen. Einem weiteren Umbau von Erd- und erstem Obergeschoß folgte 1900 die heutige Bemalung, die der Stuttgarter Historienmaler Carl von Haeberlin (West- und Ostseite) und sein Züricher Kollege Christian Schmidt besorgten.

Viele Häuser im Stadtkern sind reich ›bebildert‹, doch die meisten, vor allem die des späten 17. Jahrhunderts und die noch jüngeren, sind es erst seit etwa 1900 und danach. Auch wo schon ältere Fresken vorhanden waren, wurden diese vielfach mit neuen Motiven übermalt. Ausnahmen sind u. a. die *Vordere Krone* mit gotischer Fassade, fünfseitigem Erker und Fresken von 1734, der *Rote Ochsen* mit Erker und wenigstens teilweise noch aus dem frühen 17. Jahrhundert überkommener Malerei sowie der *Weiße Adler* (Hauptstraße 14, nördlich gegenüber dem Rathaus) mit seinen vollständig erhaltenen Fresken aus der Zeit um 1520. Einen besonderen Hinweis verdient die schöne Renaissance-Fassade des Hauses *Zum steinenen Trauben.* Im übrigen kann dem Besucher nur empfohlen werden, die Stadt auch einmal aus einiger Distanz zu betrachten – sei es vom linksrheinischen Nachbarort Burg aus, sei es aus der Vogelperspektive der *Burg Hohenklingen* (Farbt. 4, li. oben), einer alten Zähringer-Gründung, in der von 1529 an die Züricher Amtmänner residierten.

Kein Weg führt indessen am *Kloster St. Georgen* (Abb. 15) vorbei. Zu den ältesten Teilen der Anlage gehört das Gotteshaus, das heute reformierte Stadtkirche ist. Erbaut im 11. Jahrhundert, ist diese Kirche in Einzelheiten, vor allem was die Gliederung des Langhauses und die achteckigen Würfelkapitelle angeht, dem Konstanzer Münster recht ähnlich. Wandgemälde in der nördlich vom Chor gelegenen Seitenkapelle stammen aus späterer Zeit, ebenso der spätgotisch erneuerte Nordturm. Vom romanischen Südturm ist nach einem Blitzschlag nur der untere Teil übriggeblieben. Der südlich an die Kirche anschließende Kreuzgang erhielt seine heutige Gestalt im 15. und 16. Jh.

Die Klostergebäude in ihrer Gesamtheit sind jetzt Museum und werden als Besitz der Eidgenossenschaft von der Gottfried-Keller-Stiftung verwaltet. Gezeigt werden die Refektorien, der Kapitelsaal mit Resten von Wandmalereien, der Kreuzgang mit Kapelle und vor allem die zum Teil aufwendig ausgestatteten Abträume, unter denen der Bildersaal des Abtes David von Winkelsheim an erster Stelle steht – dies nicht zuletzt wegen einer ›Lautenspielerin mit Tod‹, die Ambrosius Holbein, Gehilfe des Schaffhauser Malers Thomas Schmid, zu dem reichen Gemäldebestand beigetragen hat. Im Amtmannssaal ist eine heimatgeschichtliche Sammlung mit Funden aus der Ur- und Frühgeschichte bis zur Römerzeit sowie mit zahlreichen jüngeren Exponaten untergebracht.

Neuerdings beherbergt Stein in der Schwarzhorngasse 136 auch ein privates *Puppenmuseum*, das mit seinen rund 400 Puppen, unter ihnen viele kostbare Raritäten, das mit Abstand größte seiner Art in der Schweiz ist (geöffnet dienstags bis sonntags 10–17 Uhr).

Steckborn

Obwohl seit 1290 ›stat‹ und obwohl die Herren von Steckborn zu jener Zeit als Ministerialen der Reichenau einiges unternahmen, um ihrer ›stat‹ ein bißchen Glanz zu geben, ist dieses Steckborn bis heute ein kleiner, in seinem mittelalterlichen Kolorit freilich sehr hübscher Marktflecken geblieben. Sein dominierendes Bauwerk ist der fünfgeschossige *Turmhof* am See (Abb. 17), den der Reichenauer Abt Diethelm von Castell zu Anfang des 14. Jahrhunderts erbauen ließ. Die malerische Silhouette mit Kuppelhaube und Türmchen ist allerdings ein Werk des 17. Jh. Der Bau beherbergt das Heimatmuseum am Untersee, zu dem eine reichhaltige Lokalsammlung urgeschichtlicher Relikte sowie römischer und alamannischer Grabungsfunde gehört.

Das *Rathaus* von 1667 und zwei schöne Riegelhäuser, das ›Klösterli‹ von 1662 und das ›Gümpli‹ aus dem 18. Jahrhundert, sind gewiß nicht die einzigen, aber doch ein paar besonders reizvolle Farbtupfer im Bild dieses Städtchens, das seine Bekanntheit noch einem ganz anderen Umstand verdankt: Im 18. und frühen 19. Jahrhundert waren hier einige berühmte Hafnereien am Werk, deren ›Steckborner Öfen‹ nicht nur im Bodenseegebiet Abnehmer hatten, sondern auch in den Export gingen.

Schloß Arenenberg (Salenstein)

Wir bleiben weiter auf der Straße Nr. 13, von der in Mannenbach bergwärts die Zufahrt nach Salenstein und Schloß Arenenberg abzweigt. Schon allein wegen seiner Lage inmitten einer ganz und gar heiteren Landschaft über dem Untersee wäre dieses Arenenberg besuchenswert, böte es nicht noch darüber hinaus mit der Einrichtung und dem Kunstbesitz des kleinen, äußerlich unscheinbaren Schlosses ein anschauliches Bild der Wohnkultur des ersten und zweiten französischen Kaiserreichs.

Im 16. Jahrhundert von einem Konstanzer Bürger erbaut, ging Arenenberg 1817 durch Kauf auf Königin Hortense, die Stieftochter und Schwägerin Napoleons I., über, die das Haus klassizistisch umbauen ließ. Nach dem Sturz Napoleons wohnte sie zunächst in Konstanz, übersiedelte dann 1825 nach Arenenberg, wo sie zusammen mit ihrem Sohn Prinz Louis Napoleon, dem nachmaligen Kaiser Napoleon III., bis 1837 lebte. Napoleon III. verkaufte zwar später diesen Besitz, aber seine Frau, die Kaiserin Eugenie, erwarb ihn wieder zurück und schenkte ihn 1906 dem Kanton Thurgau als Dank für die Gastfreundschaft, die ihr hier gewährt worden war.

Hortense und Eugenie hatten sich in dem Schlößchen nach ihrem Geschmack in einer Mischung von Empire und Biedermeier eingerichtet und sich damit ein zauberhaftes Refugium geschaffen. Wer Freude hat an erlesenen Möbeln, kostbaren Teppichen, an Skulpturen und Gemälden bedeutender Künstler wie Canova, Bartolini, Gérard oder Winterhalter, an Kunstwerken, in denen sich zum Teil auch ein Stück Geschichte beider Kaiserreiche widerspiegelt – wer solches also zu schätzen weiß, sollte sich Arenenberg nicht entgehen lassen. Er wird es so vorfinden, als hätten die Bewohnerinnen erst vor kurzem das Haus verlassen und nicht einmal den Webrahmen, die Harfe oder die Malutensilien, die Hortense Beauharnais so tüchtig handhabe, vorher weggeräumt.

Gottlieben

Der Wunsch nach mehr Unabhängigkeit von der Bürgerschaft, die sich ihrerseits betont selbstbewußt gab, hat den Konstanzer Bischof Eberhard II. veranlaßt, sich 1251 in Gottlieben eine von inzwischen verlandeten Gräben umgebene *Wasserburg* zu bauen, um künftig die meiste Zeit dort zu residieren. Es war und ist dies das nämliche Schloß, in dem zur Zeit des Konstanzer Konzils der Reformator Johannes Hus und sein Schüler Hieronymus sowie der abgesetzte Papst Johannes XXIII. als Gefangene einsaßen. 1836 wurde Prinz Louis Napoleon Eigentümer der Burg. In neuerer Zeit Privatbesitz der weltberühmten Opernsängerin Lisa della Casa, ist die stattliche, auf der Landseite von zwei Zwillingstürmen bekrönte Schloßanlage zwar nicht zugänglich, aber um ihrer geschichtlichen Rolle willen zumindest erwähnenswert.

Dagegen kann die gegenüberliegende ›Drachenburg‹, weil sie Gasthaus ist, rundherum besichtigt werden: eines der schönsten Riegelhäuser der an solchen Bauten wahrlich nicht armen Schweiz!

Kreuzlingen

Wären da nicht die Zollübergänge, könnte man glauben, das deutsche Konstanz und das schweizerische Kreuzlingen seien eine einzige Stadt – so nahtlos sind beide zusammengewachsen. Aber der große Atem von Geschichte und Kultur, der einen in Konstanz auf Schritt und Tritt umfängt, weicht in Kreuzlingen der eher atemlosen Geschäftigkeit einer Industrie- und Einkaufsstadt, die 1837 erst ganze dreizehn Häuser zählte. Einen Hauch von Historie spürt man nur im Umkreis des jetzt vom kantonalen Lehrerseminar belegten Klosters und der katholischen Pfarrkirche St. Ulrich und Afra.

Kreuzlingen. Aus: Ansichten vom Bodensee und seinen Umgebungen, Konstanz 1832

Hier hatte der Konstanzer Bischof Conradus um 950 ein Spital bauen lassen, in dem sich Augustiner-Ordensbrüder und -schwestern um Pflege und Seelsorge kümmerten. 1120 wurde an der Stelle des Spitals ein *Augustiner-Chorherrenstift* errichtet. Der letzte Neubau des 1848 säkularisierten Klosters entstand 1663–1668, die neue *Kirche* ein Jahrzehnt früher. Ihr Innenraum bekam sein heutiges Aussehen jedoch erst durch einen Umbau und die einheitliche Ausstattung in der Zeit um 1760.

Aus dem früheren Gotteshaus ist allein das sogenannte Gnadenkreuz, ein hochgotischer überlebensgroßer Kruzifixus übrig geblieben; eine Pietà aus dem 14. Jahrhundert hatte sich ursprünglich in der jetzt abgebrochenen Liebfrauenkapelle auf dem Friedhof befunden. Etwas älteren Datums als die letzte Umgestaltung ist der recht schwerfällig wirkende Hochaltar mit zwei seitlichen Statuen der Hausheiligen aus der Werkstatt des Konstanzer Hans Schenk d. J. Das große Altarbild von Johann Christian Storer kam 1802 nach der Aufhebung des Klosters Petershausen bei Konstanz hinzu.

Der seit 1760–1765 von leichten Gewölben überdeckte Raum wirkt verhältnismäßig bescheiden, erhält aber doch einige bedeutende Akzente durch das um 1740 von dem Konstanzer Kunstschlosser Johann Jakob Hoffner gefertigte Chorgitter im Régence-Stil (Abb. 16), die von Franz Ludwig Hermann ausgemalten Deckenspiegel, die gute Stuckdekoration, eine rückwärtige Sängertribüne und den prächtig geschmückten Orgelprospekt. Auch das Chorgestühl (ca. 1765) verdient Beachtung. Solche Aufmerksamkeit zieht die seitliche Ölbergkapelle mit der tiefenperspektivistischen Wirkung des ihr vorgelegten schmiedeeisernen Gitters von alleine auf sich. Da ist eine weiträumige, von mehr als dreihundert Figuren belebte Szenerie aufgebaut, die die Passion Christi vom Abendmahl bis zur Kreuzigung inmitten einer phantastischen Landschaft schildert. Ein Tiroler hat die etwa 30 cm hohen Figuren aus Zirbel- und Arvenholz geschnitzt und soll achtzehn Jahre dazu gebraucht haben. Ein Konstanzer Ratsherr schenkte sie 1761 nach Kreuzlingen, wo man sie seither als ein gleichsam zur Momentaufnahme geronnenes Passionsspiel bewundern kann.

Münsterlingen

Von einem Kloster der Augustinerinnen in Münsterlingen wird erstmals 1125 berichtet. 1549 ging es auf die Benediktinerinnen über. Den gegenwärtigen Neubau des *Klosters,* das seit 1848 kantonale Krankenanstalt ist, und der *Kirche* hat der Vorarlberger Baumeister Franz Beer von 1709 an aufgeführt. Die Architektur der Münsterlinger Kirche ist insofern von Bedeutung, als hier eine frühe und durchaus eigenständige Lösung des Vorarlberger Wandpfeilerschemas begegnet, deren Raumfolge auf den wenig

Münsterlingen. Aus: Ansichten vom Bodensee und seinen Umgebungen. Konstanz 1832

später begonnenen Bau von Kaspar Moosbruggers Stiftskirche in Einsiedeln hinweist. Die Art und Weise, wie in Münsterlingen der fließende Übergang vom Längsraum zum Zentralraum gefunden wurde, wie das kurze, durch eingezogene Wandpfeiler gegliederte, rückwärts von der Nonnenempore überspannte Schiff mit Querhaus und zentralräumlichem Chor kombiniert ist, verleiht dieser architektonischen Schöpfung eine Vorzugsstellung unter den Kirchenbauten jener Zeit.

Die Deckengemälde von Jakob Karl Stauder vermitteln die Illusion, als öffne sich der Himmel über den Gläubigen. Zu sehen ist diese Deckenmalerei auch im Zusammenhang mit den Säulenaufbauten und Gemälden der Altäre, die – miteinander durch den 1730 fertiggewordenen Laub- und Bandelwerkstuck verknüpft – den Blick erst recht himmelwärts zu lenken versuchen. Eine stehende Muttergottes im Schrein des rechten Chorseitenaltars stellt wahrscheinlich die im späten 17. Jahrhundert geschaffene Nachbildung des Altöttinger Gnadenbildes dar. Das schöne, relativ einfach geschmückte Chorgestühl von Christoph Daniel Schenk, 1678 datiert, ist auf der ehemaligen Nonnenempore aufgestellt. Ein Gewitter unterhalb dieser weit vorgezogenen Empore gewährt auch außerhalb der Gottesdienste Einblick ins Kircheninnere.

Landschlacht

Ein kleines, schlichtes Kirchlein auf den ersten Blick, doch im Innern hütet die *Leonhardskapelle* in Landschlacht beachtliche Fresken (Farbt. 6). Den großen Zyklus mit Themen aus dem Leben des heiligen Leonhard und seinen Legenden an den drei Chorwänden schuf 1432 der Meister des im Konstanzer Rosgartenmuseum bewahrten Tafelbildes aus dem von Stadionschen Domherrenhof zu Konstanz. Einem anderen Konstanzer Meister in der Mitte des 14. Jahrhunderts wird die Passions-Bilderfolge auf der Südwand des Schiffes zugeschrieben. Der Mäander auf der gegenüberliegenden Seite ist wie das ganze, im 10. Jahrhundert erbaute Kapellenschiff noch romanischen Ursprungs. Der Chor wurde 1430 an der Stelle eines untergegangenen älteren Bauwerks angefügt. Beide Teile der Kapelle, die nur durch eine Baufuge und einen kleinen Höhenunterschied voneinander getrennt sind, bilden einen einfachen Rechtecksaal.

Zwischen Wasser und Wein: Das ›Sonnenufer‹

Meersburg – Baitenhausen – Unteruhldingen – Birnau – Überlingen –
Salem – Heiligenberg – Mimmenhausen – Bermatingen – Markdorf –
Hepbach – Immenstaad – Hagnau – Meersburg

Was das ›Sonnenufer‹ der Kapitelüberschrift betrifft, so meint der Begriff einerseits
genau das, was jedermann ganz unbefangen darunter versteht: die sonnenreiche, mit
einem milden Klima gesegnete Landschaft am See. Andererseits ist er aber auch die
Bezeichnung der Großlage im Weinbaugebiet ›Baden, Bereich Bodensee‹. In der Tat
wachsen unter der Bodensee-Sonne köstliche Tropfen für Leute, die vom Wasser-
trinken nicht sonderlich viel halten. Doch davon mehr in den ›Praktischen Reisehin-
weisen‹.

Meersburg

So als ob ein Bühnenbildner den Auftrag gehabt hätte, die Szene für ein mittelalterliches Theaterstück zu entwerfen, präsentiert sich die Uferkulisse Meersburgs dem vom
See her Näherkommenden. Ist er dann erst einmal mittendrin in dem bunten Mit- und
Durcheinander von Torbögen, Treppengiebeln, Erkern und Laubengängen, von Fachwerk, Blumenkästen, Brunnen und kunstreichen Wirtshausschildern, von Gassen und
Steigen treppauf, treppab (Farbt. 11, 15), dann würde ihm gewiß wohl und immer
wohliger zumute, wenn es nur den Sommer über nicht diese Massen, ja ganze Heer-
scharen von Menschen in Meersburg gäbe. Das *Alte Schloß* (Farbt. 12) freilich, die
›Merdesburch‹ (= Martinsburg), wie sie in einer Urkunde von 1137 genannt ist, sieht
auf dieses Treiben, so scheint's, gelassen herab, während man der fürstbischöflichen
Barockresidenz nebenan ein bißchen von der Eitelkeit anzumerken glaubt, mit der sie
sich für die Rolle der Vielbewunderten zurechtgemacht hat.
　　Über das wahre Alter der Burg gehen die Meinungen auseinander. Die einen wollen
sie nicht rückwärts über das frühe 12. Jahrhundert hinaus datieren, die anderen, die
schon immer die historisch unbewiesene Behauptung vertreten haben, die Meersburg
sei die älteste erhaltene Wohnburg Deutschlands – wenn auch mit offenkundigen
Um- und Erweiterungsbauten späterer Jahrhunderte – bekamen wieder Auftrieb
durch neueste bautechnische Untersuchungen, wonach es zumindest möglich, wenn
nicht gar wahrscheinlich ist, daß der nach dem Merowingerkönig Dagobert benannte
Bergfried auch in der Zeit Dagoberts (gest. 639) aufgetürmt wurde.

Meersburg. Kolorierte Lithographie von Julius Greth, um 1850

Schon im Frühmittelalter hatte Meersburg den Konstanzer Bischöfen gehört, allerdings erst seit 1210 ohne Unterbrechung. Als die Bischöfe sich vor der Reformation aus Konstanz nach Meersburg zurückzogen, wurde die zum Schloß ausgebaute Burg bis 1750 ihre Residenz. Der an ihrer Erhaltung nicht interessierte badische Staat – Eigentümer seit 1803 – wollte sie auf Abbruch versteigern. Mehrere private Besitzer beziehungsweise deren Erben ermöglichten es seither, daß die noch intakte Anlage heute Meersburgs größte Sehenswürdigkeit ist. Sie näher zu beschreiben, erübrigt sich, weil dem Besucher an Ort und Stelle ein gedruckter Kurzführer ausgehändigt wird. Drei Zimmer im Schloß erinnern – um dies wenigstens noch anzumerken – an die Dichterin Annette von Droste-Hülshoff, die hier (Abb. 19) und im ›Fürstenhäusle‹, nahe beim Obertor in den Weinbergen, ihre letzten Lebens- und Schaffensjahre verbrachte. Im Fürstenhäusle ist ein Droste-Museum eingerichtet worden.

Zur Zeit des Fürstbischofs Damian Hugo aus der bekanntermaßen vom ›Bauwurmb‹ befallenen Grafen- und Fürstenfamilie von Schönborn wurde 1741 das *Neue Schloß* nach Rissen von Bagnatos Polier Francesco Pozzi, an denen Balthasar Neumann beratend mitgewirkt hatte, fertiggestellt. Neumanns Vorschläge befaßten sich insbesondere mit dem Treppenhaus, dessen Ausführung Johann Georg Stahl leitete. Stahl kam aus Bruchsal, wo Neumann – ebenfalls unter Schönborner Bauherrschaft – eines seiner berühmtesten Treppenhäuser schuf. Das Meersburger Stiegenhaus mit dem großen Deckengemälde von Appiani wurde leider nach kaum zwanzig Jahren wieder abgebrochen und von Franz Anton Bagnato durch die jetzt noch vorhandenen Stiegenläufe ersetzt (Abb. 18). Da im Neuen Schloß das sehr informative Dornier-Museum neben einem kleineren Heimatmuseum untergebracht ist, bereitet die Besichtigung der Innenräume, auch des besonders schön stuckierten, von Appiani ausgemalten Festsaals, keine Probleme. Im westlichen Eckpavillon befindet sich die zweigeschossige Schloßkapelle, zu deren Besonderheiten die Stuckzier von Joseph Anton Feuchtmayer und die Deckenbemalung von Gottfried Bernhard Goetz gehören.

Auf keinen Fall versäume man, das Schloß und mit dem Schloß zugleich die Landschaft und den See von der Terrasse aus zu erleben, den kleinen Gartenpavillon (Teehaus) zu bewundern und auch das herrlich geschmiedete Torgitter (Abb. 20) am gartenseitigen Aufgang zum Neuen Schloß. Dann aber sollte der Weg auf dem oberen Schloßplateau unbedingt noch hinüberführen zum ehemaligen Priesterseminar (östlich vom Reit- und Stallhof, der jetzt Staatsweingut beziehungsweise Domänenverwaltung ist). In dem Vierflügelbau erwartet den Besucher eine überaus reizvolle Rokokoschöpfung, die *Borromäuskapelle*. Drei Namen sagen hier alles: Bagnato, Pozzi und Appiani. Die phantasievoll gestalteten Seitenaltäre werden heute Franz Ignaz Verhelst zugeschrieben. Zu guter Letzt noch ein Gegenakzent zum barocken Überfluß: der hervorragende spätmittelalterliche Schnitzaltar einer Verkündigungsgruppe in der sterngewölbten Unterstadt-Kapelle St. Johann Baptist und der gediegene Zweckbau der ›Greth‹, des Hafenspeichers von 1505.

Baitenhausen (Meersburg)

Auf einer Hügelkuppe nahe der Straße von Meersburg nach Bermatingen steht die kleine *Wallfahrtskapelle Maria zum Berge Karmel* mit einer reichhaltigen Innenausstattung. Ihre schönste Zier sind die Deckenfresken von Johann Wolfgang Baumgartner aus Kufstein und unter diesen besonders originell die Randszenen im Querhaus: die Stadt Meersburg um 1750, der See, zwei Nachen und in der Ferne ein Segelboot darauf, der Mond als Marienmonogramm und die sieben Sterne des Heiligen Geistes, im Hintergrund das himmlische Jerusalem, in dem man sogleich Konstanz wiedererkennt; auf der gegenüberliegenden Seite Landschaft im Umkreis der Baitenhausener Höhe – eins wie das andere ganz locker hingesetzte Rokokomalerei, realistisch und ornamental zugleich. Man sollte es gesehen haben.

Unteruhldingen (Uhldingen-Mühlhofen)

Der Ort ist weit über Deutschland hinaus bekannt geworden durch sein *vorgeschichtliches Freilichtmuseum,* das der Nachbau eines Pfahlbaudorfes mit stein- und bronzezeitlichen Holzhäusern und allem Zubehör ist, rekonstruiert nach Funden im Federsee (s. S. 271). Als älteste und größte Einrichtung dieser Art in Europa will das Museum zeigen, wie die Jäger und Fischer des zweiten vorchristlichen Jahrtausends gelebt, gewohnt und was sie auch schon an Schmuck und Gebrauchskunst hervorgebracht haben. Nach Brandstiftung ist das ganze Pfahlbaudorf in den 70er Jahren zum zweiten Mal rekonstruiert worden (Farbt. 9).

Birnau (Uhldingen-Mühlhofen)

In der Nachfolge eines näher bei Überlingen gelegenen, seit Anfang des 13. Jahrhunderts bekannten, 1745 abgebrochenen Marienheiligtums wurde zwischen 1746 und 1750 am jetzigen Ort mit der (Neu-)Birnauer *Marien-Wallfahrtskirche* eines der schönsten Architektur- und Dekorationskunstwerke und zugleich der klangvollste Abgesang von Barock und Rokoko im Bodenseeraum geschaffen. Schon wie sich ›die Birnau‹ in die Landschaft einfügt, allein gelassen zwischen Wiesen und Weinbergen über dem See, ist sie kaum mit einer anderen Kirche zu vergleichen (Umschlagvorderseite).

Drei Meister des Rokoko haben sich da unter der Bauherrschaft des Zisterzienserklosters Salem zusammengetan: der vorarlbergische Baumeister Peter Thumb, der unermüdliche und allgegenwärtige Bildhauer, Stuck-Virtuose und Altarbauer Joseph Anton Feuchtmayer und der Maler Gottfried Bernhard Goetz. Die Kirche als ein strah-

Birnau. Aus: Ansichten vom Bodensee und seinen Umgebungen. Konstanz 1832

lend heller Festsaal: das war's, worauf sie hinauswollten – ein Raum, der aus sich selbst heraus in lebendigster Bewegung ist und schon wie Musik klingt, bevor ein einziger Ton darin angeschlagen wird (Farbt. 20).

Auf Hunderte von schönen, oft auch belustigenden Einzelheiten der Dekoration wäre hinzuweisen, ohne daß man damit je an ein Ende käme. Und auf den Geschmack für das Erlesene natürlich auch, ja auf ihn ganz besonders, weil er dieses bunte Hunderterlei letztlich zu einem Akkord heiterer Frömmigkeit zusammenzwang. Nur die Putten, die kleinen, lustigen Kerlchen, kann man gerade hier kaum wortlos übergehen, denn nicht nur, daß sie überall, wohin man auch sieht, ihr Wesen und Unwesen treiben, einer köstlicher als der andere und der berühmte Honigschlecker am Bernhardusaltar nicht einmal der originellste unter ihnen; vollends unüberbietbar ist, wie Feuchtmayer seine Putten mit einem unsäglichen Ausdruck naiv-kindlicher Anteilnahme sogar die Kreuzwegstationen des Herrn begleiten läßt (Abb. 23). Unberührt von der nachträglichen klassizistischen Verunstaltung des Hochaltars blieb die feine, anmutige Erscheinung des Birnauer Gnadenbildes, einer sitzenden Madonna des Weichen Stils zu Anfang des 15. Jahrhunderts.

Die Säkularisation hat auch Birnau übel mitgespielt; vieles wurde damals weggenommen, verkauft, zerstört, die Kirche selbst zeitweise zur Scheune degradiert. Sie hat diese Barbarei überstanden, hatte vom Überschuß der Feuchtmayer und Genossen genug zuzusetzen, um ihre Narben zu verbergen. Als dann gar 1919 eine neue kleine Zisterziensergemeinde ins Priesterhaus einzog, war zumindest auf diesem gesegneten Fleckchen Erde die Welt wieder in Ordnung gekommen.

Überlingen

Iburinga hieß der karolingische Fronhof, aus dem der Markt, die Stadt, die Freie Reichsstadt und in neuerer Zeit der Kneippkurort Überlingen hervorgegangen sind. Die Geschichte Überlingens ist auch die Geschichte seines *Nikolausmünsters,* und die wiederum hat sich, angefangen bei einer einschiffigen Saalkirche des 10. Jahrhunderts, in so vielen Neu-, An- und Umbauten niedergeschlagen, daß man sich am besten gleich an das heute Vorhandene hält. Von einem Meister Hans Dietmar 1424 als gotische Hallenkirche begonnen, von Jakob Rosheim aus Straßburg 1563 als fünfschiffige Basilika vollendet, überragt das Münster mit seinem ungleichen Turmpaar monumental die Altstadt, wobei die verhältnismäßig sparsame Verwendung architektonischen Schmucks durchaus schon bezeichnend für die Spätgotik ist.

Hat man erst einmal die Majestät und Harmonie dieses Raumes, in dem immer noch eine Erinnerung an die alte Hallenkirche mitzuschwingen scheint, ganz wahrgenommen, wird der erste Weg zu dem reich geschmiedeten Chorgitter von 1754 führen, hinter dem einer der meistbewunderten deutschen Schnitzaltäre, ja überhaupt eines der größten plastischen Bildwerke deutscher Renaissance seinen Platz hat: der Hoch-

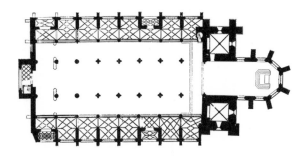

Überlingen, Münster, Grundriß

altar des in Waldsee geborenen, vor 1635 in Überlingen gestorbenen Jörg Zürn, an dem er und drei weitere Mitglieder der bekannten Bildhauerfamilie sechs Jahre lang gearbeitet haben (Abb. 27, 28). Wer sich Zeit für die Betrachtung des geradezu wuchernden Figurenwerks läßt und dabei auch die Gliederung des Altaraufbaus und die Gruppierung der Figuren nach den drei Themen Verkündigung, Anbetung der Hirten und Marienkrönung genauer bedenkt, wird in diesem Renaissance-Kunstwerk allemal noch ein gutes Stück Spätgotik wiederentdecken, sich auch an volkstümliche Krippenkunst erinnert fühlen und andererseits schon frühbarocken Schwung bemerken.

Jörg Zürn hat – zeitlich noch vor dem Hochaltar – auch das prunkvolle Sakramentshaus aus Öhninger Kalksandstein geschaffen, während die beiden Konsolstatuen des Verkündigungsengels und der Jungfrau (um 1300), die an den Chorfensterpfeilern einander gegenüberstehen, etwas von der stillen Größe, dem Adel einer noch staufisch inspirierten Kunst in den Chor mit einbringen. Es sind hervorragende Werke hochgotischer oberrheinischer Hüttenplastik, hinter denen sich jedoch die etwas jüngere Sandsteinfigur des heiligen Nikolaus am vordersten rechten Pfeiler keineswegs zu verbergen braucht. Schon zur Mitte des 15. Jahrhunderts hin weist das Chorgestühl, eine gute Ulmer Arbeit im späten Weichen Stil. Die Darstellung des Jüngsten Gerichts auf der Chorbogenwand malte Jakob Karl Stauder 1722.

Die Zürn-Familie hat sich noch in weiteren Arbeiten für das Münster verewigt, so zwei Brüder Jörgs im Rosenkranzaltar der südöstlichen Seitenkapelle, Jörg Zürn selbst in seinem frühesten Überlinger Werk, dem Marienaltar (auf der Südseite unmittelbar hinter dem Seiteneingang) und dem letzten aus seiner Werkstatt, dem Schutzengelaltar vorn in der nördlichen Kapellenreihe. Die Mehrzahl der insgesamt vierzehn Nebenaltäre – durchweg gute, wenn auch nicht an Zürnsche Qualitäten heranreichende Leistungen – gehört dem 17. Jahrhundert an. Der Elisabethaltar (Südseite) birgt in seinem modernen Aufbau eine schöne Madonna auf der Mondsichel von Gregor (oder Michael?) Erhart um 1510. Die großenteils erneuerte Kanzel vergegenwärtigt in der vorzüglichen Steinmetzarbeit noch etwas vom Geist der spätesten Gotik.

Draußen auf der Münster-Südseite hatte Lorenz Reder 1493 den inzwischen veränderten und ergänzten Ölberg im spätgotischen Achteckgehäuse geschaffen und einen überlebensgroßen Christus von einem älteren Ölberg hierher übertragen. Von da sind

Überlingen. Kupferstich
von Matthäus Merian

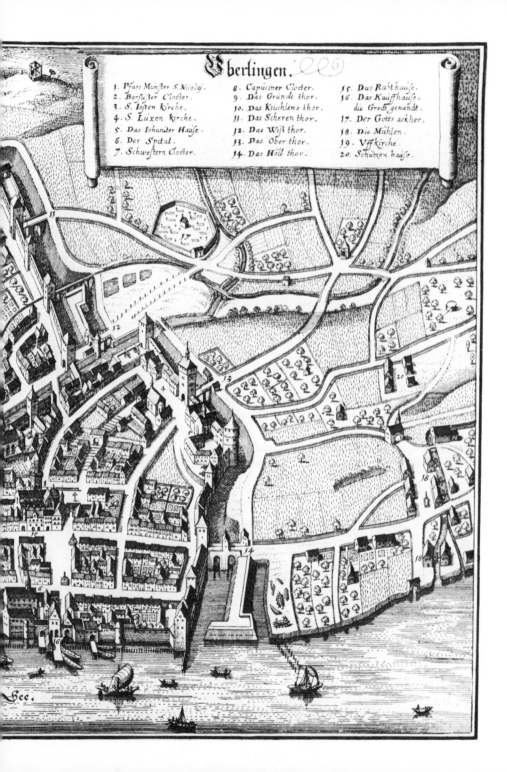

Oberlingen.

1. Pfarr Munster S. Nicolaj.
2. Barfußer Closter.
3. S. Iosten kirche.
4. S. Luxen kirche.
5. Das Iohanuter Hauße.
6. Der Spital.
7. Schwestern Closter.
8. Capuciner Closter.
9. Das Grüne thor.
10. Das Kiuchlens thor.
11. Das Scheren thor.
12. Das Wiß thor.
13. Das Ober thor.
14. Das Höll thor.
15. Das Rathhauße.
16. Das Kauffhauße,
    die Gredt genandt.
17. Der Gotts ackher.
18. Die Mühlen.
19. Vff kirche.
20. Schützen hauße.

See.

es nur ein paar Schritte hinüber zum *Rathaus* (1490) und dem mit ihm verbundenen, durch die gekuppelten spätgotischen Fenster charakterisierten *Kanzleibau* (heute Stadtarchiv). Der Architekt des Rathauses hat sein Bauwerk als erstes nördlich der Alpen mit einer italienischen Rustikafassade versehen, doch seinen Ruhm verdankt es der ›Stube‹, dem Ratssaal, mit dessen Holztäfelung der sonst nicht zu den berühmten Bildhauern seiner Zeit gerechnete Überlinger Jakob Ruß eine »Perle spätgotischer Profanarchitektur« (Dehio), eine der »glücklichsten Hervorbringungen altdeutscher Kunst« (von Reitzenstein) schuf. Kiefer sieht in Ruß' Galerie von Schnitzfiguren gar »die zur sinnfälligen Anschauung gebrachte Soziologie eines ganzen Zeitalters«.

An der Krummebergstraße, die man vom Münsterplatz aus über die Luziengasse erreicht, wartet mit der zweiten Überlinger Rustikafassade das *Reichlin-von-Meldeggsche Patrizierhaus* auf. Durch seine beiden Anbauten wird dieses Haus vollends zur Sehenswürdigkeit: Im einen Anbau befindet sich die 1486 geweihte gotische Hauskapelle, die J. A. Feuchtmayer mit einer zarten Rokokodekoration und drei Standfiguren, darunter eine fast damenhaft elegante Madonna, versah; der andere Anbau umschließt einen von Wessobrunner Künstlern stuckierten zweigeschossigen Festsaal. Die Besichtigungsmöglichkeit ergibt sich von allein dadurch, daß in dem Gebäude das *Städtische Museum* untergebracht ist. Seine Bedeutung geht über den lokalen Rahmen weit hinaus, denn neben allem anderen, das auch sonstwo zu den Beständen eines Heimatmuseums gehört, versammelt es in seinen Räumen eine stattliche Zahl bedeutender Kunstwerke von der Gotik bis zum Rokoko aus dem ganzen see- und oberschwäbischen Raum, überdies eine Krippensammlung und eine weitere Sammlung von historischen Puppenstuben (Abb. 24, 25).

Auch in Überlingen prägt noch die alte Reichsstadtherrlichkeit das Ortsbild, wimmelt es von behäbigen Bürgerhäusern und Zweckbauten (Abb. 26) – auf keinen Fall zu übersehen Bagnatos klassizistischer Lagerhausbau am Hafen, die ›Greth‹, in der das spätgotische Kornhaus mit aufgegangen ist, und das von einem Staffelgiebel überragte spätgotische Zeughaus.

Zwei Kirchen sollten unbedingt noch zum Besuchsprogramm gehören: die *Franziskanerkirche,* eine dreischiffige Basilika des 15. Jahrhunderts, in der man eines der besten Beispiele rücksichtsvoller Barockisierung eines gotischen Raumes studieren kann (Hochaltar von J. A. Feuchtmayer), und die 1424 von einem Überlinger Bürger gestiftete *Jodokkapelle* um ihrer Wandgemälde willen, unter denen die Darstellung der mittelalterlichen Legende von den drei Lebenden und den drei Toten ein Beispiel großer europäischer Wandmalerei genannt werden darf.

Ein noch bedeutenderes findet sich in der kleinen, unscheinbaren *Silvesterkapelle* von **Goldbach** (nach Überlingen eingemeindet) an der ufernahen Nebenstraße in Richtung Ludwigshafen. Hier wurden um die Jahrhundertwende, wenn auch nicht mehr in vollständiger Erhaltung, die einzigen Zeugnisse ottonischer Monumentalmalerei aus der Zeit um das Jahr 1000 neben denen von Oberzell auf der Reichenau entdeckt, und auch sie erzählten, wie Bruchstücke an den Langhauswänden zeigen,

u. a. von den Wundertaten Christi. Die Apostelbilder im rechteckigen Chorraum kann man sogar als eine Art Entschädigung für die durch Übermalung entstellte Apostelreihe in St. Georg/Oberzell betrachten. (Die Silvesterkapelle ist geschlossen; Schlüssel-Adresse an der Tür.)

Salem

Salmannsweiler, das heutige Salem, wurde 1134 als Zisterzienserkloster gegründet, und zisterziensisch im Sinne von asketischer Strenge ist auch die Architektur der 1299 begonnenen, in mehreren Etappen bis 1414 vollendeten *Basilika,* deren einziger Schmuck nach außen die großen Maßwerkfenster sind. Es war schon ein großes Glück, daß dieser reinste und vollkommenste gotische Bau Oberschwabens nicht der allgemeinen barocken Bauwut zum Opfer fiel. Sein gotisches ›Zubehör‹ allerdings hat er mit Ausnahme des Sakramentshauses im nördlichen Querschiff verloren. Jetzt dominiert die 1771–1794 von Johann Georg Dirr und Johann Georg Wieland geschaffene frühklassizistische Ausstattung, in der allerdings auch noch einige Werke von Feuchtmayer erhalten sind. Einzelheiten vermittelt die Kirchenführung an Ort und Stelle, ohne die Besichtigungen nicht möglich sind.

Gleiches gilt für die ehemaligen *Klostergebäude,* die seit der Säkularisation Besitz und Wohnsitz der Markgrafen von Baden sind und neben Markgräflichen Ämtern die von Prinz Max von Baden gegründete, weltbekannt gewordene Internatsschule Schloß Salem beherbergen. Die von Franz Beer 1697 neu errichteten Klostergebäude bilden ein an die Kirche sich anlehnendes großes Geviert, darin Quertrakte drei Binnenhöfe ausscheiden. Der der Besichtigung zugängliche Teil der Prachträume (Farbt. 17) ist zugleich Museum, im dem die Kunstsammlungen der Markgrafen von Baden gezeigt werden. Eines der Tore, das in den umfangreichen Klosterbezirk mit seinen vielen Nebengebäuden einführt, das Untertorhaus (Farbt. 16), ist von allen Barockbauten Salems der festlichste, errichtet von Franz Beer und von Feuchtmayer mit seiner Prachtfassade versehen.

Salem bietet vom 1. April bis 31. Oktober werktags 9–12 Uhr und 13–17 Uhr, sonn- und feiertags 11–17 Uhr mehrere geführte Besichtigungen mit verschiedenen Programmen an und beherbergt im übrigen auch ein in dieser Art seltenes Feuerwehrmuseum. Auskünfte über Tel. 0 75 53 / 8 14 37.

Heiligenberg

Das *Schloß* der Fürsten von Fürstenberg am Rande einer bewaldeten Hochfläche mit herrlicher Aussicht auf Bodensee, Alpen und Hegau hatte schon mehrere Vorgänger, als um einen spätgotischen Kern seit etwa 1560 die auf die Gegenwart überkommene Renaissance-Schloßanlage entstand. Sie zu sehen lohnt sich unbedingt, ist aber, wie in Salem, nur mit Führung möglich. Gezeigt werden die kunsthistorisch wichtigsten

Teile des Schlosses, darunter auch die drei Stockwerke hohe Schloßkapelle im Westflügel über der fürstlichen Gruft und der berühmteste Prunkraum Heiligenbergs, der in zwei Geschossen über den ganzen Südflügel sich erstreckende *Rittersaal,* dessen von Jörg Schwartzenberger geschnitzte Kassettendecke an Ausmaß, handwerklicher Qualität und ornamentalem Reichtum kaum irgendwo ein vergleichbares Gegenstück haben dürfte (Farbt. 19).

Mimmenhausen (Salem)

Auf einer idyllischen Insel im Killenweiher, näher schon bei Mühlhofen als bei Mimmenhausen, hat Joseph Anton Feuchtmayer fünfzig Jahre lang gewohnt. Sein Haus stand am Platz des jetzigen Forsthauses. Für ihn schuf sein Schüler und Mitarbeiter Johann Georg Dirr den Grabstein in der *Pfarrkirche* von Mimmenhausen, der dort nach dem modernisierenden Neubau des Gotteshauses erneut einen Platz gefunden hat. Auch ein überarbeitetes Vesperbild geht auf das Konto Dirrs, während die Täufergruppe auf dem Taufstein und das Grabmal für F. X. Prugger Arbeiten von Feuchtmayer sind. Vom Hochaltar der alten Kirche sind zwei große Statuen in den Neubau übertragen worden, die eine von ihnen eine Trauernde Muttergottes, der Hans Schenk ergreifenden Ausdruck gegeben hat.

Bermatingen

Das schmucke Ortsbild Bermatingens mit seinen vielen Fachwerkhäusern (Abb. 22) ergab sich aus dem Wiederaufbau nach einer Feuersbrunst 1590. Das dem Rathaus von 1745 schräg gegenüber liegende Gasthaus war einst Amtshaus des Klosters Salem (1596), woran heute noch das Salemer Wappen über dem Eingang erinnert. Am Südportal der katholischen *Pfarrkirche St. Georg* hat Jörg Zürn zwei Konsolköpfe gemeißelt; von den Madonnenbildwerken in der Kirche wird das eine vor dem Chorbogen David Zürn zugeschrieben. Beachtlich sind Reste einer spätgotischen Ausmalung und ein Leinwandgemälde von 1526 mit der von Engeln umgebenen Muttergottes.

Markdorf

Dem Städtchen, dessen alter Baubestand zum größten Teil zwei Bränden 1778 und 1842 zum Opfer fiel, sieht man kaum mehr historische Bedeutung an. Die aber gewann es sich schon nach der ersten Jahrtausendwende, als die Burg des seit 807 bekannten ›Maracdorf‹ in den Kämpfen des Investiturstreits mehrfach eine Rolle spielte und der Bischof von Konstanz als Parteigänger Heinrichs IV. sich vor dem Gegenkönig Rudolf von Rheinfelden hierher zurückzog. Keimzelle der seit 1803 badischen Stadt war allerdings nicht diese ältere Burg, sondern eine Neugründung des Ritters Konrad von Markdorf (um 1250). Das erhalten gebliebene, turmartige *Alte Schloß* mit seinen Staffelgiebeln (Abb. 21) gehört dem 14. Jahrhundert an, die Wirtschaftsgebäude wie auch der Neue Bau (Apotheke) sind aus der Zeit um 1740. Nahebei das Untertor, ferner der Hexenturm und das äußere Obertor sind immer noch prägende Merkmale des Stadtbildes, das auch gern im Zusammenhang mit der bevorzugten Lage Markdorfs am oberen Rand des Linzgaus zu Füßen des Gehrenbergs gelobt wird.

Die als Kollegiatsstiftskirche gegründete *Pfarrkirche St. Nikolaus,* eine spätgotische Basilika, erfreut mit einer Mondsichel-Maria aus der Überlinger Zürn-Werkstatt über dem Südportal, im Innern dann mit der von Johann und Joseph Schmuzer trefflich stuckierten Marienkapelle. Die Schutzmantelmadonna auf deren Altar datiert um 1470, die beiden Assistenzfiguren könnten gut und gern von J. A. Feuchtmayer sein, während das schön gearbeitete Vesperbild Christoph Daniel Schenk zuzuordnen ist. Im südlichen Seitenschiff sind Reste von Wandmalereien freigelegt.

Hepbach – Immenstaad – Hagnau

Vier Kilometer östlich von Markdorf in Richtung Ravensburg bewahrt die sonst unbedeutende *Pfarrkirche* von **Hepbach** zwei bildnerische Meisterwerke des Bodenseeraums, die großen Steinreliefs eines Gnadenstuhls und einer Beweinung von Hans Morinck aus dem nicht mehr bestehenden Kloster Petershausen bei Konstanz. Außerhalb der Gottesdienste geschlossen; der Mesner wohnt im letzten Haus an dem vor der Kirche rechts abgehenden Weg.

Über Bergheim, Lipbach und Kluftern wieder am Bodensee zurück, empfiehlt sich ein Aufenthalt in **Immenstaad** erstens schon deshalb, weil hier wie nahezu in jedem Bodenseedorf ein bißchen Beschaulichkeit ihren Lohn von selber findet, und zweitens erst recht, weil es in Immenstaad außer Kirche, Rathaus und sonst noch etlichen hübschen Bauten auch das sogenannte *Schwörerhaus* gibt, eines der besterhaltenen Beispiele für das ›gestelzte‹ alamannische Haus.

Vorbei am *Schloß Kirchberg,* das ehedem ein Wirtschaftshof des Klosters Salem und zeitweise Sommerresidenz der Salemer Äbte war, gelangt man in **Hagnau** erneut auf von der Geschichte beackerten Boden. Das ›Hagenovo‹ von 1090 gehörte erst zu Überlingen, dann zum Stift Einsiedeln, später zu Weingarten, bevor es 1803 an Baden fiel. Diese Vergangenheit, vor allem die jüngere, hat in dem kleinen Kur- und Badeort nicht nur ansehnliche Bürgerhäuser, sondern auch stattliche klösterliche Amtshäuser hinterlassen, als schönstes wohl den *Salmannsweiler Hof* von 1568. In der spätgotischen *Pfarrkirche,* deren netzrippengewölbter Chor besonderen Eindruck macht, wird die Muttergottes im linken Seitenaltar mit der Ulmer Multscher-Schule in Verbindung gebracht. Die Sebastiansfigur (um 1680) ist von Christoph Daniel Schenk. Kanzel und Chorgestühl entstanden 1675.

Von 1869 bis 1884 hatte Hagnau das Glück, in dem akademischen Theologen, promovierten Philologen, Schriftsteller und badischen Landtagsabgeordneten Heinrich Hansjakob aus Haslach im Kinzigtal einen Pfarrer zu haben, der nicht nur für seine ›soziale Ader‹ bekannt war, sondern auch genau wußte, wo die Winzer der Schuh drückte und ihnen mit Rat und Tat auf die Beine half. Er gründete in Hagnau die erste aller Winzergenossenschaften. Der Hagnauer Wein hat von solcher Fürsorge bis heute profitiert.

27 ÜBERLINGEN Münster, Blick zum Hochaltar

28 ÜBERLINGEN Münster, Hochaltar von Jörg Zürn

53 RAVENSBURG   Liebfrauenkirche, Schreinaltar, Sakramentshaus und Glasgemälde

54 WASSERBURG   Fuggersäule

55 WEISSENAU   Ehem. Klosterkirche, Muttergottes von Michael Erhart

Riedlandschaft um ERISKIRCH

Freundliche Nachbarn

Lindau und Bregenz

Die zwei Städte in der Südostecke des Obersees scheinen recht willkürlich durch eine Landesgrenze voneinander getrennt zu sein, denn wer immer hier zu Hause oder auch nur Gast ist, empfindet irgendein Trennendes ganz gewiß nicht, wie ja überhaupt das Land um den See die Menschen seit alters viel stärker gebunden hat als ihre mehr oder weniger zufällige Staatsangehörigkeit. Freundliche Nachbarn also, die sich zusammengehörig fühlen – schon gar, wenn zwei Städte einander so unmittelbar nahegerückt sind wie Lindau und Bregenz.

Lindau

Es muß ja nicht gleich vom ›schwäbischen Venedig‹ die Rede sein, und auch die ›bayerische Riviera‹, die Münchener Staatsgäste bei den Eröffnungssitzungen der alljährlichen Nobelpreisträgertagungen in der Inselstadt mit schöner Regelmäßigkeit herbeizitieren, erscheint ziemlich weit hergeholt. Richtig und von niemandem je ernstlich bestritten ist, daß dieses bayerisch-schwäbische Lindau einer der schönsten Plätze in der Bodenseelandschaft und ein Juwel unter den Städten ringsum ist. Wenn auch der neuere Teil, die Gartenstadt, mittlerweile lang und breit in die Uferregion hineinreicht, ist doch der historische Kern nach wie vor eine mit dem Festland nur durch Straßenbrücke und Eisenbahndamm verbundene Insel (Farbt. 22, 23).

Eine römische Siedlung ist in dem zu Lande benachbarten Stadtteil Aeschach bezeugt. Daß die aus massigen Steinquadern erbaute ›Heidenmauer‹, auf die man, vom Festland über die Brücke kommend, geradewegs zugeht, im vierten Jahrhundert ein römischer Wachtturm gewesen sein soll, wird heute nicht mehr recht geglaubt und die Mauer eher in das gar nicht mehr heidnische 9. Jahrhundert datiert, wo sie ein Teil des ersten Berings gewesen sein könnte. Dies war nämlich auch die Zeit, da ein Graf Adalbert von Rätien auf der Insel ein Kanonissenstift errichtete. 810 ist als Stiftungsjahr überliefert, 882 wird die Siedlung zum ersten Mal als ›Lintoua‹ beurkundet, rund hundert Jahre später vom Kloster ein Markt in Aeschach gegründet, dieser Markt wiederum 1079 auf die Insel verlegt. Im 13. Jahrhundert wird Lindau Reichsstadt, erhält 1396 die

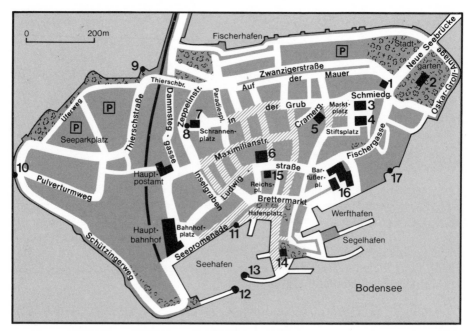

Lindau 1 Heidenmauer 2 Spielbank 3 Stephanskirche 4 Stiftskirche 5 Haus zum Cavazzen 6 Altes Rathaus 7 Peterskirche 8 Diebsturm 9 Sternschanze 10 Pulverturm 11 Alter Leuchtturm (Mangturm) 12 Neuer Leuchtturm 13 Löwe und Löwenmole 14 Römerschanze 15 Lindavia-Brunnen 16 Stadttheater (ehem. Barfüßerkiche) 17 Gerberschanze

Hohe Gerichtsbarkeit und entwickelt sich immer mehr zu einem wohlhabenden Gemeinwesen. Dazu tragen insbesondere Handwerker und Kaufleute bei, die vielfältige Handelsbeziehungen aufbauen und den 1445 erstmals urkundlich belegten ›Lindauer Boten‹ gründen. Diese ›Lindau-Mailänder Botenanstalt‹, wie ihre genaue Bezeichnung lautete, unterhielt bis 1822 einen planmäßigen Brief-, Geld-, Personen- und Warenverkehr über die Alpen hinweg. 1466 war das Stift gefürstete Abtei geworden, 1496 tagte der Reichstag im Alten Rathaus, 1528 wurde in Lindau die Reformation offiziell eingeführt, die Stadt 1647 von den Schweden belagert und 1802 nach dem Verlust der Reichsfreiheit an den Fürsten Karl August von Bretzenheim gegeben. 1804 ist Lindau österreichisch, 1805 bayerisch.

Von der Seebrücke aus an der Spielbank mit ihren gepflegten Gartenanlagen und der eben schon erwähnten Heidenmauer vorbei, kommt man der Geschichte Lindaus gleich handgreiflich näher, wenn man durch die Schmiedgasse erst einmal am Marktplatz angelangt ist. Dieser Platz bildet ein ebenso großzügiges wie reizvolles städtebauliches Ensemble, das östlich von den einträchtig beieinander stehenden beiden Kirchen, auf der gegenüberliegenden Schauseite vom Haus zum Cavazzen beherrscht wird. Die südliche Begrenzung des Marktplatzes markiert der Gasthof zum Stift, der wiederum zusammen mit der Katholischen Stadtpfarrkirche St. Maria und dem nach einem verheerenden Brand in den Jahren 1732–1734 wiedererrichteten Kloster (heute Landratsamt und Amtsgericht) den Stiftsplatz umschließt.

Gerade in ihrer engen räumlichen Nachbarschaft und leichten Vergleichbarkeit vermitteln die zwei Kirchen Alt-Lindaus ein anschauliches Bild evangelisch und katholisch inspirierten Spätbarocks. In den Ostteilen der evangelischen *Kirche St. Stephan* stecken noch Reste einer frühen romanischen Anlage, doch erst eine durchgreifende Umgestaltung und Erweiterung im Jahre 1506 und ein letzter Umbau 1781–83 bestimmen das jetzige Erscheinungsbild, in dem barocke Formen über die ältere gotische Bausubstanz dominieren, insbesondere am Außenbau mit den barocken Turmobergeschossen.

Die feine Stuckzier und die Farbstellung des dreischiffigen Innenraums wirken, so schön sie im näher besehenen Detail zu nennen sind, insgesamt recht kühl – gemessen etwa an der Farben- und Formenpracht katholischer Kirchen aus der gleichen Zeit. Das hängt mit den Sinneswandlungen der Reformation zusammen, die die alte Ausstattung verschwinden ließ und an die Stelle überdekorierter Kulträume eher nüchterne, vom Wort Gottes möglichst wenig ablenkende Predigträume zu setzen trachtete. Dem trägt in St. Stephan auch die heutige, zurückhaltende Einrichtung Rechnung; ihre wichtigsten Teile stammen aus der Zeit des letzten Umbaus.

Ganz anders die ehemalige *Stiftskirche St. Maria* nebenan, in der wieder der ungebrochene Dreiklang von Malerei, Skulptur und Architektur laut und vernehmlich angeschlagen wird. Sie ist – nach der Feuersbrunst, die auch das Stift verwüstet hatte – eine barocke Neuschöpfung aus den Jahren 1748 bis 1751, ein Werk des u. a. auf der Mainau und in Meersburg tätig gewesenen Deutschordensbaumeisters Johann Kaspar Bagnato (1696–1757). Von den frühen Vorläuferkirchen an dieser Stelle, dem Gründungsbau zu Anfang des 9. Jahrhunderts und einem (vermuteten) weiteren Gotteshaus nach 948 ist Genaueres nicht bekannt, wohl aber von dem letzten vorbarocken Bau, der eine gegen 1100 erstandene romanische Basilika nach Hirsauer Vorbild war.

Bei seinem Entwurf für den Neubau hatte sich Bagnato übrigens nicht nur an eine schon vorausgegangene, für das gesamte Stift verbindliche Planung, sondern auch an die Weisung zu halten, so viel wie nur möglich von der Ruine und damit natürlich auch den Grundriß der alten Kirche zu übernehmen. Wer das Ergebnis vor sich sieht, mag zunächst von dem verhältnismäßig schlichten Äußeren des Gotteshauses überrascht sein. Doch auch dies hängt mit der Generalplanung nach 1728 zusammen, die die frühere Umschließung durch die Stiftsbauten im Süden und den Friedhof im Norden beibehielt, in dieser Form dann allerdings nicht mehr verwirklicht wurde.

Das Barocke gibt darum erst eigentlich im Innenraum von St. Maria den Ton an und steigert sich hier zu heiterer Beschwingtheit. Im übrigen wird da das Vorarlberger Wandpfeilerschema bemerkenswert abgewandelt und weitergeführt: die durchbrochenen Wände unter und über den Emporen lassen nämlich die Pfeiler schon mehr wie freie Stützen erscheinen und vermitteln damit der Raumwirkung einen neuen Akzent.

Gleich zweimal gingen große Teile der Deckenfresken von Giuseppe Appiani verloren: 1922 zerstörte ein Feuer den Dachstuhl und ließ die Langhausdecke zusammenbrechen; im September 1987 stürzte sie ohne ersichtlichen Anlaß ein weiteres Mal ein und zog auch andere Teile der Ausstattung in Mitleidenschaft. Im Zuge des ersten, 1926 abgeschlossenen Wiederaufbaus wurde, was im Mittelschiff von den Malereien Appianis untergegangen war, in vereinfachter Form nachempfunden, doch immer mit den erhalten gebliebenen Fresken vor Augen. Seit 1988 ist die erneute Rekonstruktion der Decke unter Einbeziehung der noch brauchbaren Fragmente im Gange.

Die Altäre sind nicht gerade überragende, aber doch gute Leistungen aus der Zeit des Neubaus, an denen u. a. die Stukkateure Johann Georg Gigl aus Wessobrunn (Hauptaltar) und Andreas Bentele aus Hangnach bei Lindau (Seitenaltäre) sowie der Kemptener Hofmaler Franz Georg Hermann beteiligt waren; letzterer schuf die Gemälde des Hochaltars und des rechten Seitenaltars. Beachtlich ist ferner die Kanzel des Wessobrunners Joseph Wagner, und spätestens beim ersten Blick zurück müßte einem auch das prachtvolle, 1755 von dem Dornbirner Geistlichen Franz Ritter geschnitzte und vergoldete Orgelgehäuse als besonders gut gelungene Arbeit dieser Art auffallen.

Das *Haus zum Cavazzen* oder, wie es vereinfachend meist genannt wird, der ›Kawatzen‹, hat seinen Namen von den Grundstückseignern in den Jahren 1540–1617, die de Kawatz hießen. Der nach der Feuersbrunst von 1728 für die Herren von Seutter neu aufgerichtete, reich bemalte und von einem mächtigen Walmdach behütete Barockbau, für Dehio das schönste Bürgerhaus am Bodensee, beherbergt jetzt die Städtischen Kunstsammlungen, die zu den reichhaltigsten im Bodenseeraum gehören und sich mit vielen ihrer Gemälde, Skulpturen, Tapisserien oder Möbelstücken durchaus auch neben renommiertere Museen stellen dürfen. In erster Linie verstehen sich diese Sammlungen jedoch als ein kulturhistorisches Regionalmuseum, das einen lebendigen Anschauungsunterricht zur Lindauer Geschichte wie zur Stadt- und Wohnkultur früherer Jahrhunderte geben will, im übrigen aber auch durch Wechselausstellungen sich immer wieder von neuem attraktiv zu machen versteht.

Vom Marktplatz aus jetzt der Cramergasse folgend, die von einigen schönen Hoflauben-Häusern umstanden wird, ist die Hauptschlagader stadtbürgerlichen Lebens, die wie ein Saal sich weitende Maximilianstraße, schnell erreicht. Da stehen malerische Gruppen von Patrizier- und Bürgerhäusern zuhauf beieinander (Abb. 32), mit Laubengängen und Speichergiebeln, mit gewölbten Lagerhallen in den Erdgeschossen und Lauben auch in den Höfen, viele noch bezeichnet mit ihren altüberlieferten Namen wie ›Zum Pflug‹, ›Zum Schneggen‹ oder ›Zum Sünfzen‹ – das letztere ein besonders auffälliges Laubenhaus gleich am Eingang zur Maximilianstraße. Hier war bis 1815 die Trinkstube der Sünfzengesellschaft, der vor allem die Lindauer Patrizier angehörten.

Auch die kleinen Seitenstraßen und -gäßchen möglichst nicht außer acht lassend, gelangt man auf der Maximilianstraße zum linkerhand sich öffnenden Bismarckplatz mit dem *Neuen Rathaus,* einem stattlichen Barockbau auf der Westseite, und dem prachtvollen *Alten Rathaus* als südlichem Abschluß. Errichtet wurde dieses Haus mit seinen volutengeschmückten Staffelgiebeln und dem gedeckten Treppenaufgang zum Verkünderker vor dem ersten Obergeschoß – Sinnbild reichsstädtischer Behaglichkeit geradezu – zwischen 1422 und 1436 (Farbt. 21, Abb. 33). Ungeachtet einiger späterer Umgestaltungen und mehrfacher Erneuerungen der die Fassaden zierenden Bemalung hat es die Zeiten im wesentlichen doch unversehrt überstanden. Daran, daß sich im Bauteil unter dem Verkünderker einmal das Gefängnis befand, will die Inschrift »Lasset ab vom Bösen und lernet Gutes tun« erinnern. In den Hallen des Erdgeschosses sind heute das Stadtarchiv und die ehedem reichsstädtische Bibliothek mit mehr als 23 000 Werken aus allen Wissensgebieten untergebracht. Der große spätgotische Ratssaal, der 1496 Schauplatz eines Reichstags war, kann im allgemeinen nicht besichtigt werden; wäre es anders, so dürfte man seine auf einer geschraubten hölzernen Mittelstütze ruhende, leicht gewölbte Holzdecke bewundern. Mit den dekorativ profilierten Fensterpfeilern beginnt im übrigen, was sich nach und nach zu einer typisch Lindauischen Spezialität entwickeln wird: eben diese schmückende Gestaltung von Fenstern auch in den Wohnhäusern, die bis zu dem Punkt führte, an dem sich die Pfeiler als reich dekorierte Säulen von der Wand lösten. In einem weiteren Raum des Rathauses, dem Rungesaal, der sich über die ganze Länge des obersten Geschosses erstreckt, werden regelmäßig Kunstausstellungen veranstaltet.

Nördlich parallel zur Hauptstraße führt der Straßenzug ›In der Grub‹ zum Schrannenplatz, zu dem der runde *Diebs- oder Malefizturm* (Abb. 29) mit seinem spitzen, von kleinen Türmchen umkränzten Dach herüberschaut – ein Lindauer Wahrzeichen, seinerzeit errichtet als Beobachtungswerk auf dem höchsten Punkt der Insel. Seine Nachbarin ist die äußerlich unscheinbare, schmucklose *St. Peters-Kirche* (jetzt Kriegergedächtniskapelle), eines der ältesten Bauwerke am Bodensee (Abb. 29). Das einschiffige, im Kern auf das 11. Jahrhundert zurückgehende Gotteshaus mit seinem 1425 erneuerten Turm birgt einen der kostbarsten Kunstschätze Lindaus: es sind Fresken aus verschiedenen Zeiten und aus verschiedener Künstler Hand – die ältesten wie etwa die Figur eines heiligen Christophorus gegenüber dem Eingang aus den Jahren um 1300. Belegt ist die Beteiligung des Mathis Miller, Maler zu Lindau, an der Ausgestaltung von Chorbogen und Apsis um 1521. Nur vage vermutet wurde dagegen lange Zeit, daß hier auch Hans Holbein der Ältere, dessen Vorfahren im 14. Jahrhundert in Lindau beheimatet waren, am Werk gewesen sein könnte, zumal der große Passionszyklus an der Nordwand der Peterskirche sich seines Namens keinesfalls hätte schämen müssen. Als dann bei einer gründlichen Innenrenovation und Restaurierung in den Sommern 1966 und 1967 am letzten Bild der Passionsfolge die bekannte Signatur HH freigelegt wurde, waren die meisten Zweifel an der Zuschreibung dieses Teils der St. Peterer Fresken an Holbein ausgeräumt (Abb. 30).

Vom Diebsturm führt unser Rundgang der alten Stadtmauer und der Zeppelin-straße entlang über die Thierschbrücke zur Sternschanze, dann auf dem Uferweg an den Großparkplätzen vorbei zur Pulverschanze am westlichsten Punkt der Insel und von hier aus südostwärts über die Karlsbastion zum Hauptbahnhof und zum Hafen mit dem berühmten Panorama, das von dem 33 Meter hohen neuen Leuchtturm und dem Monument des bayerischen Löwen beherrscht wird. Der wuchtige Mangturm am Rande der Seepromenade, der früher als Leuchtturm diente, war einer der markanten Punkte der Stadtbefestigung im 13. Jahrhundert und stand damals am Ende des alten Inselgrabens, der Lindau in eine vordere und eine hintere Insel teilte.

Die in den See vorspringende Römerschanze rechts liegen lassend, mündet die Pro-menade in den Reichsplatz mit dem Lindavia-Brunnen und der rückwärtigen Giebel-fassade des Alten Rathauses (Abb. 31) an der Ludwigstraße ein, die nach rechts zur ehe-maligen Barfüßerkirche führt. Der Gründungsbau dieser Kirche aus der Mitte des 13. Jahrhunderts mit dem 1380 fertiggestellten Chor ist nur außen noch einigermaßen erkennbar als früheres Gotteshaus. Schiff und Chor sind zum Stadttheater geworden.

Vom Stadttheater käme man durch die Fischergasse auf kürzestem Wege wieder zur Heidenmauer zurück, doch zu empfehlen ist der kleine Umweg seewärts und dann dem Ufer entlang zur Gerberschanze, von der aus sich noch einmal ein bezaubernder Aus-blick über den See hinweg nach Bregenz, zu den Höhen des Bregenzer Waldes und auf die hochalpine Bergwelt hinter dem schweizerischen Rheintal bietet. Eine niedrige Hofeinfahrt verbindet die Gerberschanze mit der Fischergasse.

Wer aber nun immer noch nicht begriffen hat, was Hölderlin mit dem ›glückseligen Lindau‹ meinte, der sollte am Abend eines schönen Sommer- oder Herbsttages einmal ein Stück weit hinausfahren, vielleicht auf den Hoyerberg jenseits der Bundesstraße 31 oder zum Lindenhofpark beim Hotel Bad Schachen mit seinem seltenen alten Baum-bestand (und einem im Lindenhof eingerichteten, von Mitte April bis Mitte Oktober dienstags bis samstags 10–12 Uhr und 14.30–17.30 Uhr, sonntags 10–12 Uhr geöff-neten ›Friedensmuseum‹), um von da aus die Insel mittendrin liegen zu sehen in der ganzen See- und Bergesherrlichkeit, die sie umgibt. Das Verständnis für Liebeserklä-rungen an diese Stadt wird ihm dann so gewiß wie der Abend dämmern . . .

Bregenz

Auf dem Weg nach Bregenz lohnt sich ein kurzer Abstecher landeinwärts nach **Hör-branz,** um in der *Pfarrkirche* eines der besten Werke des Malers Franz Ludwig Her-mann, eine Anbetung der Hirten für den Rokoko-Hochaltar, zu sehen, ferner die Sei-tenaltäre des Wessobrunners Johann Georg Gigl und an der Chornordseite die große freie Nachschöpfung des Florentiner Annunciata-Bildes von Fra Bartolommeo, die

Christofano Allori ursprünglich für die steiermärkischen Erzherzoginnen Maria Christiana und Eleonora im Haller Damenstift geschaffen hatte.

Auf halbem Wege zwischen Hörbranz und Bregenz, in Lochau, zweigt übrigens die Auffahrt zum **Pfänder** ab, der auch von Bregenz aus mit einer der technisch modernsten Bergbahnen Europas und sogar – soll man's glauben? – zu Fuß auf einer ganzen Reihe von Wanderwegen, einer schöner als der andere, erreichbar ist. Der Rundblick von dem 1064 m hohen Pfändergipfel ist überwältigend (Abb. 35).

In Bregenz empfängt einen in der Umgebung des Kornmarktplatzes, nicht weit vom Bahnhof und vom Hafen, schon das meiste, was die neuere Unterstadt an Besonderheiten vorzuweisen hat. Dabei ist weniger an das *Theater* zu denken, das aus dem 1838 klassizistisch nachempfundenen Kornhaus durch Umbau hervorgegangen ist; viel mehr hat da schon die *Nepomuk-Kapelle* (nach ihrem Stifter, Pfarrer Dr. Franz Wilhelm Haas, auch Haasenkapelle genannt) zu besagen. Sie wurde 1757 erstellt als ein kleiner Rokoko-Rundbau mit geschweiftem Kuppeldach und zierlicher Laterne, mit einer Sandsteinplastik des heiligen Johannes von Nepomuk über dem Portal und im Innern ausgemalt mit Szenen aus dem Leben des Heiligen.

Das hübsche Barockhaus gleich nebenan, heute *Gasthaus zum Kornmesser,* hat sich Franz Beer um 1720 als Eigenheim gebaut, und Franz Anton Kuen war es wohl, der die Fassade mit Figuren der Gottesmutter und des heiligen Gallus schmückte. An Ort und Stelle befinden sich allerdings nur noch Repliken; die Originale wurden ins Vorarlberger Landesmuseum verbracht.

Neben einigen ansehnlichen Barockbauten in der nahegelegenen Anton Schneider-Straße (Nr. 14, 16, 18), einem alten Haus mit Staffelgiebel (Am Brand Nr. 3) und gewiß noch manchem anderen denkwürdigen Bauwerk bedarf das *Rathaus* an der gleichnamigen Straße eines besonderen Hinweises. Es war von Hans Georg Kuen 1686 als Städtisches Lagerhaus erbaut worden, nahm 1720 die Stadtkanzlei auf und ist seit 1810 Rathaus. Daran angebaut ist die *Seekapelle St. Georg.* Der mittlerweile vierte Bau an diesem Platz, in dem sich u. a. ein Spätrenaissance-Altar aus Schloß Hofen bei Lochau befindet, entstand vermutlich nach Plänen von Christian Thumb 1696–98.

Sehenswürdigkeit Nummer eins in der Unterstadt ist indessen, wenn man einmal den Komplex des großen neuen Hauses und der Seebühne für die sommerlichen Bregenzer Festspiele als eine Sache für sich betrachtet, das *Vorarlberger Landesmuseum* am Kornmarkt. Es beherbergt eine kulturhistorische Sammlung von überregionalem Rang, die nicht nur wegen der übersichtlichen Gliederung ihrer reichhaltigen Bestände als beispielhaft zu bezeichnen ist, sondern auch wegen der besonders gut geglückten Verbindung von Sachlichkeit im Sinne wissenschaftlicher Dokumentation mit der museumspädagogischen Zielsetzung einer möglichst lebendigen Lehrschau. Schwerpunkte sind u. a. Ur- und Frühgeschichte, Funde aus dem römischen Brigantium (Abb. 38), wertvolle Bestände an mittelalterlichen und barocken Tafelbildern, Schreinaltären und Plastiken mit besonderer Betonung der spätgotischen Kunst, ebenso eine repräsentative Sammlung von Werken der Malerin Angelika Kauffmann, deren be-

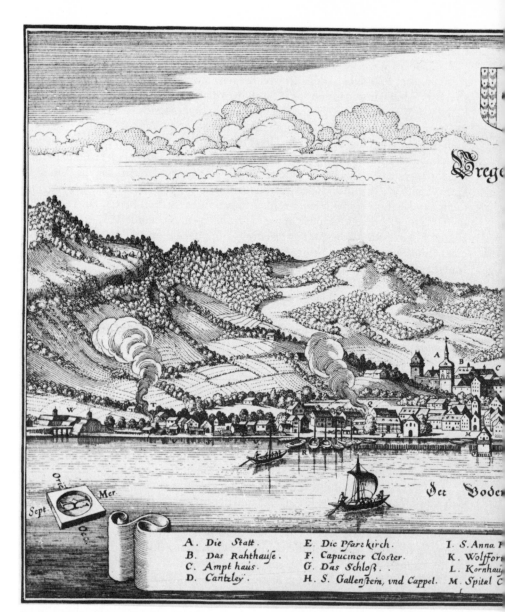

Bregenz
Der Boden

Orient
Mer.
Sept.
Occi.

A. Die Statt.   E. Die Pfarzkirch.   I. S. Anna
B. Das Rahthause.   F. Capuciner Closter.   K. Wolffort
C. Ampt haus.   G. Das Schloß.   L. Kornhau
D. Cantzley.   H. S. Gallenstein, vnd Cappel.   M. Spital

Bregenz. Kupferstich von Matthäus Merian

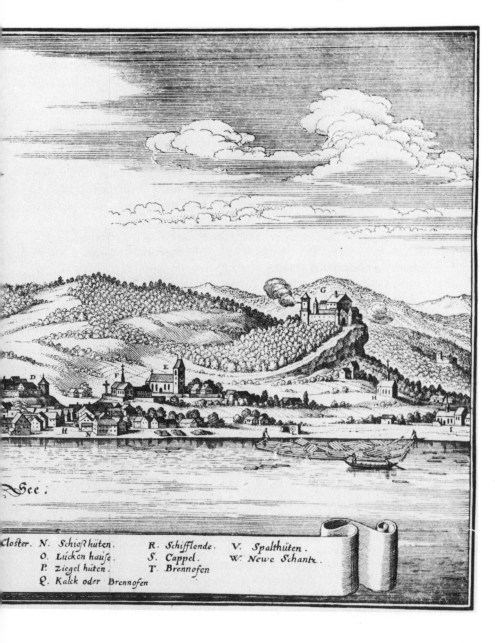

Gee:

Closter. N. Schieß hüten.   R. Schifflende.   V. Spalthüten.
         O. Lücken hause.   S. Cappel.   W. Newe Schantz.
         P. Ziegel hüten.   T. Brennofen
         Q. Kalck oder Brennofen

deutende Rolle in der Zeit des Übergangs vom Rokoko zum Klassizismus erst neuerdings wieder richtig erkannt wird. Unter den heimischen Malern nimmt der Bregenzer Rudolf Wacker, ein Wegbereiter des magischen Realismus, ebenfalls einen bevorzugten Platz ein. Auch wo das spezifisch Heimat- und Volkskundliche im Vordergrund steht, beeindruckt die Qualität der Schauobjekte.

Zeugen der Geschichte im weitesten Sinne sind an diesem Ort aufgerufen – einer Geschichte, die von der besonderen Lage der heutigen Stadt wie ihrer frühen Vorläuferinnen nicht zu trennen ist. Die um 400 v. Chr. hierher gekommenen keltischen Brigantier hatten den nach drei Seiten abfallenden Bergsporn der späteren Ober- und Altstadt bereits zur Schutzfeste ausgebaut, die in gleicher Eigenschaft wohl auch von den römischen Eroberern seit dem Jahr 15 v. Chr. genutzt wurde. Die römische Stadt Brigantium mit ihrem Gräberfeld entwickelte sich allerdings auf der gegenüberliegenden Anhöhe, dem sogenannten Ölrain.

Nach der Zerstörung der Stadt bei einem Einfall der Alamannen um 260 n. Chr. gewann das natürliche Bollwerk der Oberstadt erneut Bedeutung. Brigantium wurde wiederaufgebaut und von festen Mauern umschlossen, die den Römern noch bis 445 Schutz gewährten. Die zweite Invasion der Alamannen scheint indessen recht friedlich verlaufen zu sein. Sie siedelten sich wie zivile Einwanderer vor allem auf der Ölrainterrasse an. Die gotische Festung Brigantia der ersten Jahrtausendmitte kam dann um 800 als Fluchtburg in die Hände der Uldalrichinger, eines mit Karl dem Großen verschwägerten Hochadelsgeschlechtes, das hier den politischen Mittelpunkt nicht allein Vorarlbergs, sondern einer Herrschaft von der Donau bis an die Grenze Graubündens begründete. Nach dem Aussterben der männlichen Uldalrichinger gründete der Stammvater des Hauses Montfort, Graf Hugo, zu Anfang des 13. Jahrhunderts die mittelalterliche Stadt Bregenz, die ihrer bedeutenden politischen Stellung allerdings bald verlustig ging, weil sich die Montforter nach der Abspaltung der Werdenberger um 1257 in die drei Grafschaften Bregenz, Feldkirch und Tettnang zersplittert hatten.

Überdauert hat ein großer Teil der alten Befestigungsmauer eben jener Bregenzer Ober- oder Altstadt des Hugo von Montfort, aus der sich das mächtige Wahrzeichen des *Martinsturms* erhebt (Farbt. 27, Abb. 36). Man gelangt hierher von der Unterstadt entweder zu Fuß von der Maurachgasse aus und durch das ehemalige, mit der Kopie eines Reliefs der keltisch-römischen Pferdegöttin Epona geschmückte ›Untere Tor‹ oder mit dem Auto über die beim Leutbühel oberhalb der Rathausstraße abzweigende Kirchstraße und Thalbachgasse.

Der Unterbau des Martinsturms war zur Zeit der Udalrichinger-Grafen ein Speicher. 1362 wurde in den oberen Teil die Martinskapelle eingebaut, das ganze Bauwerk um 1600 zu einem Turm aufgestockt und hundert Jahre später schließlich die Kuppelhaube aufgesetzt. Gleichzeitig wurde durch den Anbau eines Langhauses die Kapelle zum Chor der 1705 geweihten kleinen Kirche.

Bedeutend sind die um 1363 begonnenen, bis ins 15. Jahrhundert hinein vermehrten, zwischenzeitlich übermalten und im Zuge neuerer Restaurierungen wieder freige-

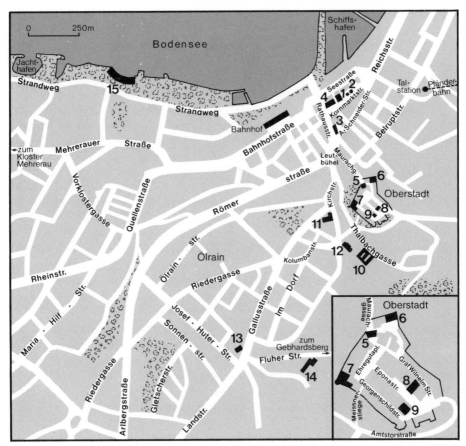

Bregenz 1 Theater am Kornmarkt 2 Nepomuk-Kapelle und Gasthaus zum Kornmesser 3 Rathaus und Seekapelle St. Georg 4 Vorarlberger Landesmuseum 5 Unteres Tor (Martinstor) 6 Martinsturm und Martinskapelle 7 Deuringschlößchen 8 Altes Rathaus 9 Ehemaliges Gesellenspital 10 Dominikanerinnenkloster Thalbach 11 Kapuzinerkloster St. Antonius 12 Pfarrkirche St. Gallus 13 Siechenkapelle 14 St. Gallus-Stift 15 Festspielanlage

legten Fresken, die an der linken Seitenwand der Martinskapelle mit einem heiligen Christophorus beginnen und sich dann in mehreren Zonen über das ganze offene Geviert des Altarraums erstrecken. Ihre hohe Lage erklärt sich übrigens daraus, daß der Boden der Martinskapelle, als er noch Speicher war, entsprechend höher ansetzte. Eine einfache steinerne Mensa aus dem 15. Jahrhundert vertritt seit 1950 den Hochaltar. Zum Sakramentshäuschen von 1498 aus der alten Ausstattung kam ein weiteres, mit Figuren geschmücktes aus der gleichen Zeit, das sich zuvor in Egg im Bregenzer Wald

befunden hatte. Nicht zu übersehen ist eine barocke Muttergottesstatue an der Stirnwand der Kapelle.

Vom intimen Martinsplatz gelangt man unmittelbar hinüber zum weiträumigeren
Ehregutaplatz, dessen Benennung an eine Frau nahmens Guta erinnert. Sie soll die
Stadt während einer zweimonatigen Belagerung durch den revolutionären appenzel-
lisch-vorarlbergischen Bund Anno 1408 vor der drohenden Überrumpelung gewarnt
haben. Der Brunnen auf dem Ehregutaplatz wurde 1957 zum Gedenken an den 600
Jahre zuvor in der Oberstadt geborenen Minnesänger Hugo von Montfort aufgestellt.
Die Südwestecke des Platzes wird von dem Schlößchen der Herren von Deuring beherrscht, einer Adelsfamilie, aus der mehrere Bregenzer Stadtamtmänner hervorgin-
gen. Unter Mitverwendung mittelalterlicher Gebäude hat das *Deuringschlößchen*
seine heutige Gestalt in den Jahren vor 1690 gewonnen. Im Nordosten des Platzes fällt
der schöne Fachwerkbau des Hauses zum Storchen mit seinem steilen Giebeldach auf.

Erwähnenswert sind ferner in der Eponastraße der breite, von Michael Kuen errichtete Fachwerkbau des *Alten Rathauses* und gegenüber (Nr. 8) das ehemalige *Gesellenspital* mit einem Außenfresko der Heiligen Christophorus und Petrus, einem knienden
Abt und Wappen der Grafen von Bregenz, Montfort und Toggenburg. Das stattliche, im Stil der k.u.k. Festungsklassizismus errichtete *Gefangenenhaus* am bergseiti-
gen Ende der Oberstadt, wo einst die Stadtburg der Montforter und Udalrichinger
stand, dient neuerdings als Sitz des Landesdenkmalamtes West.

Von hier aus der Straße entlang oder über die Meissner-Stiege, die von der Georgen-
schildstraße beim Deuringschlößchen abgeht, erreicht man in wenigen Minuten die
Thalbachsenke und das dort wenig oberhalb der Straßenkreuzung gelegene *Dominikanerinnenkloster Thalbach* mit Konventsgebäuden (1674–1677) von Michael Thumb
und Michael Kuen und der schlichten Klosterkirche St. Antonius, die Giovanni Domenico Prato um 1610 erbaute. Eine Verkündigungsgruppe von Franz Anton Kuen
schmückt die Fassade der Klosteranlage. Im Innern des Kirchleins überrascht eine
überlebensgroße, holzgeschnitzte Madonna aus der ersten Hälfte des 14. Jahrhunderts; beachtlich ist auch ein oberschwäbisches Vesperbild aus dem späten 15. Jahrhundert.

Von der eben erwähnten Kreuzung zur Anhöhe hinauf, die der Oberstadt und dem
Deuringschlößchen unmittelbar gegenüberliegt, kommt man rechterhand in den
ummauerten Bezirk des *Kapuzinerklosters St. Antonius von Padua,* zu dem aus der
stadtwärts gelegenen Kirchstraße auch ein überdachter Treppenaufgang herauführt.
Baumeister von Kirche und Kloster (1636 bis 1639) waren Jakob Kuen sowie seine Brüder Michael und Kaspar. Die seitliche Josephskapelle (mit einem ulmisch-oberschwä-
bischen Vesperbild) wurde erst später angebaut. Die Lourdeskapelle außerhalb der
Kirche ist eine Stiftung des Grafen Raczynski von 1883, die Schmerzhafte Muttergottes
im Bildstock das Werk eines Vorarlberger Meisters um 1480.

Auf der gleichen Anhöhe, jedoch ganz nahe über dem Kloster Thalbach, beherrscht
die *Pfarrkirche St. Gallus* die Szene. Urkundlich bezeugt ist eine Kirche an dieser Stelle

erstmals 1097. Zu dem zwischen 1477 und 1480 erstellten Neubau gehören der torähnliche, im Erdgeschoß zur Halle geöffnete Fassadenturm, den Michael Kuen später teilweise barockisiert und mit einem Giebeldach versehen hat, ferner der größte Teil der Umfassungsmauern des Schiffs und die von außen zugängliche Michaelskapelle unter dem Chor, deren Fresken (um 1480) wohl mit Michael Pacher und seinem Kreis in Verbindung zu bringen sind.

Unter beratender Mitwirkung von Peter Thumb hat im wesentlichen Franz Anton Beer den Kirchenraum in seiner heutigen Gestalt geschaffen – einen schönen Rokoko-Saalbau mit querschiffartigen Seitenflügeln, der allerdings wegen seines im Verhältnis zur Höhe ungewöhnlich breit ausladenden Grundrisses ein wenig gedrückt wirkt. Er ist reich geschmückt mit Deckengemälden von Joseph Ignaz Wegscheider aus Riedlingen und mit Stukkaturen des Wessobrunners Abraham Baader, der auch den wuchtigen Hochaltar aus braunem Stuckmarmor schuf und mit diesem Nachklang des Spätbarock der ganzen Raumerscheinung Halt und Mitte gab. Die vier großen Altarfiguren der Heiligen Gallus (links), Petrus, Paulus und des Papstes Gregor sind das Werk des Kemptener Bildschnitzers Johann Georg Brem, während ein anderer Kemptener, Franz Georg Hermann, im gleichen Jahr 1740 das Hochaltarbild mit der Anbetung der Könige malte. Gute Arbeiten sind auch die vier seitlichen Stuckmarmoraltäre von Andreas Bentele, erst recht eine Stuckkanzel, die Johann Wilhelm Hegenauer mit Putten belebte. Ein besonderes Schmuckstück der Gallus-Kirche ist das aus der abgebrochenen Klosterkirche Mehrerau hierher verbrachte Chorgestühl von Johann Joseph Christian (1743–1745). Es besteht aus Nußbaumholz und ist reich versehen mit figürlicher wie ornamentaler Schnitzerei umd mit feinen Intarsien (Abb.34). Einen würdigenden Blick verdient nicht zuletzt das Rokoko-Gehäuse um das von Josef Gabler erbaute Orgelwerk.

Dem Straßenzug vor der St. Gallus-Kirche bis ans Ende folgend und links in die Gallusstraße einbiegend, stößt man sogleich auf das ehemalige *Siechenhaus* und sein vom Minnesänger Hugo von Montfort gestiftetes Kirchlein – erneuert seit 1746 und u. a. mit einer beachtlichen Madonna (um 1450) auf einem der Stuckaltäre von Abraham Baader ausgestattet. Die hier beginnende Straße zur Fluh hinauf führt vorbei am St. Gallus-Stift der Benediktiner mit seiner neubarocken Klosterkirche und sendet etwa 800 Meter weiter aufwärts eine Stichstraße zum *Gebhardsberg* aus, den man aber auch – nachdrücklich sei's betont – auf mehreren lohnenden Fußwegen erreicht.

Wilhelm Raabe hat den nach drei Seiten senkrecht abstürzenden Felssporn nicht zu Unrecht einen Aussichtsberg von europäischer Berühmtheit genannt. Doch lohnt den Aufstieg auch der Rest einer großen Ringmaueranlage mit dem von Halbtürmen flankierten ›neuen‹ Torbau. Die Befestigung wurde 1647 bei der Einnahme der Stadt durch die Schweden kampflos übergeben und beim Abzug der Besatzer gesprengt. Ob vordem an dieser Stelle ein römischer Wachtturm gestanden hatte, und ob die Burg schon zur Zeit der Udalrichinger gegründet worden war, ist eine offene Frage; die älteste sichere Kunde datiert von 1209 in Verbindung mit den Grafen von Montfort; ebenso sicher ist andererseits, daß Gebhard, der Bodenseeheilige und nachmalige Bischof von Konstanz, entgegen einer gern geglaubten Überlieferung nicht hier, sondern in der Bregenzer Oberstadt geboren wurde. Dessenungeachtet ist vom Gebhardsberg die Rede, seit Eremiten um 1720 in die Burgruinen eine kleine Kapelle einbauten und sie den Heiligen Georg und Gebhard weihten.

Von dem 1379 erwähnten ›neuen Ritterhaus‹, dessen gotisches Portal überdauerte, ›erbte‹ die jetzige (größere) *Wallfahrtskirche* wohl die eine Längswand auf der Burghofseite. Im Innern hat der Konstanzer Maler Franz Drexel Anno 1762 auf seinem Hochaltarbild die Geburt des heiligen Gebhard dargestellt, während der Münchener Historienmaler Gebhard Fugel Ende des letzten Jahrhunderts die Decke mit Szenen aus dem Leben des Heiligen versah. Das ursprünglich aus dem Mesmerhaus entstandene Gasthaus wurde in den jüngsten 60er Jahren durchgreifend verändert beziehungsweise neu gebaut und ist nun Burgrestaurant, in dem die Stadt Bregenz gern ihre Gäste empfängt.

In Seenähe in Richtung Schweiz gelangt man hinaus zum *Zisterzienserkloster Mehrerau,* das als Benediktinergründung 1097 von Andelsbuch im Bregenzer Wald hierher verlegt worden war. Eine neue Klosterkirche, die Franz Anton Beer 1740–1743 am Platz einer romanischen Basilika gebaut hatte, war nach der Aufhebung des Klosters 1806 auf Abbruch verkauft, mit den Steinen ein Teil der Lindauer Hafenmole gemauert worden.

1854 wurde die Mehrerau von Zisterziensern neu besiedelt, 1855 bis 1859 auf den Fundamenten des Beer-Baus eine neuromanische Kirche erstellt, die wiederum zwischen 1961 und 1964 nach Plänen des Bregenzer Architekten Hans Purin vollständig erneuert, modernisiert und im Innern auf einen bei aller Kühle und Sachlichkeit doch auch emotionell ansprechenden Stil festgelegt wurde. Begegnung der Zeiten: Auf der Fassade ein riesiges Betonrelief nach Motiven der Apokalypse von dem Wotruba-Schüler Herbert Albrecht, drinnen ein Marmortabernakel nach einem Entwurf von Hans Arp, andererseits eine spätgotische Madonna (um 1490) unter der Orgelempore und in den Seitenkapellen der südlichen Langhauswand ein Flügelaltar des Niederländers Aelbert Bouts neben Kunstwerken ober- und seeschwäbischer Herkunft aus der Zeit um 1500. In der Unterkirche sind die 1962 freigelegten Fundamente der frühen romanischen Basilika zu besichtigen. An dem von Johann Ferdinand Beer erbauten Westtrakt der Klosteranlage (um 1780) prangt ein stattliches Wappenportal. Die Gebäude des gegenüberliegenden Kollegium S. Bernardi, eines Internats mit Gymnasium, sind zum Teil älter und insoweit ein Werk des Baumeister Franz Anton Beer.

Im Dreiländereck am Obersee

Lindau – Bregenz – Rorschach – St. Gallen – Arbon – Romanshorn –
Friedrichshafen – Eriskirch – Langenargen – Wasserburg – Lindau

Wer dieser Route rund um das östliche Ende des Obersees folgt, sollte immer auch
daran denken, daß der Bodensee nicht nur auf der deutschen Seite, sondern erst recht
in Österreich und der Schweiz ein reizvolles Hinterland hat, das allemal für einen längeren Urlaub gut ist. Ob im Bregenzer Wald mit seinen weiten Talschaften zwischen
dem Hochgebirge, ob im Rheintal, im Montafon, in Liechtenstein, ob im Appenzeller
Land oder im Gebiet des Säntis-Massivs – überall sind lohnende Ziele für kürzeren
oder längeren Aufenthalt, wenn nicht wenigstens für ein erstes Kennenlernen.

Rorschach

Ob man mit dem Schiff, der Bahn oder mit dem Auto in Rorschach ankommt – immer
drängt sich zuerst das von Johann Kaspar Bagnato 1746–1748 erbaute barocke *Kornhaus* (Abb. 39) am Hafen vor, das nicht nur Wahrzeichen der Stadt, sondern wohl auch
das schönste Bauwerk dieser Art und Zweckbestimmung im ganzen Lande ist. Jetzt ist
darin neben einigen Behörden ein Heimatmuseum untergebracht. Eines der stattlichen Bürgerhäuser, wie sie vor allem an der Hauptstraße und der Mariabergstraße stehen, war ursprünglich auch das 1681 erstellte *Rathaus* gewesen, das im zweiten Stock
mit einem der Vorzeigestücke der Steckborner Hafnerei, einem Kuppelofen von Hauss-
mann und Düringer (1786) aufwartet. Die 1206 erstmals genannte Pfarrkirche ist
mehrfach verändert worden und hat ihre gegenwärtige Gestalt 1783 erhalten.

Mit dem ehemaligen *Benediktinerkloster Mariaberg,* zu dem die beim Hafenbahn-
hof von der Hauptstraße abzweigende Mariabergstraße (Wegweiser Lehrerseminar)
schnurgerade hinaufführt, verbindet sich aufs engste die Geschichte Rorschachs, das
sich im 10. Jahrhundert unter die Schirmherrschaft des Klosters St. Gallen gestellt
hatte. 1479 schließt Fürstabt Ulrich Rösch von St. Gallen mit Zürich, Schwyz, Glarus
und Luzern einen Vertrag, um die Interessen des Stifts gegen die Stadt St. Gallen besser wahren zu können, 1483 stimmt der Konvent seiner Absicht zu, das Kloster nach
Rorschach auszusiedeln. Mariaberg soll gebaut werden, der bayerische Bildhauer und
Baumeister Erasmus Grasser übernimmt die Planung der neuen Klosteranlage, 1487

Rorschach, Brand und Zerstörung des Klosters Mariaberg in Rorschach durch die Appenzeller und St. Galler 1489. Luzerner Chronik von Diebold Schilling

wird der Grundstein gelegt. Zwei Jahre später zerstören die Appenzeller und St. Galler Mariaberg und spielen auch Rorschach übel mit. Das Kloster wird zwar neu aufgebaut (ohne Kirche, die es auch zuvor noch nicht gehabt hatte), doch der Konvent bleibt nach der Aussöhnung des Abtes mit der Stadt in St. Gallen. Bedeutung und Wohlstand Rorschachs gründen sich fortan auf seine Funktion als Hafenplatz für Getreide und seit Ende des 18. Jahrhunderts auf Leinwandproduktion und -handel.

Mariaberg, das in den Jahren 1969 bis 1978 nach denkmalpflegerischen Gesichtspunkten restauriert wurde, gilt neben dem Georgenkloster in Stein am Rhein als die bedeutendste spätmittelalterliche Klosteranlage der Schweiz. Sehenswert sind u. a. die in üppiges Ornament aufgelösten Rippengewölbe des Kreuzganges (Abb. 37), der ehemalige Kapitelsaal mit der Ausmalung des Meisters N. K. von 1564 bis 1568, die Grisaillemalerei mit Bildnismedaillons im Obergeschoßflur des Westflügels, das mächtige Spätrenaissance-Holzwerk mit reichen Einlegearbeiten wie auch eine Szenenfolge aus der Josefslegende im Nordflügel, nicht zuletzt die feinen Rocaillestuck-Decken (um 1767) in den Fürstenzimmern (Abb. 40). Der Besuch von Mariaberg ist möglich mit gewissen Einschränkungen, wie sie der Lehrbetrieb des seit 1864 hier untergebrachten St. Gallischen Lehrerseminars mit sich bringt. Man findet das Haus in der Regel montags bis freitags von 7.30 bis 19 Uhr, samstags bis 13 Uhr geöffnet und kann bei Interesse an der Besichtigung einzelner geschlossener Räume, falls nicht gerade Unterricht darin stattfindet, mit dem freundlichsten Entgegenkommen der Verwaltung (im Obergeschoß) rechnen. Sonntags sind nur Gruppenbesuche nach vorheriger Vereinbarung (Tel.: 071/41 63 31) möglich.

St. Gallen

Als Gallus auf einer Italienreise mit dem irischen Missionar Kolumban in Arbon erkrankte, blieb er zurück und baute sich nach seiner Genesung in den Urwäldern des Steinachtals eine Zelle. Andere folgten ihm nach, und so bildete sich um den Mittelpunkt einer kleinen hölzernen Kapelle die Keimzelle des *Klosters St. Gallen,* das 746 unter dem alamannischen Abt Othmar in die Obhut des Benediktinerordens kam. Zur Zeit Othmars entstand vermutlich auch schon die erste Steinkirche. Abt Gozbert ließ sie 837–39 durch einen Neubau ersetzen. Um 820 hatte er den vielbewunderten, für die damalige Zeit einzigartigen Klosterplan erhalten, der die Kopie eines verschollenen, auf der Reichenau gezeichneten Originals war, und von dem man immer noch nicht genau weiß, ob er so auch ausgeführt wurde. Sicher ist, daß dem Gozbert-Münster auf der Westseite schon 867 eine dem inzwischen heiliggesprochenen Othmar geweihte Hallenkirche angebaut und die Gebeine des Heiligen darin bestattet wurden. Eine offene Vorhalle mit einem Michaelsheiligtum darüber verband die beiden Kirchen. Über alle Zerstörungen, Um- und Wiederaufbauten, Erweiterungen und Veränderungen hinweg ist diese Zweiteiligkeit des St. Galler Kirchenkomplexes bis zum barocken Neubau gewahrt geblieben.

Inzwischen war die Abtei mit ihren Schulen auf den verschiedensten Gebieten der Wissenschaften und der Künste eine der zentralen Kulturstätten des christlichen Abendlandes geworden, in dieser Rolle vergleichbar der Reichenau. Mönche wie der frühscholastische Theologe Notker Labeo, dessen kommentierte Übersetzungen lateinischer Schultexte ungeachtet einer alamannischen Dialektfärbung Meisterwerke althochdeutscher Schriftsprache und wichtige Wegmarken der Entwicklung einer deutschen Sprache überhaupt sind, Musiker und Dichter wie Tuotilo, Ratpert, Notker der Stammler oder die Ekkeharte, Buchmaler wie Folchart oder Sintram sind durch ihr Wirken in St. Gallen in die europäische Kulturgeschichte eingegangen.

Um 1200 neigte sich diese Blütezeit der Abtei ihrem Ende zu, nicht jedoch ihre Macht, die 1206 durch die Erhöhung der Äbte zu Reichsfürsten noch zusätzlichen Glanz erhielt und ihn auch, was Titel und Rang betrifft, beibehielt bis zur Aufhebung des Klosters im Jahre 1805. Die Stiftskirche wurde jetzt katholische Hauptkirche des 1803 auf Veranlassung Napoleons gebildeten Kantons St. Gallen und seit der Mitte des 19. Jahrhunderts auch des neuen Bischofssitzes. Dazwischen freilich lagen Jahrhunderte eines wechselvollen Schicksals von Abtei und Ort, Markt und Freier Reichsstadt, lagen kleine und große Fehden, der Anschluß an die Eidgenossenschaft, Reformation und Bildersturm, Auszug und Wiederkehr des Fürstabts, Krieg, Plünderung und immer wieder ein Neubeginn. Dazwischen ereignete sich aber auch die zweite große Blütezeit des Klosters im 18. Jahrhundert.

Die Vorgeschichte des in diese Zeit fallenden barocken Neubaus stellt sich in den Quellen wie ein Verwirrspiel dar. Sieben Architekten sind aktenkundig, dreizehn Projekte, ein Holzmodell und zwei spätere Entwürfe liegen vor. Die einen schreiben die Grundidee der Durchdringung eines Zentralbaus mit einem Längsbau Kaspar Moosbrugger zu, die anderen führen sie eher auf Johann Kaspar Bagnato zurück. Wie sehr oder wie wenig auch Peter Thumb an der Planung mitgewirkt hat, er jedenfalls übernahm die Leitung des Neubaus, und nach seinem Ausscheiden (vermutlich aus Altersgründen) führte sie Johann Michael Beer zu Ende.

Der überkommenen Zweiteiligkeit des St. Galler Kirchenkomplexes entsprach jetzt die Doppelpoligkeit des Neubaus mit einer großen Rotunde als Zentralraum und zwei von Seitenschiffen begleiteten Längsräumen, die jeweils mit einem Chor abschlossen. Leider ist dieses kühne Konzept zu Anfang des 19. Jahrhunderts weitgehend dadurch verwässert worden, daß man den Westchor aufhob, statt seiner eine Abschlußwand errichtete und eine Orgeltribüne davorsetzte.

Für den Schmuck des Außenbaus (Abb. 44) wie des Innenraumes (Farbt. 28) versammelte die Bauherrschaft eine Runde hochangesehener Künstler jener Zeit, zu der u. a. Joseph Anton Feuchtmayer, Christian Wenzinger, der Ulmer Freskenmaler Joseph Wannenmacher, die Brüder Gigl, Johann Georg und Anton Dirr gehörten. Wenzingers Stukkaturen im Hauptraum entspringen einer blühenden Phantasie wie eh und je,

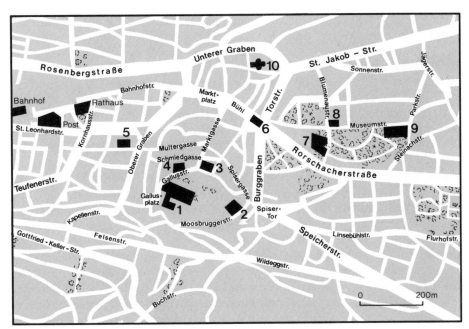

St. Gallen 1 Stiftskirche und Stiftsbibliothek 2 Karlstor 3 St. Laurenzen-Kirche 4 Stadthaus 5 Industrie- und Gewerbemuseum 6 Waaghaus 7 Stadttheater 8 Kirchhoferhaus (Museum) 9 Historisches Museum 10 St. Mangen-Kirche

doch sie ordnen sich hier ganz der Architektur unter, bleiben Zier, ohne die Struktur zu verunklaren. Zum Köstlichsten, das Wenzinger je schuf, gehören die Puttengruppen über dem Gebälk der Seitenräume der Rotunde. Sein Hauptwerk jedoch ist ein Zyklus von acht Stuckreliefs über den Durchgängen, die in einem geradezu theatralischen Stil Szenen aus dem Leben des heiligen Gallus schildern. Zu den bedeutendsten Holzbildwerken der Schweiz gehört andererseits das Chorgestühl, das wiederum als Hauptwerk Joseph Anton Feuchtmayers zu bezeichnen ist und als solches auch den plastischen Schmuck der Ostfassade wie die sechzehn Beichtstühle aus gleicher Hand (hier wie dort allerdings unter kräftiger Mithilfe J. G. Dirrs entstanden) hinter sich läßt.

Zu verweisen bleibt noch auf die aus dem alten Baubestand verbliebene Krypta im Westarm, der der ehemaligen Othmarkirche entspricht. Zu verweisen – und dies sehr nachdrücklich – ist im Anschluß an den Kirchenbesuch auf die ehemaligen Klostergebäude, in denen jetzt u. a. die Bischofsresidenz, die Kantonalregierung, das Stiftsarchiv und die berühmte *Stiftsbibliothek* (Abb. 41) untergebracht sind. Diese Bibliothek ist eines der vollkommensten Beispiele dafür, wie eine so überwältigend schöne Raumwirkung letztlich nicht vom Architekten allein, sondern erst in der Verbindung mit Dekorateuren und Handwerkern zu erreichen ist. Vater und Sohn Peter Thumb als

Baumeister, die Stukkateure Johann Georg und Matthias Gigl, die wie der Freskant Joseph Wannenmacher und der bisher noch nicht erwähnte Klosterbruder, Schreiner und Holzschnitzer Gabriel Loser aus Wasserburg bei Lindau auch an der Ausstattung der Stiftskirche mitwirkten, schufen diesen Prachtsaal einer Bibliothek, die mit ihren mehr als 100 000 Bänden, rund 2000 Handschriften und mehr als 1600 Frühdrucken nicht nur Schauobjekt und Museum, sondern auch eine wissenschaftliche Studien- und Leihbibliothek von weltweiter Bedeutung ist. In wechselnden Ausstellungen wird immer wieder ein anderer Teil ihrer Schätze offengelegt, darunter die Handschriften der beiden Notker und des Ekkehart IV., die Handschrift B des Nibelungenliedes oder auch Elfenbeinschnitzereien des Mönches Tuotilo. Eine 2700 Jahre alte oberägyptische Mumie und u. a. auch der Klosterplan von der Reichenau werden ständig gezeigt (werktags 9–12 und 14–17 Uhr, sonntags 10.30–12 und 14–16 Uhr).

Kirche und Klosterbezirk sind das geistliche Zentrum St. Gallens, rings umgeben von der bürgerlichen Stadt, um deren Kern sich in immer weiteren Kreisen der bedeutende Industrie-, Handels- und Messeplatz angelagert hat. Zu den ehrwürdigsten Baudenkmälern der alten Stadt gehört die ins 10. Jahrhundert zurückreichende (reformierte) *Kirche St. Mangen,* zur mittelalterlichen Stadtbefestigung ein Rest beim Runden Turm. Als einziges der Stadttore hat das Karlstor die Zeiten überdauert. Dagegen gibt es noch eine ganze Anzahl schöner Bürgerhäuser, viele mit reich verzierten Erkern versehen – das alte *Waaghaus* mit seinem Staffelgiebel am Theaterplatz beispielsweise, oder das Haus zum Greif in der Gallusstraße, das Haus zum Pelikan in der Schmiedgasse, das *Stadthaus* (ehem. Rathaus) nördlich der Stiftskirche u. a. m. (Abb. 42, 43). Die große Silbersammlung und das *Münzkabinett* im Kirchhoferhaus sowie das *Historische Museum,* beide in der Museumsstraße, außerdem das *Industrie- und Gewerbemuseum* mit seinen Sammlungen von Spitzen und Stickereien (Vadianstraße 2) möchten zur weiteren Bereicherung eines Aufenthalts in St. Gallen beitragen.

Arbon

In Arbon gilt unser Interesse neben dem freundlichen Stadtbild zunächst dem über Resten eines Römerkastells erbauten *Schloß,* das ein *Historisches Museum* mit vorwiegend lokalgeschichtlicher, in keltische, römische und fränkische Epochen zurückreichende Thematik beherbergt. Die benachbarte *Martinskirche* mit einem auf römischen Fundamenten stehenden Turm schließt mit ihrem heute klassizistischen Saalraum an den feingliedrigen gotischen Chor von 1490 an, dessen Bemalung bei der jüngsten Renovierung rekonstruiert wurde. Ein Kruzifix, mit einer Figur des Gekreuzigten aus dem 14. Jahrhundert an einem mit silbernem Beschlag aus der Rokokozeit verzierten Kreuz, wird hier als wundertätig verehrt. In der gleich neben St. Martin gelegenen *Galluskapelle* aus romanischer Zeit (mit neuem Chorschluß von 1768/72) wurden bedeutende Freskenreste aus dem 14. Jahrhundert mit Heiligendarstellungen und einem Passionszyklus aufgedeckt.

Wer übrigens von St. Gallen aus den Weg über Roggwil nach Arbon wählte, konnte nahe bei Roggwil noch den Megalithturm von **Mammertshofen** ›mitnehmen‹ (auch in umgekehrter Richtung vom 5 km entfernten Arbon aus leicht erreichbar). Der aus roh übereinander geschichteten Findlingen gefügte Bergfried dieser wohl originellsten Burg am ganzen Bodensee wirkt geradezu zyklopisch. Um so größer ist der Kontrast zu dem fast behaglich anmutenden, mit seinem dunklen Holz auf allen Seiten vorkragenden Obergaden und dem Krüppelwalmdach darüber.

Romanshorn

Die Geschichte von Romanshorn beginnt 779 mit der förmlichen Übertragung allen am Ort gelegenen Privatbesitzes der Herrin Waldrata, Witwe des Gaugrafen Waltram, an das nahegelegene Kloster Steinach, die eine über tausendjährige Abhängigkeit der Siedlung ›qui dicitur Rumanishorn‹ von St. Gallen begründete. Profitiert hat der Ort von dieser Untertanenschaft wenig. Entscheidend geändert hat sich das erst im vergangenen Jahrhundert, seit Romanshorn dem neuen Kanton Thurgau eingegliedert war, Straßen und eine erste Hafenanlage gebaut wurden, die Thurtal-Linie der neu aufge-

Romanshorn 1760. Stich aus den Jahren um 1820–1840

kommenen Eisenbahn hier endete und durch Fährschiffe via Friedrichshafen mit dem reichsdeutschen Eisenbahnnetz verbunden wurde.

Der älteste Bau ist die schon zur Schenkung der Waldrata gehörende *Kirche St. Maria, Petrus und Gallus* über dem See, ein Gotteshaus, das in mehreren Bauetappen aus einem einfachen Rechteckraum mit halbrunder Apsis und einem Vorhof auf der gegenüberliegenden Seite hervorging. Skelettfunde im Vorhof lassen vermuten, daß hier die Familie des Stifters bestattet war. Aus der Zeit der Gotik stammen nicht nur die Spitzbogenfenster, sondern auch die bei Renovierungsarbeiten Ende der 60er Jahre entdeckten Fresken. Der Turm stand übrigens bis zu Anfang des 16. Jahrhunderts frei und war, wie man an der Schießscharte erkennen kann, ursprünglich ein Wehrturm. Neben ihm wurde in neuerer Zeit eine Glockengießstube gefunden. An Ausstattung der Kirche ist außer einem hübschen Biedermeieraltar nichts Besonderes zu vermelden.

Wer bis hierhin unserem vorgeschlagenen Rundweg gefolgt ist, kann, um wieder ans deutsche Ufer zu gelangen, nichts Besseres tun, als sich der Autofähre nach Friedrichshafen anzuvertrauen. Die Fähren verkehren zu den Haupttageszeiten in etwa stündlichen Abständen; die aktuellen Abfahrtszeiten sind an allen Bahnhöfen und Schiffsanlegestellen rings um den See zu ersehen.

Buchhorn (Friedrichshafen). Kupferstich von Matthäus Merian

A. Pfarrkirch.   C. Rahthauß.   E. Oberthor.   G. Seethor.   I. Schwedische werck.   L. Des Bodensee welcher allhie,
B. Spital.   D. Gräßtent.   F. Unter thor.   H. H. Creuß.   K. Pulfer thürn.   2 in 2½ Meilen breit ist.

Friedrichshafen

Wo in Friedrichshafen die evangelische Schloß- und ehem. Benediktinerprioratskirche St. Andreas steht, hatten die Grafen von Buchhorn um das Jahr 1000 ein Kirchlein zu Ehren des Apostels Andreas gestiftet. Etwa um 1080 richtete eine der Buchhorner Gräfinnen ein Frauenkloster mit einer eigenen, dem heiligen Pantaleon geweihten Kirche ein. Stift und Marktsiedlung **Buchhorn** kamen 1090 an die Welfen, 1189 an die Staufer. Das kleine Buchhorn erhielt jetzt Stadtrechte, später sogar Reichsfreiheit, die ihm bis 1802 verblieb. Das Kloster, für das schon früh der Name ›Hofen‹ aufgekommen war, wurde 1419 aufgehoben, 1702 neu belebt, 1802 säkularisiert. Wie Buchhorn fiel auch Hofen an das Haus Württemberg, dessen König Friedrich den Umbau der Konventgebäude zum Schloß und zur Sommerresidenz veranlaßte. Die nach eben diesem König benannte ›Neustadt‹ Friedrichshafen wurde 1811 mit der ehemaligen Reichsstadt und der alten Klostersiedlung vereinigt.

Andreas- und Pantaleonskirche waren im Dreißigjährigen Krieg zerstört worden. Das Kloster Weingarten, dem Hofen von den Welfen zu Eigentum gegeben worden war, ließ zwischen 1695 und 1701 von Christian Thumb einen Neubau aufführen, der

Friedrichshafen, Kloster Hofen, 1624. Von Peter Bucelius

wiederum im Zweiten Weltkrieg zu großen Teilen zerstört, jedoch schon bald nach dem Krieg dank gemeinsamer Anstrengungen des damals noch selbständigen Landes Württemberg, des Württembergischen Herzogshauses und der evangelischen Kirchengemeinden des Kantons St. Gallen wiederhergestellt wurde (Abb. 46).

Blick auf Schloß Buchhorn, 1830. Lithographie von G. M. Kurz

Der Innenraum der zweitürmigen *Schloßkirche* (Farbt. 18), die 1702 dem älteren der beiden Buchhorner Kirchenpatrone, dem heiligen Andreas, geweiht worden war, folgt mit Seitenkapellen und Emporenräumen dem Vorarlberger Wandpfeilerschema. Die von Joseph Schnitzer aus Buching bei Füssen und seinen Söhnen im Hauptraum in einfacherer Form erneuerten, unter den Galerien sorgfältig restaurierten Original-Stukkaturen der Wessobrunner Schmuzer-Familie machen den Besuch dieser Kirche so gut wie zur Pflicht, denn ihr Reichtum, der gleichwohl nirgends die Architektur überwuchert, ist noch bewundernswerter als das prächtige Chorgestühl von Martin Höfle mit dem Rankenwerk von Johann Michael Feuchtmayer. An den Konventge-bäuden waren Michael Beer, Michael Thumb und Christian Thumb wie auch wieder die Schmuzers tätig gewesen.

Mit dem Schloß und der Schloßkirche wurde im letzten Krieg die ganze Stadt Fried-richshafen schwer in Mitleidenschaft gezogen, ja großenteils zerstört. Zu den nähe-rungsweise in der überlieferten Gestalt wiederhergestellten Bauten gehört die im Kern spätgotische, dann barockisierte katholische *Stadtpfarrkirche St. Nikolaus.* Im neuen Rathaus ist auch das Städtische *Bodensee-Museum* untergebracht, das neben vorge-schichtlichen Funden und einer beachtlichen Kunstsammlung mit einer lehrreichen Zeppelin-Abteilung aufwartet. Hier ist daran zu erinnern, daß König Wilhelm II. von Württemberg Anno 1898 dem Grafen Ferdinand von Zeppelin das Manzeller Ufer-gelände für den Bau des ersten und der dann folgenden Luftschiffe überließ und so den wirtschaftlichen Aufstieg und die Industrialisierung Friedrichshafens begründete.

Eriskirch

Ob auf einem kleinen Umweg über die Blasiuskapelle von Jettenhausen-Meistershofen im Nordteil von Friedrichshafen, die ein Kleinod romanischen Kirchenbaus ist, oder auf dem schnellsten Wege über die Bundesstraße in Richtung Lindau – immer sind es nur wenige Minuten nach Eriskirch, das den Besucher fürs erste schon einmal mit den Naturschönheiten seines Riedes, einer bezaubernden Schilf- und Uferlandschaft mit vielen seltenen Pflanzen und einer üppigen Irisblüte im Frühjahr empfängt (Abb. 56). Dann aber hat dieses Eriskirch in seiner *Pfarr- und ehemaligen Wallfahrtskirche Unserer Lieben Frau* (um 1400, Turm neugotisch) einen viel zu wenig bekannten Kunstbesitz vorzuweisen. Es handelt sich um die umfangreichen Freskenzyklen des frühen 15. Jahrhunderts, die Chor und Langhaus schmücken und zu den wichtigsten Werken der seeschwäbischen Schule gehören. Die in Streifen übereinander angeordneten Chorfresken (Farbt. 13) schildern Begebenheiten aus dem Alten Testament, die nur zum Teil freigelegten Malereien des Langhauses basieren auf mehr allegorischen Motiven. 1932/33 neu hinzugefügte Malereien im Langhaus, die durch die jüngste Renovierung fast schon ein wenig befremdlich hervorgehoben wurden, wollen als integrativer, zeitgenössischer Zuwachs zum mittelalterlichen Chor und barock veränderten Langhaus verstanden sein. Künstlerisch bedeutend sind die 1408 von Heinrich von Montfort gestifteten Glasgemälde in zwei Chorfenstern. Auf den Seitenaltären hat neben einem Vesperbild (um 1660) vor allem das Gnadenbild der Madonna (Abb. 49) aus der Bauzeit der Kirche herausragenden Rang. Ihm in sanfteren Formen nachgebildet ist die Marienstatue an der Nordwand des Chors (etwa 1430/40). Weitere Einzelfiguren aus frühem Eriskircher Bestand, deren ›Meister von Eriskirch‹ zu den besten deutschen Bildhauern des Weichen Stils zählt, werden in der Rottweiler Lorenzkapelle bewahrt.

Langenargen

Neben Tettnang war Langenargen einst die bedeutendste der Montfort-Residenzen; die Herrschaft gehörte zuletzt zu der von Graf Georg (1483–1544) begründeten Neu-Tettnanger Linie. Nach dem Aussterben des Hauses Montfort verfiel die Burg Argen zur Ruine. An ihrer Stelle ließ König Wilhelm I. von Württemberg 1861 einen Neubau im maurischen Stil (oder was immer der Geschmack der Zeit dafür hielt) errichten – jedenfalls ein originelles Bauwerk, das nach wie vor *Schloß Montfort* heißt, jetzt der Gemeinde gehört und mit seinen Einrichtungen den Kurgästen dient.

Ungleich bedeutender ist die 1718 begonnene, 1722 fertiggestellte *Pfarrkirche St. Martin,* deren Architekt nicht bekannt ist. So schlicht und doch in allen Maßen wohlproportioniert der Außenbau mit dem ebenso markanten wie eleganten Turm ist, so vornehm wirkt auch der Saalraum mit seiner unaufdringlichen Dekoration, wobei selbst das künstlerisch weniger Bedeutende seinen wohlbedachten Platz im Plan des

Ganzen hat. Zahlreiche plastische Bildwerke des 17. Jahrhunderts im Hauptraum, daneben in der nach Süden angebauten Marienkapelle die feine Schnitzarbeit einer Madonna von etwa 1470 und im gleichen Raum fünfzehn Rosenkranzmedaillons in Lindenholz-Flachrelief aus dem 17. Jahrhundert (Abb. 47) gehören zur Ausstattung, nicht zu vergessen das schöne Schmiedegitter vor der Kapelle. Über der Orgelempore an der nördlichen Rückwand hängt ein auch in der einschlägigen Literatur als ›Schutz-engelbild‹ geläufiges Gemälde, das früher immer dem in Langenargen geborenen Barockmaler Franz Anton Maulbertsch zugeschrieben wurde, nach neuerer Meinung aber eher ein Werk von Spiegler sein dürfte und auch mit seiner üblichen Bezeichnung nicht ganz das trifft, was es darstellt: Maria als Königin der Engel.

Unmittelbar an die Kirche schließt sich das Spital vom Heiligen Geist an, eine Mont-fort-Stiftung zur Pflege alter und gebrechlicher Menschen. Die *St.-Anna-Kapelle* im ummauerten Friedhof ist nichts anderes als der alte, barockisierte Chor der im übrigen 1718 abgetragenen gotischen Pfarrkirche. Im ehemaligen Pfarrhaus am Marktplatz ist das *Museum Langenargen* untergebracht, das u. a. Dokumente zur Stadt- und Heimat-geschichte, Bildnisse der Grafen Montfort, Münzen, kirchliche Kunst, Gemälde von Maulbertsch, Andreas Brugger, Karl Kaspar und insbesondere von Hans Purrmann zeigt. Purrmann hatte, bevor er nach Florenz ging und schließlich im Tessin Zuflucht fand, in Langenargen ein Fischerhaus erworben und hier Motive für einige seiner schönsten Bilder gefunden. Er und seine Frau sind in Langenargen beigesetzt.

Wasserburg

Wie eine Insel in der Unrast des Alltags ist sich das kleine Wasserburg selbst genug, ein malerisches Idyll ohne Durchgangsverkehr, versehen mit allen nur wünschenswerten Einrichtungen eines Ferienorts. Eine Insel im wörtlichen Sinne war es früher einmal, zur Halbinsel inmitten eines Naturschutzgebiets ist der Fischerort um 1720 geworden, als einer der Grafen Fugger den trennenden Seegraben zuschütten ließ (Farbt. 26).

764 wird erstmals eine Kirche ›zum heiligen Jürgen‹ (Georg) erwähnt und vom Kloster St. Gallen mit einem Pfarrer besetzt. 784 erscheint ›Wazzarburuc‹ in einer Ur-kunde. 924/25 befestigt das Kloster die Insel als Zufluchtsstätte gegen die Hunnen. 1282 entsteht nach der Burg der erste *Schloßbau,* der sein heutiges Erscheinungsbild zur Hauptsache baulichen Veränderungen im 16. und 18. Jahrhundert verdankt und jetzt als Hotel genutzt wird. Neben und nach St. Gallen hatten u. a. die Herren von Kißlegg, das Haus Montfort und die Fugger in Wasserburg Herrschafts-, Hoheits- oder Lehensrechte. An die Fuggerzeit erinnern heute u. a. noch die *Fuggersäule* (Abb. 54) links am Zugang zu Schloß und Hafen, ferner das *Mal- und Gerichtshaus* von 1596/97, das für ein Heimatmuseum neu hergerichtet wurde, und ein Epitaph für den 1662 in Wasserburg gestorbenen Leopold Fugger über der Sakristeitür der Pfarrkirche. 1755 kommt Wasserburg an Österreich, 1805 durch den Preßburger Frieden an Bayern.

Die *Georgskirche* ist ums Jahr 1500 zu einer gewölbten Halle umgestaltet worden, zu der aus dem älteren Gotteshaus der Chor und der (später veränderte) Turm übernommen wurden. Nach einem Brand, den der rechte Seitenaltar von 1749 und ein Vesperbild von 1705 überstanden, kam es noch einmal zu baulichen Umgestaltungen. Die anmutige Erscheinung dieser Kirche, wie sie der Besucher heute erlebt, rührt weniger vom Detail der Ausstattung und des Schmucks her als von der feinen Raumwirkung und -stimmung, die durch die letzte einheitliche Restaurierung erzielt wurde.

Im nahen Reutenen auf dem ufernäheren Wege nach Bad Schachen duckt sich mitten im Ort am Straßenrand eine kleine Bauernkapelle von 1643 hin. Sie ist dem heiligen Jakobus d. Ä. geweiht, heißt im Volksmund ›*Gfrörenen-Kapelle*‹ (was mit der Seegfrörene, dem Zugefrieren des Bodensees in besonders kalten Wintern zu tun hat), und birgt u. a. eine Nachbildung des Wies-Heilandes.

Wo Hopfen und Malz nicht verloren sind

Lindau – Tettnang – Weißenau – Ravensburg – Weingarten – Baindt – Waldburg – Amtzell – Pfärrich – Wangen – Lindau

Wie immer sich einer das Paradies auch vorstellen mag – so ganz unähnlich dem Hinterland des Bodensees in der Lindauer Gegend wird es wohl kaum sein. Da stehen die Obstbäume oft in hektargroßen Kolonien beieinander. Ihr Blütenflor bildet im Frühjahr einen märchenhaften Kontrast zur Hintergrund-Kulisse der noch verschneiten Alpengipfel, und dunkler als sonst scheinen zwischen blumenreichen Wiesen und dem knospenden Grün der Waldränder die Seen hervorzulugen, die die Eiszeit übriggelassen hat. Neben vielerlei anderen Feldfrüchten wird hier auch der Spargel geerntet, und von Tettnang zu reden, ohne dabei an den Hopfen zu denken, wäre vollends ein Ding der Unmöglichkeit. Weitum sind es viele hundert Betriebe, die sich mit dem Hopfenanbau befassen.

Tettnang

Das 882 erstmals erwähnte Tettnang war einst der Hauptort im Territorium der hiernach benannten Nebenlinie des Hauses Montfort. In die Altstadt geleitet das sogenannte *Torschloß,* dessen Turm 1464 einem schon älteren Kern angebaut worden war. Drinnen ist das *Montfort-Museum* untergebracht, in dem Dokumente und vielerlei andere Zeugnisse der Stadtgeschichte und des Hauses Montfort zusammengetragen sind. Ein weiteres, als Bauwerk eher nüchternes als repräsentatives Schloß der Montforter war das heutige *Rathaus* gewesen, und als ein kleines, sehr bescheidenes Schlößchen darf sogar das jetzige Gasthaus zur Krone angesprochen werden. In ihm wohnte der Letzte aus dem Grafengeschlecht, Anton IV., von 1780 bis zu seinem Tode 1787. Er und sein Bruder waren vordem aus dem größten der Tettnanger Schlösser ausgezogen und hatten die ganze Grafschaft an Österreich übergeben, von wo sie 1805 an Bayern, 1810 an Württemberg gelangte.

Daß alles so kam, war eine Folge der ruinösen Schuldenlast, die der Bau und – nach einem Brand – der Wiederaufbau des *Neuen Schlosses* (Abb. 52) nach sich zogen. Am Platz der von den Schweden zerstörten mittelalterlichen Burg war diese prunkvolle Residenz nach dem Vierflügelschema mit Ecktürmchen und Treppenhäusern (Abb. 51) an den Innenwinkeln angelegt worden. Sie ist eine wahre Fundgrube zeitgenössischer

Dekorationskunst, zu der u. a. beitrugen der Bildhauer und Stukkateur J. A. Feuchtmayer, sein Mitarbeiter J. G. Dirr und Andreas Moosbrugger als Dritter in diesem Bunde, dann die Maler Franz Martin Kuen und Johann Joseph Kauffmann, letzterer mit seiner Tochter Angelika, die die Mitglieder der Grafenfamilie porträtierte. Um 1762 kam auch Andreas Brugger, der Maulbertsch-Schüler, nach Tettnang und schmückte das ›oberschwäbische Belvedere‹ mit Deckengemälden.

Nach langer Vernachlässigung hat das Land Baden-Württemberg in den 70er Jahren die Montfort-Residenz restauriert und die Prachträume dem Württembergischen Landesmuseum als Außenstelle übergeben. Dieser wieder wie in der zweiten Hälfte des 18. Jahrhunderts eingerichtete ›museale‹ Teil ist von April bis Oktober täglich mit Führung um 10.30, 14.30 und 16 Uhr zu besichtigen. Da das Schloß im übrigen von Behörden genutzt wird, ist es, wenn nicht auch zu anderen Zeiten, so zumindest während der üblichen Dienststunden jederzeit zugänglich.

Weißenau (Ravensburg)

Unter dem Schutz welfischer und staufischer Herren hatte sich das 1145 von Rot an der Rot aus besiedelte Prämonstratenserkloster Weißenau bei Ravensburg ungestört entfalten können. Nach der schwierigeren kaiserlosen Zeit war es dann Rudolf von Habsburg, der dem mittlerweile durch vielerlei Unbill verarmten Kloster aus seinen Nöten wieder heraushalf und es überdies mit einer Heilig-Blut-Reliquie beschenkte, die seither in Kult und Liturgie eine wichtige Rolle spielt.

Nach romanischen und gotischen Vorläuferbauten entstanden von 1708 an neu das Kloster und die jetzige *Pfarrkirche St. Peter und Paul* nach den Plänen von Franz Beer. Äußerlich ein Bauwerk von genialer Einfachheit, ist das Gotteshaus mit seinen emporenbesetzten Wandpfeilern im Innern ein bezeichnendes Werkbeispiel der Vorarlberger Bauschule (Farbt. 32). Erkennbar bleibt allerdings der zeitliche Schnitt zwischen Langhaus (1717–1724) und dem älteren Chor (1628–1631), der nicht mehr nach den Plänen Beers als überkuppelter Ovalraum ausgeführt wurde. Bei den Stuckarbeiten für Weißenau war der Wessobrunner Franz Schmuzer am Werk, während Jakob Karl Stauder den Hauptraum und Joseph Anton Hafner die seitlichen Raumfolgen, die Wandfläche über dem Chorbogen und das Chorgewölbe bemalten. Eine hervorragende Arbeit ist das Chorgestühl, und als ein besonders gutes Beispiel württembergischer Altarbauten der späten Renaissance gilt der Weißenauer Hochaltar.

Weißenau. Ritter Gebizo, der Reiche, Stifter des Klosters Weißenau, überreicht die Weißenauer Kloster- ▷
kirche an Abt Otto von Rot an der Rot. Im Hintergrund die zur Grundausstattung gehörenden Höfe, Deck-
farbenmalerei, 1524

Der wertvollste Besitz der Kirche ist die Muttergottes des Ulmer Bildschnitzers Michael Erhart von 1495 auf dem Marienaltar links vor dem Chorbogen – eine unsäglich feine, hoheitsvolle Erscheinung (Abb. 55). Sie ist ein zusätzliches Argument für den Entschluß, Weißenau einen Besuch abzustatten und auch die neuerdings mit beträchtlichem Aufwand restaurierte *Klosteranlage* kennenzulernen. Zwar hat sie schon seit langem die Funktion eines Psychiatrischen Landeskrankenhauses, aber ernsthaft interessierten Besuchern wird dennoch im Rahmen des Möglichen Gelegenheit gegeben, die von Schmuzer und Francesco Marazzi stukkierten, zum Teil auch ausgemalten Räume zu besichtigen.

Ravensburg

Zu Füßen der *Veitsburg,* die um 1098 erstmals als ›Ravenspurc‹ erwähnt ist, als zweiter Stammsitz der Welfen vermutlich von Welf IV. erbaut wurde und wohl auch die Geburtsheimat Heinrichs des Löwen war, ist aus der frühen Burgsiedlung der Markt und schließlich die Freie Reichsstadt hervorgegangen. Die Burg, die ihren Namen an die Stadt weitergab und erst in neuerer Zeit nach dem Patron der 1833 abgebrochenen Burgkapelle Veitsburg genannt wurde, war zur Stauferzeit im 13. Jahrhundert Sitz der königlichen Reichs- und der staufischen Hausgutverwaltung. Seit einem Brand 1647

Ravensburg von Westen. Kupferstich von J. C. Leopold, um 1730

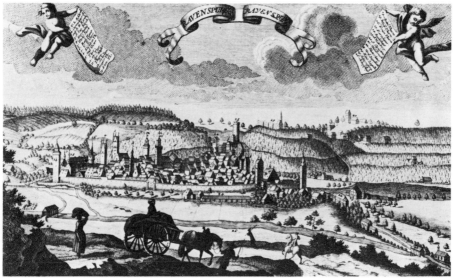

ist sie nur noch in einigen Wirtschaftsgebäuden und in Umbauten der Burgruine erhalten. Hart am Burgberg ragt das Ravensburger Wahrzeichen, der sogenannte *Mehlsack* (Weißer Turm), zur zinnenbekrönten Höhe von rund 50 Metern auf – ein runder, stämmiger Kerl, aber eben nur einer in der stattlichen Gesellschaft von Türmen und Toren in dem nur in wenigen Stücken noch erhaltenen mittelalterlichen Bering (Farbt. 30).

Der Stadtkern um den langgestreckten *Marienplatz* vermittelt auch heute noch einen Eindruck vom Wohlstand des alten Handelszentrums, das die ›Ravensburger Gesellschaft‹, ein einflußreiches Unternehmen des Tuchhandels mit Agenturen in Italien und Spanien, zu Anfang des 15. Jahrhunderts begründete. Hier wurde das Geld verdient, dem das alte Ravensburg zu großen Teilen sein heutiges stattliches Aussehen zu verdanken hat. Mit dem allgemeinen Wohlstand ging es zu Ende, als die Fugger und Welser der Ravensburger Gesellschaft den Rang abliefen, und vollends den Rest gab der Stadt der Dreißigjährige Krieg, von dem sie sich bis zur Inbesitznahme durch die Württemberger 1810 nicht mehr recht erholte. Das hat sich geändert, aber bei aller Tüchtigkeit haben die Ravensburger – zum Glück – die historischen Maßstäbe nicht verloren und sich ihr heimeliges mittelalterliches ›Nest‹ inmitten der drumherum gewachsenen Gewerbe- und Industriegebiete bewahrt – und dies auch dort, wo Zeit und Zweckmäßigkeit die eine oder andere Umgestaltung unumgänglich machten.

Im *Rathaus* (14./15. Jh.) zeigt der Hausmeister, wenn er Zeit hat, gern die beiden spätgotischen Ratssäle mit ihren Fresken, Zunfttafeln, Fenstergläsern und der Steinskulptur eines sitzenden Liebespaares an einem Fensterpfeiler des kleinen Saals (um 1400). Die durch Arkaden nach draußen offene Halle im Erdgeschoß, die zum Gründungsbau gehörte, gibt es mittlerweile nicht mehr. Das dem Rathaus gegenüberliegende *Waaghaus* wurde 1498 als Kaufhaus mit einer Lagerhalle im Erdgeschoß angelegt und mit hohen Staffelgiebeln versehen. Der *Blaserturm* (Abb. 57) an seiner Nordwestecke war der ›Dienstsitz‹ des Stadtwächters, der mit einem Hornruf die Zeit ansagte und vor Unheil warnte. Die *Brotlaube* an der hinter dem Rathaus liegenden Marktstraße ist Ravensburgs einziges größeres Bauwerk aus der Übergangszeit zwischen Renaissance und Barock und das letzte zugleich, das noch im Auftrag der Reichsstadt entstand. Der große Raum über der Laube, in der die Bäcker ihr Brot verkauften, war von 1698 an Theatersaal der bürgerlichen ›Komödianten-Gesellschaft‹ und dient heute Ausstellungszwecken. Das den Südteil des Marienplatzes beherrschende *Kornhaus* wurde 1375 erstmals erwähnt und im 15. Jahrhundert vergrößert. In den dazu gewonnenen Räumlichkeiten beim Blaserturm beherbergt das erneuerte *Lederhaus* jetzt unter anderem die Post. Das sogenannte Vogtshaus an der Charlottenstraße, nahe beim ›Gemalten Turm‹, wurde als Heimatmuseum eingerichtet. Im übrigen ließ die Stadt in vorbildlicher Weise an allen historischen Gebäuden informierende Tafeln anbringen.

Die *Pfarrkirche Unserer Lieben Frau* ist ein Bau des 14. Jahrhunderts, wurde 1891 umgestaltet und im Innern zwischen 1957 und 1967 restauriert. Das dem Weichen Stil nahestehende Relief am Bogenfeld über dem Haupteingang zeigt Szenen aus dem

2 REICHENAU   Blick auf Oberzell mit St. Georg

◁ 1   REICHENAU   Niederzell, ehemalige Stiftskirche St. Peter und Paul

3 Insel REICHENAU im Bodensee

4   STEIN AM RHEIN

5   INSEL MAINAU   Rosengarten mit Schloß und Schloßkirche

6 LANDSCHLACHT Freskenzyklus in der Leonhardskapelle

7 KONSTANZ Das Kaufhaus (›Konzilgebäude‹) am Hafen

8 KONSTANZ Rathaus (Ende 16. Jh.)

9 UNTERUHLDINGEN Pfahlbauten im vorgeschichtlichen Freilichtmuseum

11 MEERSBURG Altstadt beim Obertor

◁ 10   RADOLFZELL   Münster, Rosenkranzaltar aus der Zürn-Werkstatt

12   MEERSBURG   Altes Schloß ▷

13 ERISKIRCH Fresken und Glasgemälde im Chor der Pfarr- und Wallfahrtskirche

14 MESSKIRCH Martinskirche, Stuckmarmorepitaph von Johann Joseph Christian

15 MEERSBURG Steigstraße

16 SCHLOSS SALEM Torhaus

17 SCHLOSS SALEM Kaisersaal

18 FRIEDRICHSHAFEN Schloßkirche

19 SCHLOSS HEILIGENBERG Rittersaal

21 LINDAU Rathaus, Hauptfassade mit Aufgang zum Verkünderker (Detail)

◁ 20 BIRNAU Ein ›Festsaal Gottes‹: die Wallfahrtskirche

22 LINDAU im Bodensee vor der Bergkulisse des Bregenzer Waldes ▷

23   LINDAU   Blick zur Insel

24, 25   LINDAU   Alamannische Fastnacht in der bayerisch-schwäbischen Bodensee-Ecke

26 Halbinsel WASSERBURG bei Föhnstimmung

27 BREGENZ Partie an der Stadtmauer vor dem Hintergrund des Säntis

28 ST. GALLEN Stiftskirche

29 WEINGARTEN Klosterkirche ▷

30   RAVENSBURG   Weißer Turm (›Mehlsack‹)

32   WEISSENAU   Ehemalige Klosterkirche St. Peter und Paul ▷

31   BAD WURZACH   Neues Schloß, Treppenhaus

33 AMTZELL Pfarrkirche, Tongruppe des Marientodes (um 1480)

34 ISNY Ratssaal, Winterthurer Kachelofen

35 ISNY Ehemalige Klosterkirche, Deckenfresko der Klostergründung

36   ISNY im Allgäu

37   OTTOBEUREN   Raumgewaltigste Schöpfung des schwäbischen Barock: die Klosterkirche ▷

38 OTTOBEUREN Klosterkirche von Süden

39 OTTOBEUREN Klosterbibliothek

40, 41 Putti (Ottobeuren und Salem)

42 BAD SCHUSSENRIED St. Magnus, Marienfigur, Mitte 15. Jh.

43 OCHSENHAUSEN St. Georg, Madonna,
spätes 15. Jh.

44 BAD SCHUSSENRIED St. Magnus, Marientod
(um 1515)

45 SAULGAU ›Saulgauer Christus‹ in der
Kreuzkapelle

47 ZWIEFALTEN Ehemalige Abteikirche ▷

46 BLAUBEUREN Ehemalige Klosterkirche, Mittelschrein des Hochaltars von Gregor Erhart, 1493

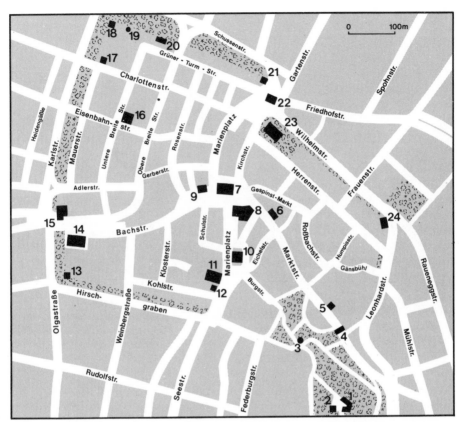

Ravensburg 1 Veitsburg 2 Burghaldentorkel 3 Mehlsack 4 Obertor 5 Haus der Großen Ravensburger Handelsgesellschaft 6 Altes Theater 7 Waaghaus und Blaserturm 8 Rathaus 9 Lederhaus 10 Kornhaus 11 Ehemaliges Karmeliterkloster 12 Evangelische Stadtkirche 13 Spitalturm 14 Heilig-Geist-Spital 15 Untertor 16 Pfarrkirche St. Jodok 17 Vogthaus (Museum) 18 Gemalter Turm 19 Wehrturm 20 Zehntscheuer 21 Grüner Turm 22 Frauentor 23 Liebfrauenkirche 24 Schellenberger Turm

Marienleben und ist auf etwa 1380 zu datieren. Die von Gebhard Fugel gemalten großen Wandbilder im Innern sind dagegen 20. Jahrhundert, während der Hochaltar mit seinem geschnitzten Figurenschrein wiederum auf das 15. Jahrhundert zurückweist, in dem wohl auch das steinerne Sakramentshaus und die teilweise erneuerten Glasgemälde im Chor entstanden sind (Abb. 53). Neben ihrer Funktion hat die nach der Art eines Lettners gearbeitete Sandsteinempore im rückwärtigen Teil der Kirche auch ausgesprochenen Schmuckwert. Die bekannte Ravensburger Schutzmantelmadonna von Michael Erhart oder Friedrich Schramm im rechten Seitenschiff ist

Ravensburg, Waaghaus und Blaserturm. Kolorierter Kupferstich von B. F. Leizel nach J. A. Gmeinder, Ende 18. Jahrhundert

Kopie, seit das Original im 19. Jahrhundert verkauft wurde (heute im Besitz der Staatlichen Museen Berlin).

Die katholische *Pfarrkirche St. Jodokus* in der Unterstadt hat im wesentlichen die ihr im 14. Jahrhundert gegebene Gestalt beibehalten. Aus dieser und wenig späterer Zeit sind sowohl die gut gearbeiteten Sandsteinkonsolen beiderseits des Chorbogens und die von ihnen getragenen Holzplastiken, wie auch der mit einer Marienkrönung geschmückte Wandtabernakel und eine 1953 an der Chorwand freigelegte Darstellung des ›Feiertagschristus‹ überkommen.

Die kleine, zum *Spital* am unteren Ende der Bachstraße gehörende Kapelle ist ein interessanter spätgotischer Zentralbau mit reichem Netzgewölbe auf einer Mittelstütze, einem Weltgericht-Fresko aus dem frühen 16. Jahrhundert und neuen Glasfenstern von Wilhelm Geyer. Ein freundliches Wort an der Spitalpforte, und man ist gern eingeladen, das Kirchlein zu besichtigen.

Die einst zum Karmeliterkloster gehörende, heutige *Evangelische Stadtkirche* unterhalb des Kornhauses ist eine schlichte, (wieder) flachgedeckte Säulenbasilika des 14. / 15. Jahrhunderts. Von zwei auf der Südseite wie ein zweites Seitenschiff angebauten gewölbten Kapellen wartet die St. Anna-Kapelle mit einem besonders rei-

Ravensburg, Untertor und Spital. Gemälde von W. Tiefenbronn, um 1860

chen Sternrippengewölbe, schönen Konsolen und Schlußsteinen auf. Beiderseits des Chorbogens wurden Fresken freigelegt. Hinter einer Tür links vor dem Chor führt eine Treppe zur kleinen, aber fein hergerichteten Kapelle der Ravensburger Handelsgesellschaft mit spätgotischen Glasgemälden und zahlreichen Grabplatten.

Weingarten

Die größte Barockbasilika Deutschlands ist das Wahrzeichen der Stadt Weingarten, die ihren Namen übrigens erst seit der Stadterhebung 1865 hat und vorher Altdorf hieß. Der Welfengraf ›Heinrich mit dem goldenen Pflug‹, Vater des heiligen Konrad, Bischofs von Konstanz, hatte um 940 in Altdorf ein Frauenkloster gegründet, das 1053 niederbrannte. Welf III. verlegte es kurz vor seinem Tode (1055) zur Pfarrkirche auf dem Martinsberg und nannte es – als Kloster, nicht als Ort – zum ersten Mal Weingarten. Den Benediktinermönchen, die hier einzogen, schenkte die Welfin Judith 1094 eine Heilig-Blut-Reliquie, wie sie ähnlich auch Weißenau besitzt. Diese Reliquie wurde Ziel einer Wallfahrt und wird alljährlich beim Weingartener Heilig-Blut-Ritt am Freitag nach Christi Himmelfahrt von mehr als zweitausend Reitern auf ihrem Weg durch und um die Stadt begleitet.

Das erneuerte Kloster blühte rasch auf, erlangte – vor allem durch die Buchmalerei – im frühen 13. Jahrhundert große kulturelle Bedeutung und errang sich in den 70er Jahren jenes Jahrhunderts auch die Reichsfreiheit. Als das ehedem reichste Kloster Schwabens, das über ein stattliches eigenes Staatsgebiet verfügte, wurde Weingarten 1803 säkularisiert, ist aber seit 1922 wieder Benediktinerabtei der Beuroner Kongregation und beherbergt außerdem eine Pädagogische Hochschule.

Das 1182 geweihte Münster war einer der machtvollsten Kirchenbauten nicht nur des oberschwäbischen und des Bodenseeraums, sondern eines ganzen Zeitalters. Den barocken Neubau nahm Franz Beer 1715 in Angriff. Wie weit auch andere Baumeister an der Planung beteiligt waren, ist im einzelnen nicht genau auszumachen. 1717 kam jedenfalls Donato Giuseppe Frisoni aus Ludwigsburg nach Weingarten und vollendete die Kirche. Von 1727 an wurde für den Konvent gebaut. Geplant war die großartigste, geschlossenste deutsche Klosteranlage, aber sie blieb, wie imponierend auch immer in ihren ausgeführten Teilen sie sein mag, letztlich unvollendet.

Weingarten, Kaiser Friedrich I. Barbarossa mit seinen Söhnen König Heinrich VI. und Herzog Friedrich von ▷
Schwaben. Miniatur aus der Weingartener Welfenchronik, letztes Viertel 12. Jahrhundert

Der Blutritt zu Weingarten. Kolorierte Lithographie von J. Bayer, 1846

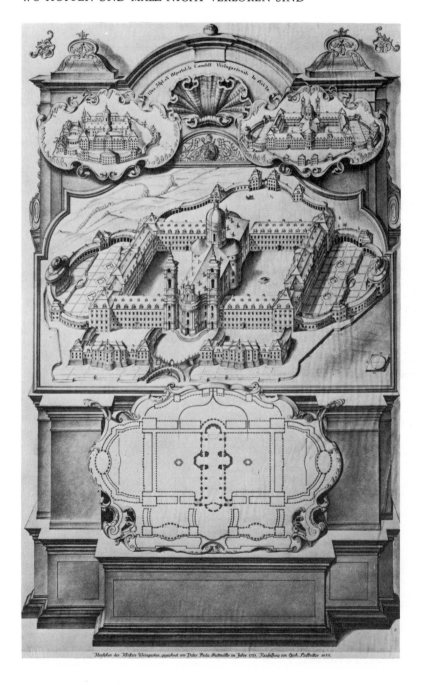

Die Weingartener *Klosterkirche St. Martin von Tours und St. Oswald* hat zwei Vorbilder: mit der Verbindung von Zentralbau und Längsraum in vergleichsweise so riesigen Dimensionen suchten Bauherrschaft und Baumeister die Anlehnung an St. Peter in Rom; an die Salzburger Kollegienkirche erinnert andererseits die Gestaltung der dreigeschossigen, zwischen zwei Türmen konvex vorgewölbten und durch Kolossalpilaster streng gegliederten Fassade (Abb. 50), die sich mit fünf Rundbogenportalen zur Vorhalle und den seitlichen ›Schiffen‹ öffnet.

Drinnen erfüllt sich voll und ganz, was diese Fassade so vernehmlich versprach: die Raumwirkung ist gewaltig und wird, wenn auch nicht in meßbaren Dimensionen, so doch vom subjektiven Eindruck her allenfalls von der Ottobeurer Klosterkirche übertroffen. Mit den emporenbesetzten Wandpfeilern, den halbrund geschlossenen Querarmen und der dreischiffigen Chorpartie folgt die Architektur zwar dem Vorarlberger Schema, doch es wird bedeutsam abgewandelt und aufgelockert. Die Wandpfeiler sind jetzt auch im Erdgeschoß breit durchbrochen, so daß faktisch zwei Seitenschiffe entstanden. Auflockerung bedeutet auch die elegant geschwungene Frontlinie der Emporenfolge, und erst recht ist sie wirksam in der souveränen Gliederung der Wände durch die Komposition der Fenster (Farbt. 29). Dem hier Eintretenden vermittelt die monumentale Pfeilerflucht zunächst den Eindruck eines Längsraumes, der ihn zum fernen Hochaltar − es sind immerhin rund 100 Meter Distanz − ziehen möchte. Mit einemmal erlebt er dann unter der auf hohem Tambour ruhenden Vierungskuppel sich selbst als Zentrum einer nach allen Richtungen hin befreiend weiten Raumfolge.

Der Majestät und Würde dieses Bauwerks entspricht seine Ausstattung: die vornehme Stuckdekoration von Franz Schmuzer, die mit flammendem Temperament den Gewölben aufgemalten Fresken des Cosmas Damian Asam, der Hochaltar und die beiden Altäre im Querhaus nach Entwürfen von Frisoni mit Figuren von Diego Carlone sowie Gemälden von Giulio Benso und Carlo Carlone, das Chorgestühl von Joseph Anton Feuchtmayer mit seinen feinen Schnitzereien und seidig schimmernden Intarsien, die schwungvolle Rokokokanzel des Weingartners Fidel Sporer, das kunstreiche, vermutlich in Konstanz gefertigte Chorgitter und der gewaltige Aufbau des Orgelprospekts auf der rückwärtigen Empore, um nur die wichtigsten Eindrücke zu nennen. Die Orgel, die Joseph Gabler 1737–50 baute und die 1983 für mehr als eine Million

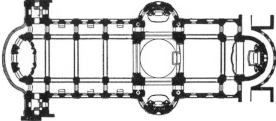

◁ *Weingarten, Idealentwurf der Kloster-anlage, Neufassung*

Weingarten, Grundriß der Klosterkirche

167

Mark generalüberholt wurde, ist bis auf kleinste Zugeständnisse an die heutige Zeit in ihren Originalzustand zurückrestauriert worden und gehört zu einem Dutzend weltberühmter Orgeln. An die Ursprünge Weingartens erinnert die Welfengruft unter dem nördlichen Querschiff, die Leo von Klenze um 1860 im Auftrag des Königs Georg V. von Hannover zu ihrer heutigen Form umgestaltete.

Mitten in der Fußgängerzone der alten Stadt steht das *Kornhaus* von 1621, das die Gemeinde neu herrichten ließ, um darin ein kleines kulturelles Zentrum mit einem *Alamannenmuseum* als Herzstück einzurichten. Dieses Museum ist viel mehr als nur eine Institution von begrenzter lokaler Bedeutung, auch wenn der Hauptteil seiner Exponate aus der unmittelbaren Nachbarschaft, einem der größten frühalamannischen Reihengräberfelder stammt. Attraktiv präsentiert und didaktisch sorgfältig aufbereitet, geben sie Einblick in die frühmittelalterliche Geschichte Oberschwabens und in die Lebensverhältnisse der Menschen jener Zeit (Abb. 48).

Baindt

Von der seit 1376 reichsunmittelbaren *Zisterzienserinnenabtei,* deren Besitz einst weit über 100 Höfe zwischen Kempten, Bregenz und Meersburg umfaßte, könnten die wenigen noch erhaltenen Bauten nur ein blasse Vorstellung vermitteln, wäre da nicht die ehemalige Abtei- und jetzige *Pfarrkirche St. Johannes Baptist,* in die nach der jüngsten, vorzüglich gelungenen Restauration noch einmal etwas von dem Glanz einer lange vergangenen Zeit zurückgekehrt zu sein scheint.

In dem Bau, der außen am nördlichen Seitenschiff mit einem feinen Terrakotta-Lilienfries geschmückt ist, wirkt ungeachtet späterer Veränderungen noch romanisches Raumgefühl nach. Es geht vor allem von den kraftvollen Pfeilern und gedrungenen Arkaden aus. Doch schon beim Eintreten weist das Portal, wie dann gleich auch auf der Gegenseite eine Fenstergruppe in der Rückwand des 1764 umgestalteten Chors, auf die frühe Gotik hin. Zur Gotik gehören auch wenige Freskenreste, vor allem aber die schönen Netzgewölbe von 1560 mit ihren farbigen Wappenschlußsteinen.

Vom Rokoko-Hochaltar von Johann Georg Dirr wurde das Altarblatt mit einer Marienkrönung abgenommen. Seine Stelle vertritt jetzt eine schwungvoll barocke Immaculata von Johann Georg Reusch, wodurch auch Dirrs weiß gefaßte Heiligenskulpturen Benedikts, Bernhards und der beiden Johannesfiguren besser zur Geltung kommen. Thema des Deckenfreskos im Chor von Martin Kuen ist die Krönung Esthers (in den Gewölbezwickeln Repräsentanten der vier Erdteile). Das ergreifend ausdrucksstarke Baindter Pestkreuz (um 1350) an der Ostwand des linken Seitenschiffs, eine Reusch zugeschriebene Pietà auf der gegenüberliegenden Seite, ein lebensgroßer Feuchtmayer-Kruzifixus, dazu eine ganze Reihe weiterer, nach der Restauration an den Wänden der Seitenschiffe neu angebrachter Skulpturen vervollständigen die Ausstattung.

Waldburg

Seit dem 12. Jahrhundert, wenn nicht noch früher, ist Waldburg (Abb. 58) der Stammsitz eines Herrengeschlechts, dem der Stauferkaiser Friedrich II. das Truchsessenamt übertrug und nach der Krönung auch den Reichsschatz zur Verwahrung auf der Burg übergab. Die im Bauernkrieg zerstörte Burganlage ist seit dem 16. Jahrhundert erneuert, Teile des Schlosses wurden allerdings innen erst im 18. Jahrhundert wieder neu ausgebaut, darunter auch die von Johann Georg Fischer gestaltete Kapelle, die noch einen guten Schnitzaltar aus der Zeit um 1500 bewahrt. Das ab März bis Oktober von 9 bis 17 Uhr, ab November bis Februar von 10 bis 12 und 13 bis 16 Uhr zur Besichtigung geöffnete Schloß läßt in den teils mit reichen Kassettendecken und Holzvertäfelungen versehenen Räumen seltene alte Möbelstücke, Kachelöfen, Gobelins, Gemälde und Skulpturen, Porzellan, Waffen und Geweihe, eine Ornithologische Sammlung u. a. m. sehen.

Amtzell

Der Turm der Amtzeller Pfarrkirche *St. Johannes Evangelist* verweist auf die Romanik, während das flachgedeckte, basilikale Langhaus in der Spätgotik beheimatet ist, der Chor 1758 neu gebaut und zugleich die ganze Kirche barockisiert wurde. Auf eben diesen Zustand des 18. Jahrhunderts ging die letzte Erneuerung so weit wie nur möglich wieder zurück. Seither wurden fast alle älteren und wertvollen Skulpturen der nahen Heiligkreuzkapelle zur Sicherung in die Pfarrkirche gebracht.

Bedeutendstes Einzelwerk ist nach wie vor die Tongruppe des Marientodes vom Meister des Rohrdorfer Ölbergs (um 1480), dem auch die Ölberggruppe auf dem Friedhof zugeschrieben wird. Besonders hervorzuheben sind ferner der mit Blattwerkrelief geschmückte Taufstein (13. Jahrhundert), das spätgotische Bronzeepitaph des Pfarrers Nikolaus Herberger und ein Sandsteindenkmal von Esaias Gruber für Joachim von Sürgenstein (†1588). Auch von Christus und Maria angeführte Apostelreihen auf Konsolen in Rocaillerahmen an den Hochschiffwänden von Johannes Thurner (1772), zwei Figuren von Thurner (Johannes Evangelist und Mauritius) unter mehreren anderen im Chor, eine Barockskulptur der Immaculata über der Marientod-Szene und weitere barocke Bildwerke, eine spätgotische Schmerzensmutter, einige gute Wandgemälde u.a.m. machen aus der schlichten Dorfkirche ein lohnendes Ziel für Kunstfreunde.

Pfärrich (Amtzell)

Die *Wallfahrtskirche Unserer Lieben Frau* in Pfärrich ist deshalb von besonderem Interesse, weil sie ein in dieser Gegend sehr frühes Beispiel einer barocken Wandpfeiler-

Wangen

Argo flu.

1. S. Martini Pfarrkirch. 4. Rahthauſe.
2. S. Martins thor. 5. S. Peters thor.
3. Unſer Frawen thor. 6. Spital H. Gaiſt.

lfer thürn.   10. Straff thürn.   13. Der Gotts acker.
ieß hauſe.   11. S. Leonharts Cap. 14. Die Bleiche.
Georgen thor.   12. Der Einlaß.   15. Praßberg.

anlage nach Vorarlberger Muster ist, in das sich von den Gewölben her eher spätgotische Nachklänge noch hineinmischen. Eigenartig ist zudem die Weise, wie die Pfeiler gleichsam als Mauerzungen ohne Gebälk und ohne vorgeblendete Pilaster in den Raum hereingezogen, andererseits in zwei Etagen durchbrochen wurden, so daß die seitlichen Anräume zu einer Art Seitenschiff verbunden erscheinen und im übrigen vermutet werden darf, daß im Bauplan an eine Umgangsempore gedacht war. Die künstlerisch bedeutendsten Teile der Ausstattung sind die Sandsteinepitaphien, darunter gleich drei von Esaias Gruber signierte für die Familie der Humpiß von Waltrams.

Wangen

Das ganze alte Wangen, dessen erste Spuren ins frühe 9. Jahrhundert zurückzuverfolgen sind, ist heute wie ein Museum, in dem das Thema Mittelalter abgehandelt wird: eine festliche Versammlung von behäbigen Häusern, originellen Fassaden, phantasievollen barocken Wirtshausschildern und schönen Brunnen. Der Bering der ehedem Freien Reichsstadt ist zwar bis auf zwei Teile aus spätgotischer Zeit abgetragen worden, doch unversehrt stehengeblieben sind vier Türme, die dem Stadtbild ein unverwechselbares Gepräge geben. Von Lindau her führt das St. Martins- oder *Lindauer Tor* (spätgotischer Unterbau, Renaissancegeschosse darüber, reich geschmiedete Wasserspeier, alte, wiederholt erneuerte Bemalung) in die Paradiesstraße hinein. Am Marktplatz (Abb. 61) steht unmittelbar neben dem Rathaus der auch als ›Ratloch‹ bekannte *Pfaffenturm* (14.–16. Jh., barock erneuerte Fresken in der Tordurchfahrt). Die vom Marktplatz wegführende Herrenstraße endet beim prachtvollen Ravensburger oder *Liebfrauentor* (Abb. 59), das schon zur Stadtmauer des 14. Jahrhunderts gehörte, im frühen 17. Jahrhundert auf den massiven Unterbau zwei Achteckgeschosse mit vier Ecktürmchen aufgesetzt bekam und so umgestaltet wurde, daß der Bau jetzt fast einheitlichen Renaissancecharakter hat. Auch hier wieder stattliche Wasserspeier wie beim Lindauer Tor, ein schmiedeeiserner Drachen als Wetterfahne, pfeilförmige Schießscharten und alte, nach authentischen Vorlagen wiederholt erneuerte Bemalung. Der Vierte im Bunde ist der *Pulverturm* am Rande der Unterstadt, ein eher zierlicher Geselle im Vergleich mit den anderen Wangener Türmen.

Der älteste Teil des *Rathauses* reicht in die Stauferzeit zurück. Dem barocken Umbau (1719–1721) nach Plänen von Franz Anton Kuen aus Bregenz verdankt das Haus u. a. seine repräsentative Schaufront (Abb. 60). Bei Gelegenheit einer Restaurierung wurde 1976 an der rückwärtigen Fassade und am Pfaffenturm eine spätgotische Querbemalung freigelegt und befundgerecht konserviert. Zentrum der vornehm

◁ *Wangen. Kupferstich von Matthäus Merian*

dekorierten Raumfolge ist der besonders reich ausgestattete Ratssaal aus dem 16. Jahrhundert. Oberhalb des Pfaffenturms an der Herrenstraßen-Ecke lädt das 1542 erbaute Haus der Wangener Patrizierfamilie Hinderofen in seinen originellen, von Erdgeschoßlauben umstandenen Binnenhof ein.

In der vom romanischen, gotisch erhöhten Turm überragten *Pfarrkirche St. Martin*, einer flachgedeckten Pfeilerbasilika des 15. Jahrhunderts, geben Gotik und Barock den Ton an – allerdings nicht mit dem Schrein auf dem Hochaltar, der neugotisch ist, wohl aber mit den barocken Nebenaltären und der Kanzel des Übelhör-Schülers Johann Georg Wirth. Ältere Altarblätter meist einheimischer Künstler, jüngere Decken- und Chorbogengemälde, neuerdings erst erworbene spätbarocke Apostelstatuen im Mittelschiff, eine Figurengruppe von Johann Wilhelm Hegenauer auf dem Taufbecken, silbergetriebene Büsten der Apostel Petrus und Paulus auf dem Sebastiansaltar, Skulpturen aus Spätgotik, Barock und Rokoko, neuzeitliche Buntglasfenster und eine ganz neue Orgel verbreiten in dem hellen Raum bei aller Ungleichwertigkeit Harmonie. Beachtlich sind einige Grabdenkmäler im Kircheninnern und in den Außenwänden.

In der Unterstadt schmiegt sich das Heilig-Geist-Spital zwischen zwei spitzwinklig aufeinander zulaufende Straßen, die sich vor dem Chor der *Spitalkirche* treffen. Dieses Kirchlein (falls geschlossen, Zugang über die Pforte des Spitals) ist ein liebenswertes, kurze Zeit nach der letzten Restaurierung fast noch zu blitzblankes Kleinod aus der Zeit um 1720. Die Schnitzfigur der Muttergottes im Hochaltar wird (mit Fragezeichen) Hans Zürn zugeschrieben, während der Kerker-Christi-Altar an der Südwand aus der Werkstatt von Johann Ruez stammen könnte.

Es ist unmöglich, in diesem Rahmen Haus für Haus auf die baulichen Sehenswürdigkeiten Wangens einzugehen, aber genannt werden muß mindestens noch das ehemalige *Kanzleigebäude* des Ritterschaftskantons Hegau unmittelbar neben dem Ravensburger Tor, das Franz Anton Bagnato erbaute, und dessen kühler klassizistischer Stil sich ein bißchen fremd in seiner Umgebung ausnimmt. Zu erwähnen ist ferner die sogenannte *Eselsmühle* an der Stadtmauer in der Gegend von Spital und Ravensburger Tor, in der die Gemeinde ein Heimatmuseum eingerichtet hat. Die Stadt Wangen gab in der Nachkriegszeit auch dem 1936 in Neiße (Oberschlesien) gegründeten Deutschen Eichendorff-Museum und -Archiv sowie dem 1900 in Kreuzburg eingerichteten Gustav-Freytag-Archiv und -Museum eine neue Heimat (Atzenberg 31 und 27).

Auf dem alten Friedhof vor dem Lindauer Tor in Richtung Lindau bietet sich noch ein Besuch der *Rochuskapelle* an. Wegen des Zugangs muß man allerdings vorher im Pfarrhaus oder im Rathaus nachfragen. In der Kapelle begegnen sich in einer interessanten Mischung gotisches und renaissancehaftes Formdenken. Zum wertvollsten Schmuck gehören die in sechsundsechzig Felder aufgeteilte bemalte Holzdecke und fünfzehn Rosenkranz-Medaillons, die mit großer Wahrscheinlichkeit von Hans Zürn d. J. stammen.

Behagliche Städte und ländliche Residenzen

Wangen – Kißlegg – Wolfegg – Bad Waldsee – Bad Wurzach – Schloß Zeil – Leutkirch – Isny

Wangen (s. S. 172) wird man ohne Zögern eine richtige Stadt nennen. Bei einigen Orten unserer nächsten Rundfahrt mag es diesbezüglich Zweifel geben, doch wo immer man eher auf ein Dorf tippt, ist gleich ein Schloß zur Hand, das dieses Dorf wenigstens zur ländlichen Residenz hinaufbefördert. Und wo einer gar alles doppelt vorfindet – zwei Schlösser, zwei Kirchen, zwei Seen –, kann er sicher sein, das erste Ziel dieser Reise nicht verfehlt zu haben (Abb. 62).

Kißlegg

Ein um 1300 ausgestorbener Ortsadel war St. Gallischer Lehensträger in Kißlegg gewesen, bevor die Herrschaft durch Heirat an die Schellenberger kam. Die wiederum teilten sich in zwei Linien mit der Folge, daß Kißlegg fortan zwei Schlösser hatte: das ›Alte‹ Schellenbergische (Abb. 65), das 1702 an die Waldburg-Wolfegg kam, und das ›Neue‹ Paumgartische, das nach den Waldburg-Scheer den Waldburg-Zeil gehörte.

Das Alte Schloß, ein hochgiebeliges Gebäude, wurde in den Jahren 1560–70 erbaut. Das 1721–27 von Johann Georg Fischer errichtete, mit großem Aufwand renovierte *Neue Schloß* beherbergt jetzt die Landes-Ausbildungsstätte des Blasmusikverbandes Baden-Württemberg, eine von Professor Willy Schneider hinterlassene, wissenschaftlich bearbeitete Instrumentensammlung mit 300 Exponaten und eine Dauerausstellung von Gemälden Wolfgang von Webskys. Die Kurverwaltung im Erdgeschoß nutzt die Repräsentationsräume der Beletage selbst für festliche Anlässe oder stellt sie dafür zur Verfügung. Ohne weiteres zugänglich sind das Treppenhaus mit acht großen Sibyllen-Figuren von Joseph Anton Feuchtmayer sowie die Schloßkapelle. (Öffnungszeiten und Führungen durch Repräsentationsräume und Sammlungen s. S. 311).

Die *Pfarrkirche St. Gallus* ist ein Werk Johann Georg Fischers, der in den Jahren 1734–38 das gotisch-basilikale Gotteshaus barock umbaute, den Chor abbrach und die Ostteile neu gestaltete. Die farbig gefaßte Stuckdekoration des Wessobrunners Johann Schütz wurde bei der jüngsten Restaurierung in ihrer alten Pracht wiedergewonnen. Der Hochaltar von 1936 mit einem älteren Gemälde von Judas Thaddäus Sichelbein und Skulpturen des 18. Jahrhunderts ist neubarock.

Die Seitenaltarbilder von Sichelbein, die Kapellenaltäre von Schütz, die Ausmalung von Franz Anton Ehrler, das elegante Chorgestühl, vor allem aber Johann Wilhelm Hegenauers Kanzel mit ihrer munteren Puttenschar und den originellen Ovalreliefs in Rocaillekartuschen (Abb. 63, 64) sowie sein Taufsteinaufbau sind weitere Hauptstücke der Ausstattung. Über der Brüstung der linken Chorempore sind Teile des berühmten, von Franz Christoph Mäderl in Augsburg gefertigten Kißlegger Silberschatzes einzusehen. An einer Besichtigung interessierte Besucher finden in dem von außen zugänglichen Aufgang zur Empore entsprechende Hinweise.

Fischer war vermutlich auch der Baumeister der *Gottesackerkapelle St. Anna* nordwestlich oberhalb von Kißlegg: einer kleinen Kirche mit guter Dekoration und Ausstattung. Die feine Stuckarbeit mit Akanthusblüten und Laubwerk von Hans Herkommer verweist auf Wessobrunner Einfluß.

Wolfegg

Zum erstenmal taucht der Name Wolfegg um 1275 auf, aber das südwärts vom Schloß gelegene alte Dorf mit der ehemaligen Pfarrkirche St. Ulrich (›in der Pfarr‹) hängt vermutlich mit einer schon 350 n. Chr. bestehenden alamannischen Siedlung zusammen. In spätgotischer Zeit hatte Truchseß Hans von Waldburg eine ältere Burg zum Schloß ausgebaut. Nach einem Brand trat an dessen Stelle das jetzige *Renaissance-Schloß,* das zwar von den Schweden in Brand gesteckt, doch in den großenteils stehengebliebenen Mauern wiedererrichtet und im Innern dann barock beziehungsweise im Stil des Rokoko ausgestaltet wurde (Abb. 73). In den Schauräumen, zu denen an erster Stelle der riesige spätbarocke Rittersaal mit vierundzwanzig überlebensgroßen Rittergestalten der Herren von Waldburg gehört, werden eine große Waffensammlung, alte Möbel, spätgotische Tafelbilder, flämische Wandteppiche, Gemälde, astronomische Instrumente, Maße, Gewichte u. v. a. m. gezeigt. Nach einer Reihe schwerer Diebstähle sind allerdings die früher regelmäßigen Führungen eingestellt worden.

Ein kleines Kloster bestand in Wolfegg bis 1806. Die ehemalige *Stifts- und Schloßkirche* ist jetzt Pfarrkirche und hatte (ohne den 1906 erst angefügten Glockenturm) um 1740 einen von den Schweden ramponierten Vorläuferbau abgelöst. Sie ist in ihrer zentralräumlichen Wirkung und Einheitlichkeit das reifste Werk des allgäu-schwäbischen Baumeisters Johann Georg Fischer, der wiederum in dem Stukkateur Johann Schütz und dem Freskenmaler Franz Joseph Spiegler zwei vortreffliche Künstler zur Seite hatte. Der Farbenrausch und der Formenwirbel der Fresken beherrschen hier souverän den ganzen Raum. Ein anderer bedeutender Maler, der Niederländer und Rubens-Schüler Caspar de Crayer, schuf die Marienkrönung für den Hochaltar und das Gemälde des rechten Nebenaltars (Abb. 72), während das linke Nebenaltarbild mit ›F. Hermann 1737‹ signiert ist. Die Kanzel (Abb. 74) und der Kruzifixus mit der Mater dolorosa gegenüber bezeugen ein weiteres Mal die Meisterschaft Wilhelm Hegenauers;

eine sehr achtbare Arbeit ist auch das Chorgestühl des Sonthofeners Michael Bertele. Der Ochsenhausener Jakob Hör baute die Orgel mit ihrem großartigen zweigeschossigen, in drei Pfeifentürmen gipfelnden Prospekt.

Abgesehen von der Gruftkapelle für die Fürstlich Waldburg-Wolfegg-Waldsee'sche Linie unter der linken Chorseitenkapelle erinnern mehrere hervorragende Bildgrabmäler in der hellen, heiteren Kirche an Tod und Vergänglichkeit. Der Chorturm wird außen von zwei Sandsteindenkmalen für Truchseß Jakob (rechts), den Erbauer des Schlosses (Abb. 71), und Graf Ferdinand Ludwig (links), den Neuerbauer der Kirche, flankiert. Man übergehe nicht den hübschen Bau der ›Fürstlichen Hofapotheke‹ und schon gar nicht, falls ein Interesse in dieser Richtung besteht, das von Fritz B. Busch im ehemaligen Stalltrakt des Schlosses eingerichtete *Automobilmuseum,* das an Reichhaltigkeit und Aufmachung schwerlich zu übertreffen sein dürfte. Als weitere Attraktion Wolfeggs entsteht gegenwärtig ein Bauernhaus-Freilichtmuseum, das einmal fünfzehn Häuser umfassen soll.

Bad Waldsee

Entgegen der naheliegenden Vermutung waren es nicht die umgebenden Wälder, die dem zwischen Stadt- und Schloßsee gelegenen Moorbad Waldsee den Namen gaben, sondern der Begriff des Walschen, Wälschen oder Welschen, wie er in alten Urkunden begegnet und die Fremden meint, die sich hier niedergelassen hatten. Diese Fremden dürften in den Augen der Franken die mit einer keltischen Restbevölkerung vermischten Alamannen gewesen sein. Im 9. Jahrhundert bestand hier wohl ein zum elsässischen Weißenburg gehörendes Kloster, das wie der fränkische Herrenhof von den Ungarn zerstört wurde. Der nach Österreich abwandernde Ortsadel verkaufte sein Erbe 1331 an die Österreicher, die Waldsee als Pfandschaft vergaben, zuletzt an die Truchsessen von Waldburg. 1807 kam die Stadt an Württemberg.

Die Dominante im Stadtbild ist die *Kirche* des ehemaligen Augustiner-Chorherrenstifts St. Peter, die das Ergebnis mehrerer Umgestaltungen und Renovierungen seit 1479 und zuletzt einer weitgehenden Wiederannäherung an das barocke Erscheinungsbild des 18. Jahrhunderts ist. Damals war dem Bau die monumentale Schaufront der Doppelturmfassade Jakob Emeles vorgelegt worden. Was diese Fassade verspricht, hält der Innenraum nicht ganz. Da gibt es zwar viele schöne Einzelheiten, da tritt vor allem der mächtige Aufbau des Hochaltars von Dominikus Zimmermann ins Bild, in dessen Mitte wie auf einer Bühne die Marienkrönung geschieht, und auch einer der Nebenaltäre mit der von Rosenkranz-Medaillons und Putten umgebenen Jungfrau Maria sollte dem Besucher nicht entgehen. Aber alles in allem fehlt es doch ein wenig an der schwungvollen, mitreißenden Dynamik des Barock. Prunkstück ist das vergoldete Bronzetotenmal für den überlebensgroß dargestellten Truchsessen Georg I. von Waldburg (gest. 1467) an einer Wand im linken Nebenchor, eine der Spitzenleistungen

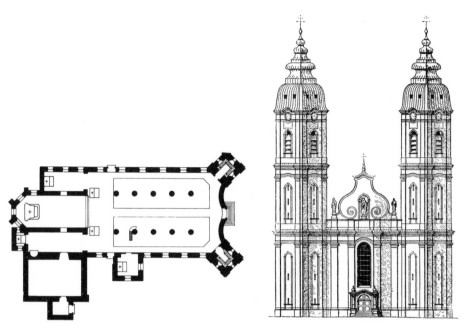

Bad Waldsee, ehem. Stiftskirche, Grundriß und Aufriß der Westfassade

spätgotischer Bildkunst von einem unbekannt gebliebenen Meister (Abb. 68). Bestattet ist Georg I. allerdings in Bad Wurzach. – Von den Gebäuden des aufgehobenen Stifts ist noch ein Teil erhalten und wird als Schule genutzt.

Unter den Profanbauten des charaktervollen Stadtbildes beherrscht das gotische *Rathaus* von 1426 mit seinem festlichen Fassadengiebel eindeutig die Szene (Abb. 67). Gleich gegenüber im Kornhaus zeigt das *Stadtmuseum* nicht nur Zeugnisse zur Geschichte und bürgerlichen Kultur der Stadt und des Umlandes, sondern auch eine Reihe bedeutender Skulpturen des 14. bis 19. Jahrhunderts. Eben dieses 19. Jahrhundert hat andererseits nicht weit davon den Bauten des alten *Spitals* eine seiner blutleeren Scheingotik-Fassaden vorgesetzt, während wiederum ein Stück weiter südwärts das viel schlichtere ehemalige *Franziskanerkloster* mit der Harmonie seiner Maße und Gliederungen um so stärker anspricht. Im Südosten hat das stattliche *Wurzacher Tor* als ziemlich einziges Überbleibsel des Stadtberings die Zeiten überdauert.

Westlich der Stiftskirche steht das im 18. Jahrhundert aus einer früheren Wasserburg hervorgegangene *Wasserschloß:* ein bemerkenswert maßvoller, fast klassizistisch zurückhaltender Barockbau. Das Schloß selbst verschließt sich der Begehung, nicht aber der weiträumige Park und auch nicht der Schloßhof, in den man von der Stadtseite her über eine Brücke gelangt, vorbei an zwei vorzüglichen Marmorstatuen der Maria Immaculata und des heiligen Nepomuk aus der Waldseer Werkstatt des Johann Georg Reusch.

Bleibt zu guter Letzt noch ein Besuch der 1471 entstandenen, später erweiterten *Frauenbergkapelle* auf einer Anhöhe über der Stadt an der Straße nach Ravensburg zu empfehlen, um hier in erster Linie den für die Bildhauerfamilie Zürn verbürgten Choraltar (mit einer Marienstatue des ausgehenden 15. Jahrhunderts in der Mittelnische) zu bewundern (Abb. 69). Auch der nördliche Nebenaltar soll ein Werk Hans Zürns sein, wird jedoch auch Georg Grassender zugeschrieben.

Bad Wurzach

Als Wurzach 1273 noch ›Wurzun‹ hieß, war es schon Territorium der Herren von Waldburg und wurde stärker noch als die anderen ›Waldburg-Orte‹ Waldsee, Kißlegg und Isny von dieser Herrschaft mitgeprägt. Das Schloß ist denn auch nicht von ungefähr Mittelpunkt und Hauptstück der historischen Stadt und des jungen Moorheilbades Wurzach. Vom *Alten Schloß* steht rechts im Ehrenhof noch ein Flügel mit der Kapelle, die das Sandsteingrabmal des Truchsessen Georg I., Vorbild für das Bronzedenkmal in Waldsee, birgt. Wo ursprünglich der Hauptaltar stand, befindet sich jetzt der Eingang zur neuen, auch im Stil modernen *Kollegskirche* von 1955/56 mit der Altarmensa von Otto Herbert Hajek und einem monumentalen Gemälde ›Maria Mater Salvatoris‹ von P. Ivo Schaible an der Chorwand.

Hier wie nebenan im *Neuen Schloß,* einer repräsentativen Dreiflügelanlage (1723–28), hat heute die Kongregation der Salvatorianer das Eigentum und die Räume für ihr Wurzacher Kolleg. Tagsüber jederzeit offen steht das repräsentative Rokoko-Treppenhaus (Abb. 75) mit seiner Vielfalt von Stufen, Geländern, Säulen und Galerien – ein Meisterwerk, dessen Urheber man so wenig kennt wie den Architekten des Schlosses oder auch nur den Maler des Deckenfreskos, einer Apotheose des Herkules, seines Lebens und seiner Aufnahme in den Olymp (Farbt. 31). Daß neben Johann Kaspar Bagnato und anderen auch Balthasar Neumann schon in der Diskussion um die Autorschaft stand, spricht zumindest für die baukünstlerischen Qualitäten, um deren Zuordnung es in diesem Falle geht.

Die katholische *Pfarrkirche St. Verena* ist ein Neubau von 1774–77 unter Einbeziehung des spätgotischen Turms der Vorläuferkirche. Wenn man weiß, daß neben dem örtlichen Baumeister Christian Jäger der herrschaftlich-wurzachische Architekt und Bauinspektor des Stifts Buchau, Jakob Willibald Ruez, in der Sache ein gewichtiges Wort mitzureden hatte, verwundert einen die frappierende Ähnlichkeit des Innenraums von St. Verena mit Buchau (s. S. 269) kaum: auch hier, in Wurzach, das dreischiffige, flachgedeckte Langhaus mit Emporen, eine ähnliche Wandgliederung, die gleiche Vorherrschaft des rechten Winkels, die selbe kühle Grundhaltung des französischen Klassizismus.

Wie in Buchau hat auch in Wurzach Andreas Brugger das große Deckengemälde des Langhauses (ein um den Triumph der Kirche als Grundidee kreisendes, ziemlich kompliziertes Bildprogramm) geschaffen. In einer Nische im Oberteil des zweigeschossigen Hochaltars fand eine Figurengruppe (Christus und der ungläubige Thomas) von Joseph Anton Feuchtmayer Platz. Interessant ist das räumliche Gegenüber der Kanzel und eines kanzelähnlich umbauten Erbärmdebildes von Johann Ruez, mindestens einen Blick wert auch das Grabmal der Truchsessin Helena von Waldburg im linken hinteren Seitenschiff (Abb. 70). Sie hatte 1512 das gleich nebenan gelegene *Schwesternhaus* ›*Maria Rosengarten*‹ für Franziskanerinnen gestiftet, jetzt Besitz der Armen Schulschwestern Unserer Lieben Frau, die hier ein Mädchenpensionat und ein Sanatorium betreuen. Die Schwester an der Pforte wird gern den Besuch der Kapelle im Obergeschoß erlauben, eines ganz entzückenden Rokoko-Juwels, in dem eigentlich nichts eine besondere Bedeutung hat, aber jedes Teil der Ausstattung mit dem anderen auf das vollkommenste harmoniert.

Um aber auch dies nicht unerwähnt zu lassen: Das von der Stadt nach Westen und Norden sich erstreckende, 16 km² große Wurzacher Ried ist als Landschaft wie als Lebensraum für Pflanzen und Tiere eines der schönsten, für den Riedwanderer erlebnisreichsten Naturschutzgebiete. Führung zu empfehlen!

Schloß Zeil (Leutkirch)

Der Weg von Bad Wurzach nach Leutkirch über Seibranz führt über den aussichtsreichen Höhenzug hinweg, von dem das Schloß Zeil weit ins Land hinein schaut. In seiner Geschichte spielen seit 1337 die Reichstruchsessen von Waldburg die Hauptrolle. Seit 1559 sind die mittelalterliche Burg und das um 1600 sie ersetzende Schloß Residenz und Wohnsitz der 1803 gefürsteten Linie Waldburg-Zeil. Der kraftvolle, um 1600 begonnene, im 19. Jahrhundert mit dem Nordwestflügel geschlossene Vierflügelbau zwischen Park und Wirtschaftshof bildet zusammen mit dem Stiftshof und der ehemaligen Stifts- und jetzigen Pfarrkirche Mariä Himmelfahrt (Abb. 82) eine wahrhaft fürstliche Siedlung, die ihre Besucher bis in den Innenhof mit seinem von einer Muttergottesstatue behüteten Brunnen, reich dekorierten Renaissance-Portalen und neuen Bronzetüren willkommen heißt. Nur der Zugang ins Schloß mit seinen wertvollen Kunstsammlungen ist besonderer Gelegenheit und Einladung vorbehalten.

Die erste Stiftsanlage war 1612 vollendet worden. Ihr jetziges Raumbild, über das sich eine Stimmung stiller Feierlichkeit gelegt hat, verdankt die Kirche im wesentlichen dem ausgehenden 18. Jahrhundert. Der Hochaltar mit seinem vorzüglichen Figurenschmuck ist ein reifes Spätwerk von Joseph Anton Feuchtmayer, während Jakob Bendel das üppig geschnitzte Chorgestühl schuf.

Leutkirch

Ihren Namen hat die 848 erstmals beurkundete Siedlung, die 1293 die Reichsrechte von Lindau erhielt und ihre später volle Reichsunmittelbarkeit bis zum Übergang an Bayern (1802) und Württemberg (1810) behielt, vom kirchlichen Mittelpunkt des damaligen Nibelgaus mit der ›Leutkirche‹ *St. Martin.* Auf die Gegenwart überkommen ist deren Neubau als dreischiffige Hallenkirche mit leicht überhöhtem Mittelschiff auf Rundstützen (1514–19), ein weiter, wohlproportionierter, obgleich merklich in die Breite drängender Raum. Schöne ornamentale Wirkung entfaltet das Netzrippengewölbe vor allem im Chor (mit einem Sakramentshaus von 1512). Die wiederholt erneuerte und offensichtlich abgemagerte Ausstattung ist im wesentlichen 19. Jahrhundert und mitverantwortlich für die insgesamt doch recht nüchterne Atmosphäre in diesem Gotteshaus.

Die evangelische *Pfarrkirche zur Heiligen Dreifaltigkeit* (1613–15) wurde Mitte des 19. Jahrhunderts neugotisch umgestaltet. Durch die in jüngster Zeit vorgenommenen Einbauten wurde der von Anfang an beabsichtigte protestantische Predigtsaal-Charakter vollends so betont, daß man sich auf den ersten Blick eher in einen profanen Mehrzweckraum als in ein Gotteshaus versetzt glaubt.

Inmitten stattlicher Wohnbauten, die auch an diesem Ort den schon vertrauten Eindruck behäbiger oberschwäbisch-reichsstädtischer Wohnkultur wiederholen, hat sich Leutkirchs Schmuckstück, das *Rathaus* (Abb. 76), herausgeputzt. Die pilaster- und giebelbesetzte Schauseite über der Bogenhalle, verspielte Rokoko-Stukkaturen an den Fenstern und ein zierliches Balkönchen sind der würdige Rahmen für locker dekorierte Innenräume und den von Johann Schütz dann um so verschwenderischer mit Stuckzier bedachten Ratssaal (Abb. 80).

In der Nachbarschaft erinnern das einstige Zunfthaus der Leinwandhändler, der sogenannte ›Neue Bau‹ von 1620, und das *Kornhaus* aus dem frühen 16. Jahrhundert an den Gewerbefleiß einer Zeit, in der die Patrizier die Möglichkeit und die Mittel zum Bau des wohlhabend bürgerlichen Leutkirch erlangten. Im Kornhaus hat die Stadt ein *Heimatmuseum* eingerichtet. Sein Angebot reicht von Steinzeitfunden über reichsstädtische und lokale Familiengeschichte, Handwerk und Zunftwesen, Wohnkultur, Bildhauerkunst und Malerei bis zu Werken des Leutkircher Bürgermeistersohnes, Arztes und Schriftstellers Hans Erich Blaich (Pseudonym: Dr. Owlglass; langjähriger Redakteur des ›Simplicissimus‹) und der 1900 in Leutkirch geborenen Schriftstellerin Dr. Maria Müller-Gögler.

Von der Stadtbefestigung steht noch – auf spätmittelalterlichem Unterbau – der *Bock- oder Blaserturm* (Abb. 76) des 17./18. Jahrhunderts (1957 wiederhergestellt), ferner der Runde Pulverturm von 1693.

Südöstlich der Stadt hat die ebenso einflußreiche wie zum Wohl Leutkirchs verdienstvolle Patrizierfamilie Furtenbacher 1636 das *Schlößchen Hummelsberg* errichten lassen. Der nämliche Johann Schütz aus Landsberg, der auch am Rathaus tätig war, schmückte den inzwischen noch mit einem anmutigen Gartenhäuschen (Kapelle) versehenen Landsitz um 1740 mit feinem Rokokostuck (jetzt St. Anna-Pflege).

Isny

Das anziehend im Talkessel der Ach (früher: Isenach, Eissna, Isne) gelegene Isny (Farbt. 36, Abb. 77) ist mehreres in einem: heilklimatischer Kurort, beliebter Wintersportplatz und vor allem eine städtebauliche Sehenswürdigkeit – doch welche der oberschwäbischen Reichsstädte ist dies eigentlich nicht? 1042 stifteten hier die Grafen von Altshausen-Veringen eine erste Kirche, 1096 ein Benediktinerkloster. Der jetzt sich entwickelnde Markt wird bald Stadt, aber zuvor schon war er als Pfandschaft an die Truchsessen von Waldburg gekommen. 1306 wird aus der Pfandschaft Kauf. Die Stadt schafft es, die Waldburger Besitzrechte abzulösen und 1365 Reichsunmittelbarkeit zu erlangen. Die Leinwandweberei und die Beteiligung am schwäbischen Fernhandel bringen auch Isny gesunden Wohlstand, der selbst die Verwüstungen des Dreißigjährigen Krieges schnell hinter sich bringen und jenen Wiederaufbau ermöglichen wird, dem das 1806 württembergisch gewordene Isny im wesentlichen sein heutiges Gesicht verdankt.

Die Stadt ist wohlerhalten alt (man weiß und sieht es), aber das quirlige Leben in ihr mutet einen geradezu erfrischend jung und gar nicht mit Patina behaftet an. Vielleicht liegt's am Klima. Einen Bezirk der Stille und Sammlung hat dieses Isny dort, wo die beiden Kirchen und das ehemalige Kloster, das jetzt Altenkrankenhaus der Stadt Stuttgart ist, eine kleine Welt für sich bilden. Um für einen Augenblick gleich bei den ehemaligen, nach einem Brand von Michael Beer neu konzipierten Klosterbauten zu bleiben, sind vor allem das im reinsten Geist des Rokoko gestaltete Refektorium und die *Marienkapelle* zu erwähnen. Letztere überrascht u.a. mit einer bemalten Kassettendecke, dem ehemaligen Chorgestühl der Klosterkirche und einem Hochaltar, der mit Konrad Hegenauer in Zusammenhang gebracht wird und in der Mitte eine Sitzfigur der Muttergottes im Weichen Stil der Jahre um 1430 birgt.

Die Marienkapelle ist von der ehemaligen Kloster- und jetzigen katholischen *Pfarrkirche St. Jakob und Georg* aus über einen Durchgang erreichbar, der vom vorderen südlichen Seitenschiff ausgeht. Das Hauptgotteshaus hat Giuliano Barbieri 1664–66 an die Stelle der abgebrannten mittelalterlichen Klosterkirche gebaut und mit der dreischiffigen Halle eine Bauweise der Spätgotik in die Sprache des Barock übersetzt, wobei die Flucht der hohen, schlanken Freipfeiler den Raum förmlich anzuheben scheint und ihm einen Zug ins Großartige verleiht. Entscheidend für die Fülle und festliche Bewegtheit dieses Kirchenraumes sind jedoch künstlerischer Schmuck und Ausstattung aus bester Hand: der Stuck, die prächtigen Rocaillekartuschen von Hans Georg Gigl, die Deckengemälde (u. a. eine Darstellung der Klosterstiftung im Mittelbild – Farbt. 35) wie auch die Malerei in den Kartuschen von Johann Georg Holzhey, Hochaltar, Nebenaltäre und Kanzel aus der Werkstatt von Jakob Ruetz und der Taufstein von Konrad Hegenauer.

Mit solcher Pracht verglichen, gibt sich die evangelische *Nikolaikirche* nebenan (einst Pfarrkirche des Benediktinerklosters) sehr viel schlichter, doch näher besehen ist sie ein zumindest ebenso harmonisch komponiertes, eher mehr noch verinnerlichtes ›Gesamtkunstwerk‹. Letzteres liegt vor allem an der herberen mittelalterlichen Atmosphäre des spätromanischen Langhauses, dem dann die späte Gotik den Chor mit einem der schönsten oberschwäbischen Netzrippengewölbe angebaut hat. Eine große Rolle spielt gewiß auch die Wärme des Holzes, das in der vornehm gegliederten und zurückhaltend verzierten Kassettendecke des Mittelschiffs wie an Decken, Täfelungen und Gestühl der Seitenschiffe, nicht zuletzt am frühbarocken Meisterwerk der Kanzel und am Deckel des Taufsteins die Kahlheit der Arkaden und Schiffswände mehr als nur neutralisiert. Die neue Verglasung der Chorfenster schufen Wolf-Dieter Kohler und Ursula Dethleffs; die lettnerartig in den Chorbogen eingefügte bronzene Kreuzigungsgruppe ist eine Arbeit von Ulrich Henn. Über der Sakristei liegt der um 1465 erstmals erwogene Bibliotheksraum, von dem man nicht genau weiß, wann er wirklich gebaut wurde. Jedenfalls besitzt Isny in ihm eine der ganz wenigen unversehrten *Kirchenbibliotheken* des Spätmittelalters – von der Bedeutung der zum Teil sehr wertvollen Buchbestände, Wiegendrucke und Handschriften einmal ganz abgesehen.

Mit einem Blick noch auf die zweigeschossige Ölbergkapelle zwischen den beiden Kirchen verlassen wir den geistlichen Bezirk und wenden uns dem *Rathaus* zu, in dem eine Dreiergruppe ehemaliger Bürgerhäuser aus der Renaissancezeit aufgegangen ist. Das große Staunen beginnt in der Erdgeschoß-Vorhalle angesichts des einer kraftvollen Säule aufruhenden Kreuzgewölbes. Es setzt sich fort auf dem reich ausgestatteten Vorplatz des ersten Obergeschosses und wird vollends zur Bewunderung im folgenden Geschoß, wo eine mit üppiger Stuckzier an Decke und Türen versehene Vorhalle (Abb. 78) in den Ratssaal mit seiner furnierten Kassettendecke und der edlen Täfelung geleitet. Das Paradestück ist hier ein mit allegorischen Darstellungen geschmückter Fayenceofen des Winterthurer Ofenbauers Abraham Pflaum von 1685 (Farbt. 34). An der Rathauspforte vermittelt man übrigens den Besucherwunsch, den normalerweise geschlossenen Ratssaal zu besichtigen, weiter.

In Isny ist der verhältnismäßig einfache Stadtbering zum größten Teil noch erhalten, u. a. auch das Wassertor im Norden mit Fresken des 15. und 16. Jahrhunderts. Der Blaserturm auf dem Marktplatz, der einmal mit dem 1731 abgebrannten Rathaus verbunden war, hatte die übliche Wächterfunktion.

Zum Schwäbischen Escorial

Biberach – Ochsenhausen – Gutenzell – Buxheim – Memmingen –
Ottobeuren – Maria Steinbach – Rot an der Rot – Biberach

Ziel und Höhepunkt dieser Rundreise ist die Klosteranlage von Ottobeuren, deren
übermächtige Dimensionen ihr den Beinamen ›Schwäbischer Escorial‹ eingetragen
haben. Genau genommen liegt sie schon ein Stück außerhalb des Gebiets, das Thema
dieses Buches ist, denn als die östliche Grenze Oberschwabens läßt man in der Regel
den Lauf der Iller gelten. Doch das heute bayerische Ottobeuren ist auf so vielfältige
Weise mit eingebunden in den ober- und seeschwäbischen Raum, sei es durch seine
Rolle als Eckpunkt in dem vielzitierten ›geistlichen Festungsdreieck‹ St. Gallen – Reichenau – Ottobeuren, sei es mit der Architektur seiner Basilika als der unmittelbaren
Fortsetzung des Zwiefaltener Konzepts von Johann Michael Fischer, daß es in einer
Übersicht wie der unseren einfach nicht fehlen darf. Und weil sie am Wege nach Ottobeuren liegen und erst recht ihre kunsthistorische Bedeutung dafür spricht, werden
auch die bayrisch-schwäbischen Orte Buxheim, Memmingen und Maria Steinbach
wenigstens am Rande noch in unsere Betrachtung mit einbezogen.

Biberach

Um gleich zum Kern der Sache, will sagen: der Stadt zu kommen, wird man schwerlich
umhin können, den Biberacher *Marktplatz* als einen der schönsten und behaglichsten
alten Marktplätze nicht nur des Schwabenlandes zu rühmen. Was steht da doch nicht
alles beieinander an breit hingelagerten Patrizier- und Zunfthäusern, an ausladenden
Fachwerkfronten und schmucken Barockfassaden, die wohnlich das weite, unregel-
mäßige Platzoval mit seinem schmückenden Renaissancebrunnen umschließen und
auch die Wunden gnädig decken, die manche neuere Bausünde dem alten Stadtbild
zuzufügen versuchte. Im Osten wird dieses bewegte Ensemble überragt von der
Stadtpfarrkirche St. Martin mit ihrem steilen Turm (Abb. 84), einem der wenigen, die
der Zahn der Zeit übrig ließ von den mehr als zwei Dutzend Türmen, wie sie ein Kupferstich von Merian Anno 1643 zeigte. Von der alten Stadtbefestigung sind noch das
wehrhafte Ulmer Tor im Osten, der 1854 erneuerte Gigelturm und der mächtige *Weiße
Turm* (Abb. 81) erhalten.

Blick auf Biberach. Nach einer Radierung um 1795

Als ›Bibra‹ erstmals 1082 in die Geschichte eintretend, staufischer Besitz bis zum Erlöschen des Kaisergeschlechts, Freie Reichsstadt seit dem Ende des 14. Jahrhunderts, patrizisch regiert und im Spätmittelalter dank einer rührigen Kaufmannschaft und der florierenden Tuchmacherei eine der reichsten Städte ganz Oberschwabens, hat Biberach die Chancen seiner Geschichte wahrhaftig genutzt und auch aus der Reformation und ihren Folgen noch das Beste gemacht: die Stadtpfarrkirche wurde 1649 und blieb bis heute die gemeinsame Kirche beider christlicher Konfessionen.

Wohlstand und Eintracht, die Konkurrenz dennoch nicht ausschlossen, ließen in Biberach auch das kulturelle Leben blühen. Seit 1655 gab es hier Schülerschauspiele, 1686 ist eine Theatergründung verzeichnet, initiiert von einer bürgerlichen Komödiantengesellschaft mit zunftartigen Einrichtungen, der wiederum der in Biberach aufgewachsene, hier von 1760 bis 1769 als Beamter und Senator tätige Christoph Martin Wieland die Grundlage für einen in der deutschen Theaterlandschaft jener Zeit einzigartigen Aufschwung zu verdanken hatte. Wieland brachte in Biberach erstmals in Deutschland Shakespeare auf die Bühne, von dem er nach und nach dreiundzwanzig Stücke übersetzte und bearbeitete. Doch um genau zu sein: Zu Wielands Zeit gab es in Biberach nicht nur die eine Theatergesellschaft, sondern schon längst deren zwei, eine evangelische und eine katholische, und die wiederum bekämpften sich mitnichten, sondern arbeiteten einträchtig zusammen, ja übernahmen sogar gegenseitig Rollen, wenn sie ein Stück allein nicht gut genug besetzen konnten. Paradiesische Zustände!

Übrigens hat Biberach nicht nur seinen großen Wieland vorzuweisen, sondern auch so respektable Köpfe wie Johann Baptist Pflug mit seiner berühmten Zeichenschule, den Tier- und Landschaftsmaler Anton Braith, in früherer Zeit den Barockmaler Johann Heinrich Schönfeld, den Komponisten Justin Heinrich Knecht und noch viele andere.

Um wieder auf das gebaute Biberach zurückzukommen, so ist sicher, daß die gotische *Stadtpfarrkirche* am Platz einer sehr alten Vorgängerin steht, nicht ganz so sicher dagegen, daß das heutige Mesnerhaus neben der Pfarrkirche einmal Gotteshaus war, obwohl die dort noch vorhandenen Gewölbe und wiederentdeckten Fresken es stark vermuten lassen. Der Bau des 14. und 15. Jahrhunderts, dessen Turm übrigens nach einem Blitzschlag 1584 wieder neu aufgerichtet werden mußte, wirkt nach außen schlicht, überrascht dann aber um so mehr im Inneren durch das Ergebnis der von Johann Zick geplanten und geleiteten Barockisierung, die die Arkadenpfeiler mit Pilastervorlagen umkleidete, Bögen und Gewölbe umgestaltete, den Chor (mit einem Kruzifix von Michael Zeynsler um 1517 im Bogenscheitel), jedoch nicht die großflächigen Wände des Hochschiffs mit Stuck dekorierte (Abb. 83). Erlebt haben

Biberach, Ehinger Tor, abgebrochen 1877. Lithographie von E. Emminger 1830

Biberach, Erinnerungstafel an den Kirchenbrand 1584, Hans Bamhauer, nach 1585

muß man das monumentale Langhaus-Fresko von Zick, das Szenen aus der Heilsgeschichte zu einer großartigen Komposition zusammenfügt, in zweiter Linie auch den Hochaltar mit der von Johann Georg Bergmüller gemalten Himmelfahrt Mariens und Joseph Esperlins Gemälde an den Hochschiffwänden.

Mit der Kirche schließen das *Neue* und im Hintergrund das *Alte Rathaus* den Marktplatz nach der einen Seite hin ab – das erstgenannte ein Gebäude mit hohen, von Türmchen besetzten Staffelgiebeln, das andere ein Fachwerkbau von 1432. Aus der Reihe ansehnlicher Bürgerhäuser und Klosterhöfe am Markt und in der Altstadt, von denen einige allerdings schon stark verfremdet wurden, ragen das ehemalige *Franziskanerinnenkloster* (jetzt Staatliches Hochbauamt und Amtsgericht) sowie das im frühen 13. Jahrhundert gegründete, im 15. und 16. Jahrhundert an der jetzigen Stelle neu gebaute *Heilig-Geist-Spital* bedeutsam heraus. Der weitläufige, um einen kreuzförmigen Innenhof gegliederte Gebäudekomplex des Spitals widerspiegelt schon in seinen Maßstäben die Wohlhabenheit einer Stiftung, die eine der reichsten im Lande war, und zu deren Besitz nicht weniger als siebenundzwanzig Dörfer gehörten. Hier haben in neuer Zeit die *Städtischen Sammlungen* mit dem Braith-Mali-Museum eine Bleibe gefunden; ihre Bestände reichen von frühgeschichtlichen und römischen Funden, griechischer Kleinplastik und Keramik über Heimatkunde und Kunsthandwerk bis zu einer erstaunlich gut bestückten Sammlung von Malerei (Abb. 79). Zum Spital gehören im übrigen auch zwei Kirchenräume, ein evangelischer und ein katholischer. Die evangelische Kirche besitzt in den Schlußsteinen der mit Stern- und Netzrippen gezierten Deckengewölbe, die u. a. die Werke der Barmherzigkeit bildlich darstellen, einen im Bodensee-Donauraum einzigartigen Schatz.

Wenige Kilometer nördlich von Biberach (an der Straße nach Ehingen) ist mit **Schloß Warthausen** eine gute Strecke Wegs im Leben und Wirken Christoph Martin Wielands verbunden, für den übrigens in Biberach selbst ein nach Vereinbarung zugängliches Archiv eingerichtet wurde (Marktplatz 17, Tel.: 073 51/5 13 07). Das Schloß auf dem westlichen Hochufer über dem Rißtal, das aus einer mittelalterlichen Burg hervorging, war seit 1695 von Österreich an die Reichsgrafen von Stadion verliehen und gehörte im 18. Jahrhundert dem kunstsinnigen Friedrich von Stadion, dem hochherzigen Gönner Wielands, der hier von seiner Freundin Sophie La Roche eingeführt worden war und sich in Warthausen erst vollends zu dem weltmännischen Schriftsteller entwickelte, der er war. Das Schloß, für sich allein schon eine Sehenswürdigkeit, birgt viele Erinnerungen an diese Zeit des ›Warthauser Musenhofs‹. Es ist vom 1. Juli bis 30. September täglich von 14 bis 18 Uhr, sonst sonn- und feiertags von 14 bis 17 Uhr und nach Vereinbarung (Tel.: 073 51/66 13) zu besichtigen.

Ochsenhausen

Auf dem Hügel, wo jetzt das ehemalige Benediktinerkloster den Turm seiner Kirche schlank wie einen Finger dem Himmel entgegenstreckt, soll vordem ein Frauenkloster gestanden haben, das von den Ungarn zerstört wurde. Die flüchtenden Frauen hatten, so berichtet die Legende, auf freiem Felde ihren Klosterschatz vergraben, den ein Ochse vor dem Pflug hundert Jahre später mit einem Fußtritt wieder freigelegt habe. Ein welfischer Ministeriale, Hatto von Wolperswendi, verstand dies als ein Zeichen Gottes und gründete ein neues Kloster, in das Benediktinermönche aus St. Blasien im Schwarzwald einzogen. Klosterweihe war 1093.

1391 wurde Ochsenhausen selbständige Abtei und erhielt 1495 Reichsunmittelbarkeit, nachdem das Kloster schon seit 1343 unter dem Schutz der Reichsstadt Ulm gestanden hatte. Die Säkularisation zerstörte ein mönchisches Gemeinwesen, in dem sich Künste und Wissenschaften zu hoher Blüte entfaltet hatten. Heute dient ein großer Teil der *Klostergebäude* Schulzwecken und ist darum nur eingeschränkt zu besichtigen. Wem Zeit und Gelegenheit günstig sind, der sollte sich einen Einblick in die repräsentativen Räume und Stiegenhäuser der Prälatur, den Konventflügel und vor allem den Bibliothekssaal nicht entgehen lassen. (Führungen ab fünf Personen montags bis freitags 11 Uhr; Gruppen nach Vereinbarung, Tel.: 073 52 / 777.)

Von der Toreinfahrt und vom geräumigen Vorplatz mit der *Mariensäule* (Abb. 86) gelangt man unmittelbar zur ehemaligen Klosterkirche und heutigen katholischen *Pfarrkirche St. Georg* mit der eindrucksvollen barocken Fassade, die ihr 1725 vorgelegt wurde, und der ihr Erbauer Christian Wiedemann einen ausgeprägten Zug ins Elegante gab. Im barokisierten Innern (Abb. 85) ist gleichwohl der Charakter der spätgotischen Basilika aus den Jahren 1489–95 mit ihrer über den Chor- und Altarraum hinaus durchgehaltenen Dreischiffigkeit (ohne Querhaus) rücksichtsvoll bewahrt.

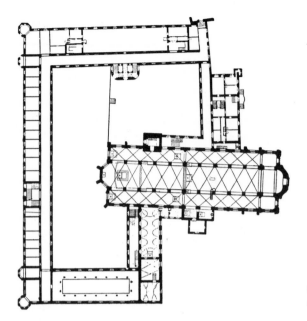

Ochsenhausen, Grundriß von Kloster und Kirche

Die Stuckornamente an Gewölben und Wandflächen schuf der Oberitaliener Gasparo Mola, wobei ihm das schwingende Gesimsband über den vorgesetzten Pilastern mit ihren blühenden Kapitellen und den gerahmten Reliefs von Aposteln und Heiligen dazwischen als eine durchaus originelle, in der Ausführung meisterhafte Erfindung anzurechnen ist. Die Gewölbefresken von Johann Georg Bergmüller im Hochschiff und von seinem Schüler Joseph Anton Huber in den Seitenschiffen sind verhältnismäßig einfach strukturiert, aber im Zusammenklang ihrer Themen aus Klostergeschehen, Heiligenleben und Heilsgeschichte akzentuieren sie doch ganz entscheidend das Raumbild. Ein Beispiel guten Rokokos ist der Hochaltar, eine gediegene Arbeit das Chorgestühl, ein kühner Wurf die Kanzel des Ägidius Verhelst (um 1740) mit einer Darstellung der letzten Entrückung von Ordensvater Benedikt auf dem Schalldeckel. Nebenaltäre mit Gemälden von Spiegler, Bergmüller und anderen sind künstlerisch so anspruchsvoll wie eine Kreuzigungsgruppe von Michael Zeynsler (um 1510) und eine ulmische Muttergottes des ausgehenden 15. Jahrhunderts (Farbt. 43).

Mit ihren 49 Registern, dem ersten freistehenden Spieltisch, einem prachtvollen Prospekt wie auch mit ihrer vielgerühmten Klangfülle und Klangschönheit ist freilich die Orgel des im Ort geborenen Joseph Gabler das reichste Ausstattungsstück der Ochsenhauser Kirche. Im Zuge einer im Sommer 1984 abgeschlossenen Generalsanierung der Klosteranlage, bei der in der Kirche u. a. die historisch unrichtige Fassung (Bemalung) der Wandflächen und Stukkaturen weitgehend zurückkorrigiert und der Altarraum neu gestaltet wurde, gelang eine Restaurierung dieser Orgel, bei der nicht nur der überwiegende Bestand an historischen Bauteilen erhalten blieb, sondern auch ein den Ergebnissen gewissenhafter Forschung entsprechendes Klangbild wiedergewonnen wurde. Außerhalb der Gottesdienste werden Besucher bis auf weiteres durch ein Gitter unter der Orgelempore auf Distanz gehalten.

Gutenzell (G.-Hürbel)

Der Klosterbezirk der Zisterzienserinnen von Gutenzell in dem stillen, abgelegenen Rottal ist einer der Orte in der oberschwäbischen Landschaft, an denen einer, wenn er sich ein wenig Zeit läßt, Ruhe und sich selbst wiederfinden kann. Freilich ist auch diese seit 1483 reichsunmittelbare Abtei ein Opfer der Säkularisation geworden und seither bis auf einige Wirtschaftsgebäude, die Kirche und das ihr angebaute, von Graf Toerring als Schloß wiederhergestellte Gästehaus verlorengegangen. Doch auf eine merkwürdige Weise umfängt diesen Platz eine Stimmung, als sei die Zeit von damals noch ein wenig stehengeblieben.

Die *Pfarrkirche St. Kosmas und Damian* ist einer der am reinsten erhaltenen Kirchenräume der Spätrokokozeit im Oberschwäbischen. Gleichwohl ist ihr Ursprung mittelalterlich, was unter anderem die Strebepfeiler am Chor anzeigen; auch die Arkadenreihe im Mittelschiff geht in der Substanz wohl noch auf den ersten Bau des 13. Jahrhunderts zurück, während das spätgotische Maßwerk am Ostchor einen anderen Abschnitt der architektonischen Entwicklung kenntlich macht. Ungeachtet der Brände, die Kloster und Kirche mehrfach heimsuchten, ist also noch ein gutes Stück Geschichte auch an dem heutigen, letztmals nach dem Dreißigjährigen Krieg wieder aufgerichteten Bau erhalten geblieben.

Gleich beim Eingang, in einer Kapelle auf der Südseite, ziehen zwei wertvolle mittelalterliche Holzstatuen von Kosmas und Damian sowie ein Bronze-Kruzifix auf dem Marmorepitaph der ›Jungfrow Gret Beßerin‹ die Aufmerksamkeit auf sich. Zu den älteren Ausstattungsstücken gehört auch eine Pietà (um 1420). In der Zeit bald nach

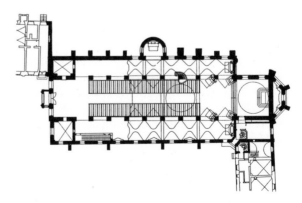

Gutenzell, ehemalige Klosterkirche, Grundriß

der barocken Umgestaltung entstand die Ölbergdarstellung eines der Söhne des Ägidius Verhelst in der gegenüberliegenden, nördlichen Kapelle.

Von dem hellen Hauptraum geht der Eindruck einer heiteren Leichtigkeit aus, obwohl die Architektur der Mittelschiffwände eher schwerfällig wirkt (Abb. 88). Das Erstaunlichste ist, wie Dominikus Zimmermann, dessen einzige Tochter Franziska 1737 bei den Gutenzeller Klosterfrauen aufgenommen und 1759 Äbtissin wurde, ohne radikalen Eingriff in die zuvor von Gotik und Renaissance beherrschte Architektur sein Konzept der auf eine Hauptkuppel zentrierten Längsgliederung des Mittelschiffs verwirklichte. Dabei beschränkten sich die stärker eingreifenden Veränderungen im wesentlichen auf die geschweifte ›Baßgeigenform‹ der Fenster im Hochschiff und die flachgesprengten Wölbspiegel der Decke.

Beherrschend sind die Fresken von Johann Georg Dieffenbrunner an der Decke und den Hochwänden. Den Hochaltar mit den bereits frühklassizistischen Monumentalfiguren der beiden Kirchenpatrone sowie der Heiligen Benedikt und Bernhard entwarf Zimmermann, während Franz Xaver Feuchtmayer und sein Schwiegersohn Jakob Rauch mit ihren Stukkaturen das schöne Raumbild von Gutenzell entscheidend mitgestalten halfen. Eine ihrer köstlichsten Erfindungen ist die Kanzel mit ihrem von anmutig schwebenden Engeln und Putten getragenen Korb (Abb. 87) und dem figurativ in üppige Bewegung versetzten Schalldeckel, dessen Draperie unmerklich in die Himmelszone überzugehen scheint. Das Vorbild der Kanzel von Verhelst in Ochsenhausen wurde hier noch mehr ins Illusionistische gewendet.

Wenn auch manches andere Kunstwerk hier übergangen werden muß, darf doch die eine Gutenzeller Berühmtheit nicht unerwähnt bleiben, um derentwillen in der Weihnachtszeit bis Anfang Februar ungezählte Menschen hierher pilgern. Es ist dies eine der schönsten *Barockkrippen* Süddeutschlands mit etwa zweihundert bis zu 60 Zentimeter hohen Figuren. Sie sind mit kostbaren Brokatgewändern aus den Gutenzeller Paramentenstuben bekleidet und werden zu Bildern arrangiert, als wär's eine barocke Operninszenierung.

Buxheim

Die mit dem Mönchschor bis in die Zeit um 1300 zurückreichende, von Dominikus und Johann Baptist Zimmermann barock umgestaltete *Kirche des ehemaligen Kartäuserklosters* (Abb. 94) war durch den Kreuzgang, der wie ein Tunnel den Raum durchquerte, in Mönchs- und Brüderchor geschieden worden. Im Lettner, dem Rest dieses 1956 durchbrochenen Durchgangs, klingt noch die Gotik nach. Unter den Altären hat der mächtige Hochaltar von 1630/40 mit dem später eingesetzten Bild der Himmelfahrt Mariens von Johann Baptist Bergmüller besonderen Kunstwert. Der reichste Teil der Ausstattung ist indes das Chorgestühl von Ignaz Waibl (um 1700), eines der prachtvollsten Werke süddeutsch-barocker Bildhauerkunst. Es war nach der Säkularisation nach England gelangt, wurde 1980 vom Regierungsbezirk Schwaben zurückgekauft und kehrt seither Teil für Teil nach gründlicher Restaurierung an seinen angestammten Platz zurück. Weitere Sehenswürdigkeiten im ehemaligen Klosterbezirk sind u. a. die kleine, von den Brüdern Zimmermann zu einem Glanzstück reifen Rokokos gestaltete *St.-Anna-Kapelle* in der Nordwestecke des Kreuzgangs sowie das im Anschluß an eine historische Mönchszelle von 1402 eingerichtete *Deutsche Kartausenmuseum* zur Geschichte des Ordens von 1084 bis heute. (Geöffnet werktags 10–12 Uhr und 14–16 Uhr, sonntags 14–16.30 Uhr.)

Die *Pfarrkirche Unserer Lieben Frau* in Buxheim ist ein Frühwerk von Dominikus Zimmermann, architektonisch ein verhältnismäßig unbedeutender Saalraum, der jedoch durch seinen Schmuck eine Atmosphäre heiterer Festlichkeit mitbekam und unter anderem eine überlebensgroße Muttergottes aus Ton (um 1430) birgt.

Memmingen

In der alten bayrisch-schwäbischen Reichsstadt Memmingen sind unter den Kirchenbauten die spätgotische Pfarrkirche St. Martin und die gleichfalls ins 15. Jahrhundert zurückreichende Frauenkirche mit ihrer 1891 aufgedeckten Ausmalung die bedeutendsten Denkmäler. Ein Prachtbau ist das Rathaus von 1589 und 1765 mit seinem dreifachen Erker an der Stirnseite, ein anderer das Steuerhaus (Abb. 90) mit seinen zum Markt hin geöffneten Arkaden. Zahlreiche charaktervolle Bürgerhäuser aus alter Zeit prägen das noch von einem ansehnlichen Rest des alten Berings umschlossene und mit Bedacht gepflegte Stadtbild.

Ottobeuren

Zehn Jahre nach dem Tod des heiligen Bonifatius, 764, wurde ›Uttinburra‹ als Stiftung eines alamannischen Adelsgeschlechts im Tal der Günz gegründet. Karl der Große beschenkte sie mit ausgedehnten Ländereien, aus denen ein kleines selbständiges Staatsgebiet entstand, ein in eigener Zuständigkeit verwaltetes Reichsstift, das mit seinen Untertanen als ›gefreit‹ galt, ledig der Pflicht, Soldaten- oder Kriegsdienste zu leisten. Zu den bedeutenden Persönlichkeiten, die dieses Gemeinwesen leiteten, gehörte auch der heilige Ulrich, der spätere Bischof von Augsburg.

Die Ottobeurer Frühkirche war dem römischen Märtyrer Alexander geweiht. 1068–1126 werden Kloster und Kirche neu gebaut. Eine erste große Blütezeit Ottobeurens bricht an, die einerseits zur Filialgründung einer Benediktinerabtei in Marienberg (Südtirol) führt, andererseits eine Schreibschule entstehen läßt, deren Texte und Buchmalereien – unschätzbar an Wert – sich heute in vielen deutschen und ausländischen Bibliotheken befinden.

Über das Ungemach von Feuersbrünsten und Neuanfängen hinweg blieb Ottobeuren eine der einflußreichsten mittelalterlichen Pflegestätten von Künsten und Wis-

Ottobeuren, zweite Klosterkirche, um 1180. Aus dem Collectarium Ottenburanum; Maiestas Domini Evangeliar aus Ottobeuren

senschaften. Von 1509 an leitete Pater Nikolaus Ellenbog aus Biberach eine der ersten Klosterdruckereien. Eine frühe klostereigene Universitätsgründung ging zwar im Schmalkaldischen Krieg wieder unter, aber dafür kam es 1612 zur Einrichtung einer Haushochschule, 1617 zur Gründung eines akademischen Gymnasiums in Salzburg und in deren Folge – ebenfalls in Salzburg – zum Aufbau der ersten Benediktineruniversität 1623. Eine annähernde Vorstellung von dem Reichtum an Handschriften und Frühdrucken, die aus dem Kloster hervorgegangen waren und durch die Säkularisation, die das mönchische Leben in der Abtei allerdings nicht unterbrach, in alle Winde zerstreut wurden, vermittelt der Ottobeurer Bibliothekskatalog von 1577 in der Münchener Staatsbibliothek. Im übrigen hat Ottobeuren auch auf dem Felde der Musik, der geistlichen wie der weltlichen, und der darstellenden Künste Leistungen vorzuweisen, deren Beispiel und Einfluß weit über das Land hinaus reichten. Ein klösterliches Unikum: Ottobeuren hatte sogar sein eigenes Barocktheater!

Mit diesem Stichwort sind wir beim barocken Neubau von Kloster und Kirche angelangt. Von etwa 1730 an liegen Grundrisse für die Kirche vor, Entwürfe bedeutender Baumeister, unter ihnen Dominikus Zimmermann und Simpert Kramer. Als 1737 der Kirchenbau zögernd begonnen wird, geschieht es nach den Vorschlägen von Kramer, die jedoch Abt Anselm Erb noch einmal revidieren läßt. 1744 ist der von Joseph Effner neu bearbeitete Grundriß fertig, aber der Bau kommt erst von 1748 an zügig voran, nachdem ihn Johann Michael Fischer in die Hand nahm. Fischer läßt wesentliche Teile der Kramerschen Planung gelten, doch integriert er sie so souverän in sein eigenes Kon-

85 OCHSENHAUSEN Ehemalige Klosterkirche

86 OCHSENHAUSEN Vorplatz von Kloster und Kirche mit Mariensäule

87 GUTENZELL Ehemalige Klosterkirche, Kanzelkorb   88 GUTENZELL Ehemalige Klosterkirche ▷

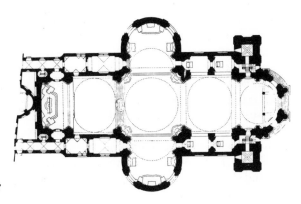

Ottobeuren, Klosterkirche, Grundriß

zept, daß die Ottobeurer Klosterkirche, eine der großartigsten Raumfolgen des deutschen Barock, am Ende dasteht als das Werk einer letzten reifen Meisterschaft, die Fischer von Diessen über Fürstenzell und Zwiefalten hierher geführt hat (Farbt. 37, 38). 1766 wird die von gewaltigen Kuppeln überwölbte, von zwei 87 m hohen Türmen flankierte Basilika geweiht.

Ein Heer von Kunsthandwerkern aus Bayern, Schwaben, Tirol und Italien war hier jahrzehntelang am Werk gewesen. Der Rocaillestuck und die Stuckplastik von Johann Michael Feuchtmayer (Farbt. 40), die Gewölbefresken von Johann Jakob Zeiller und seinem Bruder Franz Anton, die Altareinrichtung von Johann Joseph Christian (mit Zeillers groß angelegtem Dreifaltigkeitsbild über dem Hochaltar), das herrliche *Chorgestühl* (Abb. 91), das wie in Zwiefalten von Martin Hermann geschreinert und von Christian mit den in Lindenholz geschnitzten Reliefs versehen wurde: dies sind nur wenige Hinweise auf eine Bauschöpfung, die wie in Zwiefalten als eine den Raum und die Ausstattung nahtlos zusammenfassende Einheit erlebt und verstanden werden will. Auch die beiden mit ihren Prospekten in das Chorgestühl integrierten Orgeln von Karl Riepp gehören dazu. Sie sind nicht nur wegen ihrer majestätischen Klangfülle und sprühenden Farbigkeit, sondern auch als die solidest gebauten *Barockorgeln* berühmt. (Die Prospektprinzipale sind aus nahezu reinem Zinn.) Riepps ursprüngliche Absicht, noch eine Hauptorgel auf der rückwärtigen Empore zu bauen, ließ sich zu seiner Zeit nicht mehr verwirklichen. Erst eine Stiftung des Kulturkreises im Bundesverband der Deutschen Industrie machte es möglich, das damals Versäumte nachzuholen. Die neue Steinmeyer-Orgel von 1957 lehnt sich an die von Riepp vorgesehene Disposition an, hat diese jedoch um eine Reihe von zusätzlichen Klangelementen erweitert und bereichert. Um aber neben all den großen Ottobeurer Eindrücken die kleinen Kostbarkeiten nicht zu übersehen, sei hier wenigstens noch auf den ausdrucksvollen romanischen Kruzifixus am Kreuzaltar unter der Vierung hingewiesen.

Die um drei Innenhöfe angeordneten Klostergebäude sind mit ihren 250 Zimmern, zwanzig Sälen und Hallen, mehreren Kapellen, sieben Stiegenhäusern und fünf

Prachtaufgängen eine der größten deutschen, ja europäischen Klosteranlagen (Abb. 89). In den Grundzügen ist sie von Pater Christoph Vogt disponiert worden. Die Namen von Simpert Kramer als Baumeister, von Johann Jakob Herkomer und Andrea Maini als Mitarbeiter sind in den Bauakten verzeichnet. Künstler und Kunsthandwerker wie Johann Baptist Zimmermann, Johann Kaspar Radmiller und Johann Michael Feuchtmayer beteiligten sich an der Ausstattung. Ein Teil der Konventgebäude ist, getrennt von den übrigen, nach wie vor Benediktinerkloster, dem ein Abt vorsteht, ein anderer Teil hat die Schulräume und das Internat eines Gymnasiums aufgenommen. Die schönsten und repräsentativsten Zimmer und Säle aber, darunter auch die *Bibliothek* (Farbt. 39), das Theater und der Kaisersaal, sind der Besichtigung zugänglich und als eines der reichhaltigsten Museen der Region eingerichtet. Sein Besuch ist sehr zu empfehlen.

Maria Steinbach

Die erste Kirche der dem Prämonstratenserstift Rot an der Rot als Pfarrhof einverleibten Siedlung Maria Steinbach (kürzester Weg von Ottobeuren aus über Wolfertschwenden und Grönenbach) ist 1181 erstmals urkundlich belegt. Dem spätgotischen Neubau nach 1510 folgte schon 1746–53 ein weiterer, um Platz zu schaffen für eine Marienwallfahrt, die nach einer Wundererscheinung am Marienbild der Kirche eingesetzt hatte.

Schon das äußere Bild des mit einer schwungvollen Fassade und hübschen Ziergiebeln geschmückten Gotteshauses ist vielversprechend (Abb. 92). Drinnen begegnet dann reifes Spätrokoko, ein feines, von hellem Licht durchflutetes Raumgebilde, das sich an das Vorarlberger Wandpfeilerschema anlehnt (Abb. 93). Doch in der Gewölberegion, wo über dem Hauptraum eine einzige große Spiegeldecke eingezogen wurde und die Quertonnen vor dem Chor leicht schräg gestellt sind, erscheint die Längsorientierung zum Oval umgedeutet, das die Gemeinde gleichsam wie mit einer Schale umschließt.

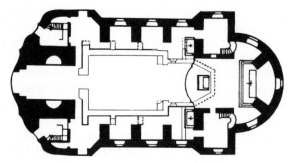

Maria Steinbach, Grundrisse der gotischen und der barocken Kirche

Wessen Leistung diese interessante Verschleifung zweier Raumideen war, ist in Ermangelung entsprechender Aufzeichnungen bis heute nicht zweifelsfrei geklärt. Der stilistische Befund verweist auf Johann Georg Fischer und Dominikus Zimmermann. Zwar gilt nach neuesten Aktenfunden Pater Benedikt Stadelhofer, langjähriger Pfarrer in Steinbach und späterer Abt von Rot, als der federführende Architekt, doch um so mehr könnte dann Zimmermann, der für die Prämonstratenser auch Steinhausen und die Wies gebaut hatte, als Begutachter und Bearbeiter eines schon vorhandenen Plans tätig gewesen sein. Die Stuckarbeiten leitete Johann Georg Übelhör unter Mitarbeit von Franz Xaver Schmuzer aus Wessobrunn. Franz Xaver Feuchtmayer führte sie nach Übelhörs Tod zu Ende. Die Fresken und Altargemälde Franz Georg Hermanns sorgten vollends für das festliche Gewand der Steinbacher Wallfahrtskirche.

Rot an der Rot

Der Name dieses ersten schwäbischen Prämonstratenserklosters, früher meistens als ›Mönchsrot‹ gebraucht, rührt von Waldrodungen in der abgelegenen, auch heute noch recht einsamen Gegend des oberen Rottals her. Rot war bis 1381 ein Doppelkloster, das 1140 schon zweihundert Mönche und vierzig Schwestern zählte, Mutterkloster mehrerer Filialen wurde, Reichsfreiheit erlangte und ungeachtet der Wechselfälle seiner Geschichte noch gegen Ende des 18. Jahrhunderts Lebenskraft genug für einen Neubau hatte, bevor es vom Schicksal der Säkularisation ereilt und 1806 württembergisch wurde.

Es war übrigens der letzte Klosterkirchenbau in Schwaben, wenn nicht in ganz Süddeutschland. Dabei verdankt er seine Existenz nicht einmal irgendeiner Art von Notwendigkeit, sondern allein dem von den vielen schönen Kirchen ringsum angestachelten, gegen alle Widerstände des eigenen Konvents behaupteten Bautrieb des Abtes Mauritius Moritz von Biberach. Nach dessen Tod (1782) führte sein Nachfolger Willebold Held von Erolzheim das Begonnene wohl oder übel fort und setzte von 1783 an ein neues Langhaus an das hundert Jahre ältere Turmpaar und an einen 1777 begonnenen Chorbau. Als Architekt fungierte er selbst, holte sich seine Kenntnisse aus der Literatur zusammen und überließ es dem Klosterschreiner, seine Gedanken in Zeichnungen und Modellen festzuhalten. Erst nach dem Einsturz eines Gewölbes schien es dem Bauherrn doch ratsam zu sein, sich fachmännischer Beratung zu versichern.

Helds Gedanken müssen sich, wie zu sehen ist, des öfteren in Obermarchtal aufgehalten haben, und doch sind beide Bauten nur sehr bedingt miteinander vergleichbar, denn die Zeit war ja inzwischen ein Jahrhundert weitergegangen und ließ jetzt in Rot eine Art Zwitter entstehen: eine Kirche auf barockem Grundriß im klassizistischen Gewand.

Ungeachtet des geschweiften Giebels über der durch vier toskanische Pilaster gegliederten Westfassade (mit einer Statue der Kirchenpatronin Verena in der Mittelnische)

beherrschen das äußere Bild einfache, klare Linien, eine fast schon nüchterne Zurück-
haltung. Drinnen regieren Helle und majestätische Weite das einheitliche Raumge-
füge, in dem das Wandpfeilerschema, variiert nach Obermarchtaler Vorbild, wiedererscheint und ein Nachklang des Barock durchaus noch fühlbar bleibt. Doch das Regi-
ment haben klassizistisches Denken und Formempfinden unwiderruflich übernommen – auch und gerade in der Übergangszone zwischen Langhaus und älterem Chorbau, der vom flach überkuppelten Mönchschor gebildet wird.

Die Stuckierung Franz Xaver Feuchtmayers mit antikischen Pilastern, Kassetten und
Gebälkbändern, die die Architekturelemente hervorheben, folgt der neuen Linie, und
nicht einmal die Fresken von Januarius Zick machen da eine Ausnahme. Auch wenn sie
in der malerischen Konzeption dem Rokoko noch verhaftet· blieben, sind sie doch
übersichtlicher geworden, meiden sie Überladung, mäßigen den Illusionismus und
lassen das Gewölbe wieder Raumdecke sein, statt es ins Unendliche zu öffnen. Zicks
schönstes Bild in Rot ist wohl die Himmelfahrt Mariens über dem Mönchschor, in dem
sich übrigens eine recht drastische Stilüberschneidung ergeben hat: Dem ganz vortreff-
lichen, noch in den Formen des Hochbarock schwelgenden Chorgestühl sitzt die Chor-
orgel von Johann Nepomuk Holzhay mit ihrem klassizistischen Prospekt unmittelbar
auf. Holzhay baute auch die zweiteilige Hauptorgel. Den gewaltigen Baldachinaufbau
des Hochaltars und einen Teil der Nebenaltäre schufen Franz Xaver und Simpert
Feuchtmayer. Von der linken Chorseite aus hat der Besucher Zugang, wenn auch nicht
Zutritt zur Sakristei, deren meist geöffnete Tür Einblick gewährt in einen Raum mit
hervorragend stuckierten Gewölben und reich ausgestattetem Holz- und Schrankwerk.

Trotz des Abbruchs eines Teils der Klostergebäude vermittelt der verbliebene Rest
noch eine anschauliche Vorstellung von der Großzügigkeit und Weitläufigkeit der
ganzen Anlage (Abb. 95), in die von Westen her ein bemalter Torturm führt.

Einen Besuch wert ist auch die außerhalb des Dorfes gelegene Friedhofskirche (um
1740), vor allem wegen ihrer Ausmalung und des Baldachinaufbaus über dem Hochaltar, der ein in duftigstes Ornament aufgelöstes Gebilde ist.

Donauland um Oberschwabens heiligen Berg

Biberach – Bussen – Riedlingen – Heiligkreuztal – Unlingen – Zell – Zwiefalten – Obermarchtal – Munderkingen – Biberach

Auf dem Wege von Biberach (s. S. 199) nach Riedlingen übernimmt schon von weitem die von einer Kirche überragte Bergkuppe des Bussen die Rolle des Wegweisers. Wenn man sich dann noch hinter Uttenweiler in Richtung Offingen orientiert, ist ›Der heilige Berg Oberschwabens‹ nicht mehr zu verfehlen.

Der Bussen (Uttenweiler-Offingen)

Dies ist ein uralter Platz der Verehrung des Höchsten und Heiligen, lange bevor das Christentum in Oberschwaben verbreitet wurde. Wäre er es nicht gewesen, dann hätte man die erste, in frühester christlicher Zeit für viele Ortschaften der Umgebung errichtete Kirche (vor 805) mit Sicherheit nicht so unbequem auf einen Berg hinaufgestellt, der freilich auch einer der herrlichsten Aussichtspunkte im ganzen Land ist. Daß es hier oben nacheinander mehrere Burgen gab, von denen eine 1280 von den Habsburgern erworben und die letzte im Dreißigjährigen Krieg trotz der Befestigung des Berges bis auf den stehengebliebenen Bergfried zerstört wurde, ist eine andere Sache.

Geblieben ist die zuletzt 1516 – teils aus Steinen der ehemaligen Vorderburg – erbaute Wallfahrtskirche, original allerdings nur noch der Chor, während Turm und Schiff erneuert wurden. Das Hochaltarbild verweist auf das 15. Jahrhundert, das Vesperbild ist die Kopie eines durch Brand beschädigten spätgotischen Gnadenbildes. Sein Wert hat keine entscheidende künstlerische Dimension, sondern beruht viel mehr auf jahrhundertelanger Verehrung.

Riedlingen

Das altertümliche anheimelnde Stadtbild macht Riedlingen (Farbt. 50) zu einer der reizvollsten unter den Donaustädten zwischen Ulm und Sigmaringen, auch wenn sie zu Zeiten am Verkehr zu ersticken droht. Die Grafen von Veringen, Stadtgründer Anno 1255, hatten sie gegen 1300 den Habsburgern überlassen, die sie mehrmals verpfändeten, die längste Zeit – von 1384 bis 1680 – an die Truchsessen von Waldburg. Spahr äußert in diesem Zusammenhang die Überzeugung, daß die Entwicklung Riedlingens zu seiner baulichen Pracht und Vielfalt letztlich den Waldburgern zu verdanken sei.

Die *Pfarrkirche St. Georg* ist etwa um die Mitte des 14. Jahrhunderts als Basilika konzipiert, später erweitert, der Chor gewölbt, die Basilika durch Erhöhung der Seitenschiffmauern zu einer ›unechten‹ Halle umgewandelt worden – ob immer zum Vorteil des Raumbildes, mag dahingestellt bleiben. Die Kirche muß auch einmal prächtig geschmückt gewesen sein, wie Reste von Wandmalereien vermuten lassen. Heute macht sie einen eher nüchternen und, was die stilistische Vielfalt der Ausstattung betrifft, auch ein wenig irritierenden Eindruck. Zwei wertvolle spätgotische Schnitzwerke entschädigen allerdings dafür: in einer Steinnische eine kleine Pietà, die für Michael Erhart spricht, und an anderer Stelle eine ›Anna Selbdritt‹, die neuerdings Michael Zeynssler zugeschrieben wird.

Ein Schmuckkästchen hat Riedlingen andererseits in der *Weilerkapelle* der Vierzehn Nothelfer in der Weilervorstadt. Da ist Barock auf eine ebenso einheitliche wie originell rustikale Weise Trumpf, da stimmen die Teile der Ausstattung zusammen und fügt sich auch eine schöne gotische Madonna am linken Seitenaltar ganz zwanglos in den barocken Akkord mit ein. U. a. waren hier die beiden Bildhauer Georg Anton Machein und Franz Joseph Christian am Werk.

Ein stolzer Bau ist das von Staffelgiebeln bekrönte *Rathaus* von 1450/1586, in dessen drei Geschosse große dreischiffige Hallen auf Holzstützen eingebaut waren. In den oberen Stockwerken sind diese Hallen später durch Trennwände unterteilt worden. Im ehemaligen Spital befindet sich ein *Heimatmuseum,* das u. a. eine beachtliche Sammlung von Skulpturen und auch von Hinterglasbildern besitzt. Selbstverständlich ist gerade in diesem Museum auch der in Riedlingen beheimatete Barockbildhauer Johann Joseph Christian, der berühmteste dieses Namens, würdig vertreten.

Zu guter Letzt: Von der oberschwäbischen Fasnet, der Fastnacht, hätte mehrfach schon die Rede sein können, ja müssen. Doch so ziemlich das Urtümlichste an Brauchtum hat sich im *Riedlinger ›Gole‹* (Abb. 107), dem Riesen Goliath, personifiziert, dessen Narrenbrut vom Mittwoch vor dem ›Schmutzigen Donnerstag‹ bis zum Fastnachtsdienstag ihr Unwesen treibt – und vor welch einer Kulisse! Zeitweise drängen sich in dieser närrischen Woche 40 000 und noch mehr Menschen in den engen Straßen; da schüttelt sogar der österreichische Adler am Zwiefalter Tor manchmal verwundert den Kopf.

Heiligkreuztal (Altheim)

In der anmutigen Hügellandschaft eines Seitentals der Donau, nahe bei Riedlingen, ist Heiligkreuztal ein gutes Beispiel für heutige Vorstellungen von einer mittelalterlichen ›Klosterstadt‹ (Abb. 96), dem freilich ebensowenig wie anderen Klöstern der Niedergang nach der Säkularisation erspart blieb. Dem nach dem Zweiten Weltkrieg immer rascher fortschreitenden Verfall begegnete das Land Baden-Württemberg zunächst

mit der Restaurierung des von der katholischen und der evangelischen Kirchengemeinde brüderlich in Obhut genommenen ›Münsters‹, wie die Klosterkirche von alters her
heißt. Zu einem späteren Zeitpunkt übernahm es auch die Wiederherstellung eines
Teils der Klausurgebäude und des Kreuzgangs.

Inzwischen aber hatte Heiligkreuztal noch von ganz anderer Seite Hilfe erhalten.
Die 1948 gegründete Stefanus-Gemeinschaft erwarb 1972 die etwa 16 Hektar große
Klosteranlage innerhalb der Klausurmauern mit Ausnahme des im Landesbesitz ver-
bliebenen Münsters und setzte ein imponierendes Aufbauwerk in Gang, an dem sich
neben dem engeren Kreis der Stefanus-Freunde viele Förderer mit Geldspenden oder
Sach- und Arbeitsleistungen beteiligen. Erneuert sind seither u. a. Amtshaus, Herrenhaus, Apotheke, Klausurgebäude, Äbtissinnenbau und einige kleinere Bauwerke.
Vortrags- und Gruppenräume für eine zeitnahe offene Bildungsarbeit wurden geschaffen, zwei Hauskapellen, zwei Bibliotheken, ein kleines Museum und eine interne
Gaststätte eingerichtet, um mit dem alten Kloster einen neuen Ort der freundschaft-
lichen Begegnung, des Gebets und der Besinnung, der Menschenbildung und Erho-
lung wiedererstehen zu lassen. Zusätzliche Einrichtungen insbesondere für die Jugend
sind derzeit im ›Langen Bau‹ in Arbeit.

1227 oder bald danach waren Schwestern aus dem nahegelegenen Altheim hierher
gezogen, hatten die Regel der Zisterzienser angenommen und feierten 1256 die Weihe
von Kloster und Kirche. Eine Reihe von Umbauten folgte, doch von den spätromanischen Anfängen über die entscheidende hochgotische Bauperiode bis zur nachhaltig in
die Klosteranlage eingreifenden Spätgotik und Frührenaissance sind die Spuren des
Werdens von Heiligkreuztal über die Zeiten des Niedergangs hinweg deutlich ablesbar
geblieben.

Geblieben ist auch der dreischiffige, seit 1532 voll eingewölbte Baukörper des *Münsters* mit seiner nur durch ein hohes gotisches Mittelfenster unterbrochenen Ostwand
und einem schlichten Dachreiter anstelle eines Turms – Zeichen zisterziensischer Be-
scheidenheit und Demut. Im Innern erweist sich das Mittelfenster im durchscheinen-
den Tageslicht als eines der schönsten Beispiele oberrheinisch-seeschwäbischer Glas-
malerei. Es wird einem Konstanzer Meister zugeschrieben (vor 1312).

Ein anderer kostbarer Besitz Heiligkreuztals ist in einer Nische des Altarraums ein
etwa 1310 von einem Konstanzer Bildhauer geschaffenes Schnitzwerk aus Lindenholz
in einer zwar nicht originalen, aber doch alten, in die Barockzeit zu datierenden Fas-
sung: eine Christus-Johannes-Gruppe, die meist als ›*Johannesminne*‹ bezeichnet wird
(Umschlagklappe vorn). Es gibt in der Kunst wenig Vergleichbares, das eine solche
Einheit von Vertrauen, Innigkeit, Liebe, Geborgenheit so sinnfällig in der Sprache der
Gebärden ausdrückt und zugleich begreiflicher gemacht hätte, was es mit dem Wort
›Einer muß wachen‹ auf sich hat.

Von ähnlichem künstlerischem Rang, wenn auch von anderer, mehr ländlich-ein-
facher Art ist eine Skulpturengruppe im südlichen Seitenschiff: der kreuztragende
Christus mit Simon von Cyrene, ein Bildwerk, das wohl um 1450 bis 1460 entstand

und auf Hans Multscher oder seine Werkstatt zurückgeht. Die frühbarocke Plastik an dem durch neuere Leihgaben bereicherten Bestand von Altären stammt meistens von Melchior Binder, so am Bernhard-Maria-Altar mit einer Skulptur der stillenden Gottesmutter am Ölberg-Altar, an Teilen des Rosenkranz- und des Heilig-Familie-Altars. Der Kerker-Christi-Altar im rechten Seitenschiff verweist auf Johann Baptist Hops. Hochbedeutend sind Wand- und Deckenmalereien des ›Meisters von Meßkirch‹ (um 1533) in Gewölbefeldern, am östlichen Pfeilerpaar, am Chorbogen und vor allem in dem mit einem Freskenzyklus überdeckten Chor. Aus dem 14. Jahrhundert blieben Malereien in den Seitenschiffen und eine Deesis (der thronende Christus zwischen Maria und Johannes dem Täufer) an der südlichen Hochschiffwand erhalten.

Über alle noch so beachtenswerten Einzelheiten hinweg (auch ein Sakramentshäuschen von 1424 und die alte Sakristeitür gehören dazu) beeindruckt in Heiligkreuztal das ruhige, ja beinahe intime Raumbild, das durch die hohe, schmucklose Mauer des Mittelschiffs über den von kräftigen Pfeilern getragenen Arkaden vollends einen Zug ins Strenge bekommt. Um so freundlicher wirkt das feingliedrige, polychromierte, mit Flora-Ornamenten bemalte Netzgewölbe, dessen Rippen kein tragendes Gerüst zu bilden haben, sondern reine Dekoration sind.

Wie bei anderen Zisterzienserinnenklöstern wurde der Frauenchor mit dem von Martin Zey geschreinerten Gestühl aus dem Hauptraum auf eine rückwärtige Empore verlegt, unter der sich in Heiligkreuztal die zu einem kleinen Museum umgewandelte alte ›Bruderkirche‹ befindet. Der Stuck von Joseph Anton Feuchtmayer und Gemälde mehrerer Künstler seiner Zeit geben diesem Raumteil eine festliche Note.

Sehenswert ist der spätgotisch umgestaltete, stimmungsvolle *Kreuzgang* (Abb. 97) mit Resten hochmittelalterlicher Fresken, gotischen und barocken Wandgemälden, einer Äbtissinengalerie u. a. m. Die eher unauffällige Kreuzigungsgruppe am Rundbogenportal zur Bruderkirche im Nordflügel ist ein weiteres Werk des Meisters von Meßkirch und sollte nicht mit dem barock überarbeiteten Hornstein-Stiftungsbild von 1551 im Ostflügel (im Vordergrund der Abb. 97) verwechselt werden. Gewölbe mit Pflanzenornamenten, mit figürlichen und bemalten Konsol- und Schlußsteinen, mehreren Grablegen, einem Sandsteinepitaph der Veronika von Rietheim u. a. m. beleben auf vielfältige Weise das Bild des Kreuzgangs. Der vom Ostflügel aus zugängliche Kapitelsaal mit gotischen Freskenresten und spätgotischen Gewölben dient heute als Hauskapelle.

Unlingen

Vier Kilometer nordöstlich von Riedlingen ist Unlingen ein gutes Beispiel dafür, wie viel Lohnendes es mit ein bißchen Zeit und Muße auch in draußen kaum bekannten oberschwäbischen Dörfern zu entdecken gibt. In der kleinen geistlichen Residenz, die

Unlingen einmal war, stehen noch Teile des ehemaligen Franziskanerinnenklosters (1669–1701), gibt es ein spätbarockes Pfarrhaus von 1754 und die Kapelle Mariä Heimsuchung (1662–1688/1728) mit einer spätgotischen ulmischen Muttergottes im Hochaltar des Johann Baptist Hops, und es gibt die Pfarrkirche von 1711/1885, einen Saalbau mit gutem Hochaltarblatt, einem Deckenfresko im Chor, Seitenaltarbildern von Franz Joseph Spiegler (1722), Skulpturen an Nebenaltären und Kanzel von Johann Baptist Hops, Chorgestühlreliefs, Vesperbild und Stuckfiguren am Hochaltar von den beiden Riedlinger Christian.

Zell (Riedlingen)

Die kleine, hübsch über der Donau gelegene *Pfarrkirche St. Gallus* in Zell kann eine künstlerisch erstrangige Ausmalung durch Januarius Zick vorweisen. Der große Freskenmaler auf der Schwelle zwischen Barock und Klassizismus hat an vielen Orten Bedeutendes geschaffen, doch zu seinen besten Leistungen zählen gewiß auch die Zeller Deckengemälde. Die Entwürfe für die Kanzel und das Hochaltarbild stammen ebenfalls von ihm.

Zwiefalten

In einem stillen Tal am Rande der Schwäbischen Alb hat barocke Baulust eine der glänzendsten Architekturschöpfungen des 18. Jahrhunderts hervorgebracht, das Zwiefalter *Münster* (Farbt. 47). Es ersetzte die 1739 niedergelegte romanische Klosterkirche, die 1109 geweiht worden war. Das Kloster, das u. a. durch seine gelehrten Mönche und seine Goldschmiede weithin bekannt wurde, hatte sich von Anfang an ziemlich ungestört entfalten können, überstand schadlos auch die Reformation und erlangte 1749 sogar noch Reichsfreiheit. Die gesunde wirtschaftliche Grundlage der Zwiefalter Abtei ermöglichte nicht nur eine umfangreiche Lehrtätigkeit, insbesondere 1686 die Gründung eines hochschulähnlichen Kollegiums in Ehingen (s. S. 291), sondern auch das große Bauen, das mit der 1710 vollendeten Neuanlage des Stifts einsetzte.

Den Neubau der Kirche (1744–65) übernahm Bayerns genialer Barockbaumeister Johann Michael Fischer. Dabei geriet ihm schon die monumentale, von der Mittel-

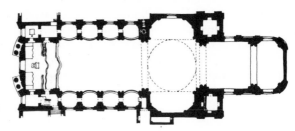

Zwiefalten, Grundriß der ehemaligen Abteikirche

233

achse zu den pilasterbesetzten Flanken elegant zurückschwingende und mit wuchtigen Säulengruppen besetzte Hausteinfassade zu einem Meisterwerk ersten Ranges. Ursprünglich verputzt und farbig gefaßt, wurde diese Fassade 1906 – damals wohl mit dem Gedanken an ›materialgerechte‹ römische Barockfassaden – steinsichtig, und dabei beließ es auch die jüngste Renovation. Den figürlichen Fassadenschmuck, Steinskulpturen des heiligen Benedikt über dem Hauptportal, der adeligen Stifter auf dem Dreiecksgiebel über dem Säulengebälk, der Gottesmutter im Volutengiebel sowie der Heiligen Stephanus und Aurelius auf den äußeren Eckvoluten schuf Johann Joseph Christian (durch Kopien ersetzte Originale jetzt im äußeren Tordurchgang und in der Vorhalle des Münsters).

Aus der alten Kirche wurde ein überlebensgroßer spätgotischer Kruzifixus (vermutlich von Jörg Syrlin 1520) in die Vorhalle übernommen, in der Franz Sigrist mit dem mittleren seiner drei Deckenfresken das immer wieder zu Maria wie auch zu dem Zwiefalter Ordensheiligen Benedikt hinführende theologische Bilderprogramm eröffnet. Beim ersten Blick in die grandiose Raumfolge des Haupthauses ist es dann, als gehe der Vorhang auf vor einem Theatrum sacrum oder, wie Spahr es sah, vor einem Festkonzert aller Künste mit dem Baumeister am Dirigentenpult. Wohl schließt Fischers Architektur mit den eingezogenen, säulenbesetzten Wandpfeilern des Langhauses, den Seitenräumen und Emporengeschossen an das Vorarlberger Münsterschema an, doch führt es über jedes Schema weit hinaus, wie sich in Zwiefalten eine alles Harte und Kantige weich schleifende, auch die Kapellen zu Ovalen rundende Dynamik der strengen Gliederung bemächtigte und sie in schwingende Bewegung versetzte (Abb. 100).

Reifstes Rokoko stellt die Stuckdekoration Johann Michael Feuchtmayers und seines Gehilfen Melchior Paulus dar, ein von überschäumender Phantasie beflügeltes Spiel mit Ornamenten, das oberhalb des kraftvoll-strengen Gebälks vollends alle Fesseln sprengt, den Gewölben den Charakter des Abschließenden nimmt und ihnen so den imaginären Raum einer religiösen Bilderwelt öffnet. Diese Bilderwelt wiederum verdankt sich ebenfalls ersten Meistern ihrer Zeit. Im Anschluß an Andreas Meinrad von Ows Gemälde zum Salve-Regina-Thema über der Orgelempore faßte Franz Joseph Spiegler das gesamte Gewölbe des Langhauses im ›himmlischen Malstrom‹ einer Freskenkomposition zusammen, die uns erneut Maria und Bernhard begegnen läßt und im übrigen einen Höhepunkt barocker Deckenmalerei markiert. Das Kuppelfresko (Marienkrönung), die Deckengemälde über den Querarmen, dem Mönchschor und dem Hochaltarraum wie auch das Hochaltarblatt (Maria in der göttlichen Gnade) stammen ebenfalls von Spiegler.

So wenig es im gegebenen Rahmen möglich ist, diese Freskenfolge mit den sie begleitenden Malereien auf Gewölbe- und Kuppelzwickeln detailliert zu beschreiben,

Zwiefalten, Himmlisches Jerusalem. Psalter aus Zwiefalten ▷

obsidiū p̄ Jerusalem

Sup muros eian gloz custodiā

Hic ē Jerusalem ornata magna celesti ornata nimphia sponsa agni

✝ templum non uidi in ea.

templum enim dei teri plum est.

et agnus.

Vidi supra montem sion agnū stan̄ et cū eo centū cētum quadraginta quattuor milia

kann dieser Versuch hinsichtlich der Fresken über Seitenkapellen und Emporen von Meinrad von Ow oder der Altarblätter von Giosue Scotti und Franz Ludwig Hermann in den Querarmen, von Giosue und Bartolommeo Scotti, Giovanni Battista Colomba und Nicolas Guibal in den Kapellen gelingen. Die Altaraufbauten wie überhaupt die gesamte Ausstattung entwarf Feuchtmayer. Den Part der Figuralplastik übernahm für ihn Johann Joseph Christian.

Sein Chorgestühl mit der Schreinerarbeit des Villingers Martin Hermann (Abb. 98) ist den großartigsten Schöpfungen des deutschen Rokoko zuzurechnen. Als weiteres bildnerisches Glanzstück schuf er gemeinsam mit Feuchtmayer die Kanzel, deren theologisches Programm von Ezechiels Vision eines Leichenfeldes bis zur Erlösung führt. Gegenstück inmitten eines Baldachinaufbaus ist die von dieser Vision durchbebte Prophetengestalt (Abb. 99). Christians Werk ist auch die Barockisierung des Marien-Gnadenbildes von 1430 auf dem Kreuzaltar hinter dem kunstreich geschmiedeten Chorgitter.

Das Münster ist von Ostern bis Oktober sonntags 8.30–18 Uhr, werktags 9–11 und 13–18 Uhr, in den Wintermonaten nur während der Gottesdienste zugänglich.

Obermarchtal

Drei Grafschaften grenzten im Donautal an dem Punkt aneinander, der in einer Urkunde von 776 ›Marhotala‹ (= Grenztal) genannt ist. Drei Klostergründungen zwischen 776 und 1171 sind hier bezeugt, von denen erst die dritte des Pfalzgrafen Hugo von Tübingen Bestand hatte. 1802 fiel die Reichsabtei (seit 1500) im Zuge der Säkularisation an die Fürsten von Thurn und Taxis, die sie 1873 an das Bistum Rottenburg verkauften. Heute befindet sich darin u. a. eine Katholische Akademie für Lehrerfortbildung. Zusammen mit den Wirtschaftsgebäuden bildet das Geviert des ehemaligen Prämonstratenserklosters eine umfangreiche, in sich geschlossene Anlage (Abb. 103), die man durch einen stattlichen Torbau betritt.

Während sich die Bauzeit des Klosters bis über die Mitte des 18. Jahrhunderts hinzog, war die 1686 von Michael Thumb begonnene, nach seinem Tode von Christian

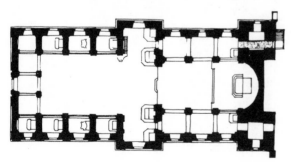

Obermarchtal, Grundriß der ehemaligen Klosterkirche

Obermarchtal. Aquarell, Anfang 19. Jahrhundert

Thumb und Franz Beer weitergeführte Arbeit am Kirchenneubau 1701 fertig. Von außen ein Beispiel großartiger Einfachheit, ist St. Peter und Paul im Innern eine der reifsten Ausprägungen des Vorarlberger Schemas mit weit in den Raum einspringenden Wandpfeilern, die unter durchlaufenden Emporen jeweils eine Seitenkapelle eingrenzen. Die querschiffartige Erweiterung des vierten Langhausjochs, wie man sie ähnlich auch in Thumbs Vorläuferbau auf dem Ellwanger Schönenberg vorgebildet findet, hat hier weniger die Funktion eines regelrechten Querhauses, als vielmehr die einer Zäsur des architektonischen Rhythmus'. Ein wesentliches, ja die Architektur erst vollends prägendes Element ist das zu weiträumigen Kompositionen zusammengefaßte Stuckornament des Wessobrunners Johann Schmuzer (Abb. 102), das 1776 von Giuseppe Antonio Morisi erneuert wurde. Architektur und Schmuck gemeinsam verleihen dieser Kirche den Eindruck von Majestät und feierlichem Ernst.

Hinter dem Raumerlebnis tritt die Ausstattung zurück, wie gut gearbeitet auch einzelne Stücke sein mögen: die beiden Stuckaltäre in den Chorseitenschiffen von Franz Xaver Schmuzer und Johann Georg Übelhör beispielsweise, der Hochaltar mit der von Johann Heiß aus Memmingen 1696 gemalten Verherrlichung des Prämonstratenserordens, die Gemälde von Matthäus Zehender über den Nebenaltären, die Kanzel von

1715 (Abb. 101), das von dem Schaffhauser Laienbruder Paul Speisegger geschaffene Chorgestühl oder auch der schöne, schon ein wenig zwischen Rokoko und Frühklassizismus stehende Prospekt der Orgel.

Man sollte den Klosterbezirk von Obermarchtal indes nicht verlassen, ohne auch der auf der Nordseite von Kirche und Kloster unter dem Felsen vorbeirauschenden Donau nachzuschauen.

Munderkingen

Eine fränkische Militärkolonie und ein Edler namens Munterich, der sie befehligte, stehen um 792 am Anfang der überlieferten Geschichte Munderkingens, das später zu den fünf Donaustädten der Habsburger gehören wird. Von einer frühen romanischen Kirche sind einige Reste auf die gotische *Pfarrkirche St. Dionysius* von 1500/1510 übergegangen, die wiederum im 18. Jahrhundert teilweise umgestaltet wurde. Damals wurde der Chor neu gebaut und erhielt ein barockes Gewand; die Halle, deren Mittelschiff die Seitenschiffe leicht überragt, wurde neu dekoriert, die Stützen der erneuerten Gewölbe behielten zwar ihre spätgotischen Basen, bekamen jedoch barocke Kapitelle verordnet; schließlich wurde das aufgestockte Renaissance-Achteck des Turms mit barocker Zwiebelhaube und Laterne versehen – eine hierzulande ziemlich einmalige ›munderkingische‹ Spezialität.

Hauptstück der Ausstattung ist der Hochaltar mit einem Gemälde von Matthäus Zehender, das eine Huldigung an Maria darstellt und mit ihr insbesondere die Heiligen in Zusammenhang bringt, die zum Kloster Obermarchtal eine besondere Beziehung hatten: Petrus und Paulus, Norbert und Hermann Joseph. Als eine sehr gute Obermarchtaler Klosterschreinerarbeit empfiehlt sich das Chorgestühl, ein bedeutendes Kunstwerk ist die Johann Joseph Christian zugeschriebene Verkündigungsgruppe in einer Wandnische. Ikonographisch interessiert vor allem der rechte Seitenaltar von 1410, auf dem der Erbärmdechristus schützend seinen Mantel über die Vierzehn Nothelfer breitet. Die Tafelbilder an den Seitenschiffwänden gehörten ursprünglich zu einem spätgotischen Hochaltar.

Das bürgerliche Munderkingen hat noch viel Historisches vorzuzeigen, eine ganze Reihe stattlicher Wohnbauten darunter, dann vor allem das *Rathaus* von 1563, nahebei den steinernen *Marktbrunnen* (1570) von Leonhard Baumhauer mit dem Stadtwappen in den Pranken eines Löwen, ferner den reich ausgefachten Pfleghof des Klosters Zwiefalten und vor allem den malerisch über der Donau gelegenen zweigiebeligen *Pfarrhof* des Klosters Obermarchtal (Abb. 106), eine schloßähnliche Anlage, die Gästehaus und Sitz des hier als Pfarrer amtierenden Paters war.

Wer's nicht gerade eilig hat, sollte auch die auf einer westlichen Anhöhe liegende *Frauenbergkapelle* um ihrer schönen Ausmalung und Einrichtung willen noch besuchen.

Sterne erster Größe und ein Naturparadies

Saulgau – Altshausen – Wolpertswende – Aulendorf – Otterswang – Bad Schussenried – Steinhausen – Bad Buchau und Federsee – Kappel – Saulgau

Wenn auch in Oberschwaben beinahe jeder Ort, jede Kirche, jedes Herrenhaus das Anschauen wert ist und man mit einem Reiseführer, der alle diese vielen Sehenswürdigkeiten berücksichtigen wollte, an kein Ende käme, so stehen doch die Sterne erster Größe kaum irgendwo sonst noch einmal so dicht beieinander wie in der weiteren Umgebung des Federsees. Das hat natürlich auch zur Folge, daß man sich hier in der sommerlichen Hochsaison auf beträchtlichen Touristen-Betrieb gefaßt machen muß, der sich insbesondere auf Steinhausen, Bad Schussenried und Bad Buchau konzentriert.

Saulgau

Saulgau ist keine Stadt, die die Fremden in Scharen anlockt, denn weder kann sie mit einem jener unversehrten mittelalterlichen Stadtbilder aufwarten, mit denen sich eine romantische Vorstellung von heiler Welt verbindet, noch mit einzelnen Prachtbauten, deren Drei-Sterne-Qualität einfach dazu zwänge, sie zur Kenntnis zu nehmen und im Reisetagebuch abzuhaken. Man muß wohl das eine oder andere Mal für ein paar Tage in Saulgau und mit den Saulgauern gelebt haben, um dahinter zu kommen, wie anziehend so ein unauffälliges, dafür um so behaglicheres Gemeinwesen sein kann.

Als Solugau 819 zum ersten Mal beurkundet, wenngleich durch Bodenfunde schon als eine bronzezeitliche Ansiedlung nachgewiesen, erhielt Saulgau 1239 Stadtrechte, kam 1299 an Österreich und gehörte bis 1806 zu den fünf Donaustädten Vorderösterreichs. Selbst wenn es hier nicht eine ganze Reihe schöner alter Bürgerhäuser gäbe, viele sogar in vorzüglich erhaltenem Zustand, das älteste gleich neben der Kirche mit wuchtig vorgekragten Geschossen und einer Holzlaube unter dem Krüppelwalmdach, als hätte sich's vom Schwarzwald her verirrt – wenn es also alle diese Häuser und auch das ehemalige *Stift Buchauer Amtshaus* (Abb. 104) in der Pfarrgasse mit seiner spätgotischen Untergeschoß-Laube nicht gäbe, wäre allein schon die *Pfarrkirche St. Johannes d. T.* einen Besuch Saulgaus wert. Es ist eine gotische Basilika aus der Zeit um 1400, der wenig später die mit guter Bauplastik geschmückte Vorhalle angegliedert wurde. Der markante Turm wurzelt mit seinem Unterbau noch in der Romanik.

Im Innenraum ist es vor allem die ›stimmige‹ Harmonie der Maße und Proportionen, die dieses Gotteshaus gegenüber mancher anderen spätgotischen Kirche Oberschwabens auszeichnet. Befremdlich wirkt die Quaderaufmalung an den Chorwänden. Sie entspricht zwar dem bei der letzten Renovierung freigelegten gotischen Zustand, ihr Grau wird aber spontan als zu dunkel im Verhältnis zur jetzigen Umgebung, insbesondere auch zu den Fenstern von Wilhelm Geyer empfunden. Mit der Renovierung kam eine überwiegend moderne Ausstattung in die Kirche. Vom alten Bestand blieben eine spätbarocke Skulptur des heiligen Joseph, eine Antoniusstatue aus der Mitte des 19. Jahrhunderts und eine seeschwäbische Muttergottes aus den Jahren um 1500. Ein Neuzugang ist eine oberrheinische Pietà aus gleicher Zeit. In gewisser Weise schon historisch geworden sind wiedergekehrte Teile der neugotischen Ausstattung des 19. Jahrhunderts: das Chorbogenkreuz und die Apostelreihe an den Hochschiffwänden.

Wendet man sich von der Kirche aus südwärts, bis sich die schmale und ein wenig gewundene Hauptgeschäftsstraße wieder verbreitert, tritt rechts die 1763 erneuerte *Antoniuskirche* ins Bild, die u. a. mit einer fein stuckierten Decke, mehreren spätbarocken Wandgemälden, einem überarbeiteten spätgotischen Vesperbild und einem Kerkerchristus aus den Jahren nach 1700 erfreut. Die Kirche ist angebaut an das 1646 gegründete Franziskanerkloster.

Am Ende dieser Straße steht links eine kleine Kapelle, die den berühmten ›*Saulgauer Kruzifixus*‹ (Farbt. 45) birgt. Das spätromanische Schnitzwerk, das vor 1220 zu datieren ist, zeigt den Gekreuzigten lebensgroß in einer Leidens- und Demutshaltung, die dennoch hoheitsvoll, ja königlich zu nennen ist. Diese Arbeit eines unbekannt gebliebenen Meisters ist integriert in einen 1734 errichteten Altar. In die gleiche Zeit gehören auch die beiden Assistenzfiguren Maria und Joseph.

An der von dieser ›Kreuzkapelle‹ ostwärts in Richtung Bad Buchau führenden Straße steht nahe dem Stadtrand beim Friedhof die 1410 erstmals erwähnte, 1743 von Franz Nußbaumer aus Egg im Bregenzer Wald neu erbaute und von dem Wessobrunner Kaspar Zimmermann mit guter Stuckarbeit versehene *Frauenkapelle*. Sie ist insbesondere deshalb sehenswert, weil ihr Innenraum von allen Saulgauer Kapellen der einheitlichste und stilvollste ist.

Am Nordrand der Altstadt war eine Beguinen-Niederlassung der Ursprung des hier zwischen 1375 und 1782 bestehenden, 1702 baulich erneuerten Franziskanerinnenklosters, das später Oberamtei wurde, dann das Landratsamt beherbergte und neuerdings *Rathaus* ist. Das Kloster lag unmittelbar an der inzwischen verschwundenen Stadtumwallung. Als Überbleibsel der nördlichen Stadtbefestigung ist im ehemaligen Klostergarten allein der spätgotische *Katzenturm* (Abb. 105) mit einem Rest der alten Stadtmauer stehengeblieben.

Zu einem kleinen, aber weithin bekannten und angesehenen Kulturzentrum in der Provinz wurde Saulgau in der letzten Nachkriegszeit durch die inzwischen städtisch gewordene *Galerie ›Die Fähre‹*, die ihre Existenz der Anregung eines französischen Besat-

129 WOLPERTSWENDE Romanisches Vortragekreuz

130 WIBLINGEN Ehemalige Klosterkirche, Kruzifixus

131 ULM Münster, Detail vom Chorgestühl

132 ULM Schiefes Haus

133 LAUPHEIM Schloß Großlaupheim

134 OBERDISCHINGEN Kanzleibau

135 EHINGEN Konviktsgebäude

136 OBERDISCHINGEN Pfarrkirche, Passionsrelief

137 EHINGEN Konviktskirche Herz Jesu

zungsoffiziers verdankt. Mit ihren avantgardistischen, aber auch das spezifisch Oberschwäbische pflegenden Kunstausstellungen hat sie viele Künstler, auch solche von internationaler Bedeutung, an sich gezogen.

Indessen wäre das Bild Saulgaus unvollkommen, wenn ein Haus unerwähnt bliebe, das zwar nur eines unter beileibe nicht wenigen bestrenommierten Hotels und Restaurants Oberschwabens und der Bodenseegegend ist, dem aber wohl auch die Kollegen von der Gastronomie zugestehen werden, daß es als einziges in diesem Buch gewürdigt wird. Dies hat die ›Kleber-Post‹ vor allem ihrer Geschichte zu verdanken, die seit mehr als dreihundert Jahren die Geschichte einer Posthalterfamilie im Dienst der Fürsten von Thurn und Taxis, aber auch ein nicht minder interessantes Kapitel Lokalhistorie ist.

Vergangenheit wird hier wieder lebendig in einer der reichhaltigsten oberschwäbischen Privatsammlungen, die Generationen der Kleber-Familie zusammengetragen haben, auch in manchem dekorativen Dokument, das die Wände der Gasträume ziert. Nach der Identität des einen oder anderen Porträts fragend, erfährt man wie nebenbei, daß einer aus dieser Familie, Magnus Kleber, als 21. Abt in Schussenried amtierte, ein anderer, Christoph Kleber, 1785 als Dekan in Unlingen starb und wieder ein anderer jener General in Frankreichs Diensten Jean Baptist Kleber war, der nach seinem Sieg bei Héliopolis auf Napoleons Afrikafeldzug im Jahr 1800 in Kairo ermordet wurde. Sein Denkmal auf dem Kleberplatz in Straßburg erinnert an ihn.

In der ›Kleber-Post‹, in der einmal Kaiser und Könige wohnten, ist jedermann gern gesehen. Nur wer genauer hinsieht, wird hier mit schöner Regelmäßigkeit namhafte Künstler, Literaten, Hoheiten und geistliche Herren aus der nahen und weiten Umgebung entdecken. Doch gerade dies, daß man von ihrer Anwesenheit so wenig Aufhebens macht, wie sie selbst auffallen möchten, gehört zum Stil und der in einer langen Tradition gewachsenen gastronomischen Kultur dieses Hauses, ist aber auch, wie man guten Gewissens verallgemeinern darf, ein Stück ober- und seeschwäbischer Lebensart überhaupt, die den ohnehin schon angenehmen Aufenthalt in diesem Landstrich noch angenehmer macht.

Altshausen

Wer durch den stattlichen Torbau (Abb. 109) von 1731/32 in die Garten- und Parklandschaft des ehemaligen *Deutschordensschlosses* Altshausen eintritt, glaubt hier einer eigenen kleinen, in sich selbst ruhenden Welt zu begegnen, die zwar nur Teil einer von Johann Kaspar Bagnato viel größer angelegten Planung ist, als solche jetzt aber um so mehr den Reiz des scheinbar zwanglos aufeinander Zugewachsenen für sich hat. Statt des Ehrenhofs, den der Besucher hinter dem von Zwerchgiebel und Uhrtürmchen bekrönten Tor und seinen niedrigen Flankenbauten vielleicht vorzufinden hofft, erwarten ihn teils absichtsvoll geordnete, teils eher ›naturbelassene‹ Grünanlagen mit Baumgruppen und verschwiegenen Wasserspielen – umstanden und in einzelne Gartenräume unterteilt das Ganze von den fürstlichen Wohngebäuden, dem schlichten Nordostflügel des ›*Alten Baus*‹, in den Teile der mittelalterlichen Burg integriert sind, dem anschließenden *Kapuzinerbau* aus der Mitte des 16. Jahrhunderts, dem 1655 aufgerichteten, später noch verlängerten *Neuen Bau* im Südwesten sowie den Erweiterungen der Anlage nach Bagnatos Plänen. Zu ihnen zählen im einzelnen neben dem Torhaus das den Wohntrakten gegenüberliegende *Marstallgebäude* (1729/30), quer dazu die *Reitschule* (1733), in der außer einer Reithalle auch ein Theater im südwestlichen Erdgeschoß untergebracht war. Schließlich hat Bagnatos Sohn Franz Anton in den 70er Jahren noch die *Orangerierotunde* nach den Plänen seines Vaters hinzugebaut.

Zum älteren Kern der Anlage gehört die ehemalige *Schloßkirche* und heutige Pfarrkirche St. Michael, eine Pfeilerbasilika aus dem zweiten Jahrzehnt des 15. Jahrhunderts, die zwischen 1748 und 1753 von Bagnato barockisiert, zu einem Saalraum umgestaltet und seitlich mit querschiffartig angesetzten Kapellen versehen wurde. Trotz dieser durchgreifenden Veränderungen ist zumindest im Chor noch ein Rest des spätgotischen Charakters dieser Kirche überliefert.

In der Familie der Pozzis dürften die Urheber der das zeitgemäße Rocailleornament locker handhabenden Stukkaturen zu suchen sein, während Giuseppe Appiani die Fresken malte und Johann Joseph Christian um 1760 die Kreuzgruppe des Hochaltars schuf. Die Wappenschilde über dem Triumphbogen sind dem Orden, dem Komtur Philipp von Frohberg und dem Deutschordens-Hochmeister Kurfürst Clemens August von Köln zugehörig.

Ein später Zubau von 1928 ist die Gruftkapelle des Hauses Württemberg, dessen katholische Linie in Altshausen ihren Wohnsitz hat. Württemberg hatte 1806 die seit dem 15. Jahrhundert hier residierende, für Elsaß, Schwaben und Burgund zuständige Ballei (Verwaltungsbezirk) des Deutschritterordens an sich gezogen. Altshausen, seinerzeit die reichste Kommende der ganzen Ballei, war 1264 als Schenkung der Reichskämmerer von Bigenburg an den Deutschen Orden gelangt. Die Bigenburger wiederum hatten das Dorf Altshausen 1264 zu Eigentum erhalten.

Die Herkunft der Herren von Altshausen liegt im Dunkel. Überliefert ist, daß ein Wolfrad von Altshausen 1004 von Kaiser Heinrich II. die Grafschaft des in diesem Gebiet gelegenen Eritgaus erwarb. Ein Enkel dieses Grafen Wolfrad war übrigens jener Reichenauer Mönch Hermann der Lahme (s. S. 51), der ungeachtet seiner vielfältigen körperlichen Behinderungen einer der großen Universalgelehrten des Mittelalters wurde. Er ist in Altshausen geboren und wurde hier 1054 auch bestattet.

Wolpertswende

Den wertvollsten Besitz, der die kleine Gemeinde Wolpertswende und ihre *Pfarrkirche St. Gangolf* berühmt gemacht hat, wird man hier leider nicht mehr zu sehen bekommen: das *Gangolfkreuz,* ein relativ kleines, knapp 40 cm hohes Vortragekreuz aus Bronze, versilbert und vergoldet, entstanden in der Mitte des 12. Jahrhunderts. Es befindet sich heute außerhalb des Ortes und wird allenfalls in großen, überregionalen Ausstellungen gezeigt. Mehr noch als eine Kopie des Kreuzes über dem Tabernakel des Hauptaltars in der Pfarrkirche vermittelt eine gute Abbildung etwas von der Kraft, mit der hier ein Meister das Geheimnis des Todes in herbe Form und zugleich in einen schon gelösten Ausdruck überwundenen Leids gebannt hat.

Die vielfach umgestaltete und augenscheinlich in bestem Stand gehaltene Kirche des welfischen Erbgutes Wolpodiswendi, wie der Ort 1128 benannt ist, hat sich in dem romanischen Unterbau des Chorturms, dem in der Spätgotik dann ein Geschoß mit treppenartig abgestuftem Satteldach aufgesetzt wurde, noch etwas von ihrem ursprünglichen Charakter bewahrt. In dem 1792 erweiterten Langhaus, dessen Fußboden sich merkwürdigerweise wie eine schiefe Ebene gleichmäßig zum Chor hin absenkt, herrscht eine eigenartig heimelige und im besten Sinne dörfliche Atmosphäre. Das Gotteshaus birgt eine Reihe beachtlicher Holzbildwerke, darunter eine Muttergottes aus der Zeit um 1460, die der Ulmer Multscher-Schule nahesteht, und eine Heilige Sippe (um 1510) aus dem Umkreis des Ulmer Bildhauers Daniel Mauch, der später in Lüttich tätig war.

Ein Stück weit talwärts, unterhalb der Pfarrkirche, erhebt sich auf sechseckigem Grundriß die in der Anlage ebenfalls romanische *Gangolfkapelle*. Der Chor wurde zu einer späteren Zeit angefügt, und in der Ausstattung wird insbesondere auch der Einfluß des Barock sichtbar. Es gibt Vermutungen, daß diese recht rustikal, um nicht zu sagen derb anmutende Kapelle das Überbleibsel einer verschwundenen Burg sein könnte. Das gleiche ist aber auch von dem Hatzenturm anzunehmen, der seit etwa 1100 zur Stammburg der Herren von Wolpertswende gehört haben dürfte. Er jedenfalls bietet wie die Hügel ringsum bei klarem Wetter weite Sicht über das seenahe Land hinweg bis zum Bodensee und der Alpenkette.

Aulendorf

Seit 1682 Markt, seit 1950 Stadt und wenig später auch als Kneippkurort anerkannt, ist Aulendorf immer noch eine Gemeinde, die es mehr mit der Beschaulichkeit als mit der Unrast heutigen Alltags hält – ein Ort im übrigen, der in der Geschichte Oberschwabens eine keineswegs unbedeutende Rolle spielte. Zum ersten Mal genannt wird die Siedlung Alidorf 1222. Sie erlebte welfische und staufische Ministerialen, Schellenberger und Königsegger in der seit 1629 reichsunmittelbaren Herrschaft, in deren Rahmen die Grafen von Königsegg-Aulendorf lange Zeit als Landvögte in Ober- und Niederschwaben amtierten. Nach der Mediatisierung wurden sie württembergische Standesherren, bis 1918 auch solche Vorrechte allgemein aufgehoben wurden.

Ein Zeuge dieser Vergangenheit und ein Kulturdenkmal von besonderer Bedeutung ist das Aulendorfer *Schloß*, das mit der Pfarrkirche St. Martin eine markante Bautengruppe bildet (Abb. 110). Es war 1942 in den Besitz der Reichspost und später in private Hände übergegangen, die es mehr und mehr verfallen ließen. Buchstäblich in letzter Stunde gründete das Land Baden-Württemberg 1989 eine ›Auffanggesellschaft Schloß Aulendorf mbH‹ als neue Eigentümerin und stellte einen ersten Zuschuß in Millionenhöhe bereit, um den Baubestand vor weiterem Schaden zu schützen.

Das Kernstück im Süden des Schlosses gehörte zu einer mittelalterlichen Burg. Die Gotik stellte zu diesem mehrfach abgewinkelten Südtrakt einen kleinen Parallel-flügel und versah diesen wiederum mit einem niedrigen Anbau, Staffelgiebel und Rundtürmen. Die nördliche Verlängerung kam in der Zeit um 1700 dazu. 1740/41 aber erhielt die Anlage mit einem Mal ein ganz neues Gesicht durch den zur Kirche hin sich erstreckenden und mit ihr verbundenen Nordtrakt.

Dieser neugeschaffene Wohnflügel war jetzt zum Hauptgebäude geworden. Seine vornehme klassizistische Stadtfassade, der jenseits der Straße die großzügig sanierten, jetzt für ein Altenheim und den Kurbetrieb genutzten Wirtschaftsgebäude gegen-überliegen, erhielt er 1778 bis 1781 von Michel d'Ixnard. Auch das repräsentative Treppenhaus und die Hofarkaden gehen auf d'Ixnard zurück. Das 19. Jahrhundert hat am ursprünglichen Baubestand zwar manches verändert, erst recht dann die Zweckent-fremdung der Räume durch die Post, aber es ist dennoch von den Stukkaturen des Johann Georg Dirr und von der Ausstattung des Fest- und Marmorsaales ein beacht-licher Rest geblieben.

Die *Pfarrkirche St. Martin* ist im Ursprung spätmittelalterlich, allerdings durch zahl-reiche Um- und Neubauten, Restaurierungen und eigenwillig historisierende Erneue-rungen verändert worden. Doch macht vielleicht gerade das Mit- und Ineinander der verschiedensten Stilmerkmale einen besonderen Reiz dieses hellen, freundlichen Got-teshauses aus, das schon von außen, mit seinem Turm, die weite Zeitspanne von der Romanik des Sockelgeschosses über das gotische Mittelstück bis zur spätklassizistischen Bekrönung signalisiert. Der erste Eindruck, den der in den Jahren 1973 bis 1975 letzt-mals renovierte Innenraum vermittelt, ist der einer spät- oder nachgotischen Basilika mit schönen Netz- und Sterngewölben in den Seitenschiffen, Kreuzrippen im Chor und einer gut stuckierten farbigen Decke, die 1711 im Mittelschiff eingezogen wurde.

Die 1629 nach Süden angebaute und sich öffnende *Sebastiankapelle,* mit deren Er-richtung die Aulendorfer Hilfe gegen die damals wütende Pest zu erlangen hofften, wurde zur Grablege derer von Königsegg, die übrigens auch heute noch die Patronats-herren der Kirche sind. Einige vorzüglich gearbeitete Grabdenkmäler in dieser weit-räumigen Seitenkapelle erinnern an ihre Vorfahren – das älteste Steinbildwerk an den Grafen Berchtold und seine Gattin Kunigunde, die kniend zu beiden Seiten des Ge-kreuzigten dargestellt sind (Abb. 111). Die fast lebensgroße Figur einer stehenden Muttergottes aus dem Jahr 1656 am Eingang zur Gruftkapelle ist ein Werk des in Waldsee geborenen Ravensburger Bildhauers Georg Grassender, der auch den Chor-bogen-Kruzifixus schuf (1660/61).

Zum wertvollsten Eigentum der Kirche gehört ein spätgotischer *Dreikönigsaltar* in der 1932 ausgebauten Chorkapelle des nördlichen Seitenschiffs mit einer Darstellung der Anbetung im Schrein, mit den Heiligen Georg und Dorothea auf den Flügeln sowie mit Petrus und Michael auf der gemalten Rückseite (Abb. 114). Die Herkunft dieses Altars ist nicht gesichert, doch sprechen einige Fakten für einen Biberacher Schnitzer, der Jörg Kändel gewesen sein könnte. Aulendorfer Besonderheiten sind ferner in Silber getriebene und gegossene, zum Teil vergoldete Sockelstatuen der Madonna sowie der Heiligen Joseph und Franz von Assisi aus der ersten Hälfte des 18. Jahrhunderts, nicht zu vergessen das Hochaltarbild, ein schönes Stück Malerei im flämischen Stil, das 1657 datiert und mit den Initialen des vermutlich aus den Niederlanden stammenden Weingartner Malers Carl Desom signiert ist.

Zu seiten des Hochaltars stehen zwei beachtliche Bildwerke, die erst in neuerer Zeit diesen Platz zugewiesen bekamen, nachdem man ihren Wert erkannt hatte. Über die Herkunft einer Schmerzensmutter ist nichts mehr zu erfahren, aber sie muß in der Zeit um 1650 geschaffen worden sein und gehörte vermutlich einmal zu einer Kreuzigungsgruppe. Bis zur letzten Kirchenrenovation stand sie in einer Grotte hinter dem Chor der Pfarrkirche. Die andere Plastik, eine Pietà (Abb. 112), befand sich bis 1974 in einer Mauernische der Aulendorfer Friedhofskapelle und dürfte dort auch schon zur Ausstattung eines kleineren Vorläuferbaus gehört haben, von dem man weiß, daß er 1562 vom damaligen Bischof von Konstanz geweiht wurde.

Otterswang (Bad Schussenried)

Die kleine 750-Seelen-Gemeinde Otterswang, seit 1974 Ortsteil von Bad Schussenried, ist eine Adresse, die viele Oberschwaben-Reisende unverdientermaßen links liegen lassen, falls sie nicht eigens zum Erntedankfest hierher kommen. Da freilich erwartet sie das weit und breit Phantasievollste, was sich an Schmuck aus Feld- und Gartenfrüchten denken läßt. Doch zu allen Zeiten gegenwärtig und betrachtenswert ist in Otterswang nicht nur eine der bedeutendsten Dorfkirchen dieses Raumes, sondern auch das größere Ensemble, das sie zusammen mit dem Pfarrhaus bildet (Abb. 108).

Dieses *Pfarrhaus* von 1719 ist mit seinem Volutengiebel, dem ovalen Fenster, seinen Gesimsen und der Rundbogentür ein gutes Beispiel hochbarocker Bauweise.

Dagegen verweist die *Kirche* der schon 1237 beurkundeten Pfarrei St. Oswald, ein vom Kloster Schussenried wohl an Jakob Emele in Auftrag gegebener, 1779 fertig gewordener und in den jüngsten 70er Jahren restaurierter Neubau, auf die Endzeit des Rokoko, in der die vordem üppigeren Formen merklich auszutrocknen und zu verspröden beginnen. Doch beeinträchtigt dies die lichte, festliche Atmosphäre, die in dem Gotteshaus herrscht, so wenig wie den Eindruck einer ungestörten Einheitlichkeit des Raumbildes, das Andreas Meinrad von Ow mit seinen farbenfrohen Fresken malerisch überhöhte. Der schmückende Stuck von Franz Xaver Gull bleibt demgegenüber mehr im Hintergrund.

An Ausstattung verdient mehreres Beachtung – die Kanzel beispielsweise, die Chorbänke, die Altäre, insbesondere zwei Seitenaltarblätter von Meinrad von Ow, das hochbarocke Altarkreuz, die Pietà aus einer Waldseer Schnitzerwerkstatt, die musizierenden Barockengel auf der Orgel u. a. Ein Kunstwerk, dessen feiner Reiz auf den ganzen Raum ausstrahlt, ist die spätgotische Muttergottes (Abb. 113) in einer Nische der nördlichen Seitenwand, eine hervorragende Arbeit von Ivo Strigel aus Memmingen (um 1490).

Bad Schussenried

Der schmucke Giebel des Torhauses vor dem Klosterbezirk signalisiert, daß auch hier das Barocke den Ton angibt. Doch der Klosterhof, den man jetzt zu betreten meint, heißt gar nicht so, sondern Schloßhof. Das hat doppelt mit der Geschichte zu tun, denn nicht nur standen hier Burg und Schloß der Herren von ›Shuozenriet‹, sondern auch die Abtei war zum ›Schloß‹ geworden, nachdem die Herren von Sternberg sie nach der Aufhebung im Jahre 1803 in Besitz genommen hatten. Die Brüder Beringer und Konrad von Shuozenriet stifteten 1183 das Prämonstratenserkloster an dem Ort, an dem eine erste Pfarrkirche schon im 7. Jahrhundert erbaut worden war. König Heinrich VII. und Karl IV. nahmen das mit zahlreichen Schenkungen bedachte Kloster in den Schutz des Reiches. 1440 wurde die Propstei zur Abtei erhoben und bald danach zur Reichsabtei.

Die ersten Prämonstratenser, die sich in Schussenried niedergelassen hatten, waren aus Weißenau gekommen und hatten von dort wohl auch ihre Vorstellungen für den Bau der *Klosterkirche* mitgebracht, einer dreischiffigen romanischen Pfeilerbasilika ohne Querschiff. Um das Jahr 1490 wurden dem Langhaus der gotische Mönchschor und die Vorhalle angefügt, 1497 die flachgedeckten Schiffe eingewölbt, 1622 der Glockenturm zum Teil erneuert, bei dieser Gelegenheit auch erhöht und nach Weißenauer Vorbild ins Frühbarocke gewendet.

Mit dem Konventbau, in dem 1647 die vom Bodensee zurückflutenden Schweden Feuer gelegt hatten, brannte auch das Langhaus der Kirche aus, das zwar wieder notdürftig hergerichtet wurde, aber in diesem Zustand dann doch dem Gedanken an einen Neubau der ganzen Klosteranlage schon recht konkrete Form gab. Da besann man sich des lieben Geldes wegen doch wieder anders und ging 1710 an eine durchgreifende barocke Neudekoration des alten Langhauses, die 1746 abgeschlossen wurde. Dabei ist es geblieben – glücklicherweise, wie man erst recht wieder behaupten darf, seit das heute als Pfarrkirche dienende, von 1976 bis 1979 aufwendig sanierte und restaurierte Gotteshaus in neuem Glanz erstrahlt.

Denn dies ist überhaupt der langen Vorrede kurzer Sinn: den Zusammenhang deutlich zu machen, dem Schussenried die eigenartig schöne Raumstimmung verdankt. Obwohl im einzelnen nirgendwo recht faßbar, blieb dieser Kirche doch noch ein gutes Stück ihres romanischen Charakters erhalten. Etwas vom Schwierigsten ist hier besonders gut gelungen: daß nämlich die Barockzier nicht wie aufgesetzt oder gar aufgeklebt erscheint, sondern organisch verwachsen mit dem vorgefundenen Baubestand. Da gehört eins zum anderen, und darum will einem in Schussenried auch nicht das Stichwort ›Barocke Pracht‹ einfallen, weil das Dominierende viel mehr die ernste Grundhaltung der Romanik, eine herbe Feierlichkeit ist.

Der erste Blickfang: das von Johann Zick geschaffene Langhausfresko mit Darstellungen aus dem Leben des Ordensheiligen Norbert – ein Deckengemälde von erlesener Qualität mit ungemein lebendig bewegten Randkompositionen, die dennoch nicht den Eindruck barocken Überschwangs vermitteln. Szenen aus der Lebensgeschichte der Heiligen Augustin und Magnus, des Schussenrieder Kirchenpatrons, sind andererseits das Thema, mit dem sich Zick in den Seitenschiffen auseinandersetzte.

Über den Gesimsen der zweimal sieben Pfeiler treten aus den Hauptschiffwänden überlegensgroß die halbplastischen Figuren der Apostel sowie der Maria und des Salvator mundi am Triumphbogen hervor. Im Scheitel dieses Bogens schwebt die Himmelskönigin über der Weltkugel der Marienuhr, deren Ziffern auf Sternen bezeichnet sind, während Lilie und Geisttaube an die Stelle der Zeiger traten.

Eine feine Arbeit des Joachim Frühholz, die in Form und Schmuck gleichermaßen vornehm wirkende Kanzel, hat es gewiß nicht verdient, daß sie zu gering geachtet wird, weil zu leicht alle Aufmerksamkeit sich dem anderen großen Meisterwerk neben dem Deckenfresko zuwendet: dem 1715–17 von Georg Anton Machein aus Überlingen geschnitzten Chorgestühl. In ihm breitet sich ein schier unglaublicher Ideen- und Figurenreichtum aus, hinter dem aber ein klares theologisches Programm steht. Es geleitet den Betrachter von der untersten Zone mit Darstellungen aus dem Tier- und Pflanzenreich über Figuren aus der Menschenwelt im Mittelteil hinauf zum Marienleben und zur Heilsgeschichte, die in Reliefzyklen auf der hohen Rückwand des Gestühls gestaltet sind. Bekrönt wird das erstaunliche Kunstwerk aus Nußbaumholz, das ungeachtet seiner stilistischen Zugehörigkeit zum Hochbarock in den rein dekorativen Elementen noch deutlich die Renaissance nachklingen läßt, von den Heiligen und Seligen des Prämonstratenserordens.

Herzstück des von Judas Thaddäus Sichelbein erbauten Hochaltars, dessen Auszug bis in das von Gabriel Weiß aus Wurzach ausgemalte Chorgewölbe aufsteigt, ist eine Marienkrönung des Münchener Hofmalers Johann Kaspar Sing. Über diesem Bild und in den Nebenaufbauten des Hochaltars beidseits der flankierenden Fenster stehen die Monumentalskulpturen der drei Patrone Magnus (Mitte), Augustin (rechts) und Norbert (links). Sie stammen wie die Flachreliefs vom Meister des Chorgestühls, Georg Anton Machein.

Unmittelbar vor dem Chor unter den letzten Jochbögen links und rechts befinden sich zwei beachtliche Seitenaltäre mit vorzüglichen Altarblättern von Franz Joseph Spiegler. Eine Nische des südlichen Seitenschiffs birgt eine überaus fein empfundene oberschwäbische Marienfigur (Farbt. 42), die etwa in das Jahrzehnt zwischen 1440 und 1450 zu datieren ist und Hans Strigel d. Ä. zugeschrieben wird. Die Brüstung der rückwärtigen Orgelempore ziert ein zartes schmiedeeisernes Gitter und die mehrfach erneuerte Orgel der reiche Prospekt, den der Bildhauer Johann Georg Prestel anfertigte. Zu verweisen bleibt schließlich noch auf zwei bedeutende mittelalterliche Bildwerke in der Vorhalle: ein figurenreiches Relief des Marientodes aus den Jahren um 1515 (Farbt. 44), das eine Arbeit von Michael Zeynssler sein dürfte, und einen Christophorus (um 1490), der mit der Ulmer Schule des Michael Erhart in Verbindung steht.

Für die Klosterbauten arbeitete Dominikus Zimmermann, der zuvor die nahe Wallfahrtskirche in Steinhausen gebaut hatte, ein Idealprojekt aus, dessen Holzmodell heute noch in einer Ecke des Schussenrieder Bibliothekssaales zu bewundern ist, und aus dem sich übrigens auch die Vorarbeit Christian Thumbs ablesen läßt. Doch nicht Zimmermann selbst, sondern sein Schüler Jakob Emele führte den Bau aus, der dann wegen der chronischen Geldnöte doch nur zu etwa einem Drittel gedieh. Doch dieses Drittel, der Nordtrakt des geplanten Klostergevierts, hat es in sich, auch wenn das Äußere nicht einmal in Andeutungen etwas davon verrät. Und schon gar nicht in dem Gedanken daran, daß der Neubau-Torso heute genau so wie die ehemaligen Klöster in Weißenau und Zwiefalten zum Psychiatrischen Landeskrankenhaus wurde, vermutete man darin die bedeutendste Raumschöpfung weit und breit, den im dritten Stockwerk gelegenen, zwischen 1754 und 1761 ausgebauten, 1971/72 restaurierten *Bibliothekssaal* (Abb. 118).

Man wird Spahr kaum widersprechen können, wenn er meint, daß die Schussenrieder Bibliothek zumindest ikonographisch zu den reichsten des ganzen Abendlandes zählt. Wer sich ernstlich mit der Fülle der hier Bild gewordenen Ideen auseinandersetzen will, tut denn auch gut daran, bei Spahr erschöpfend nachzulesen. Für den Zweck unseres Buches muß es mit einem ›Kurzprogramm‹ sein Bewenden haben, wobei vorab klarzustellen ist, daß Altar, Orgel und vor allem die Stühle in der Bibliothek neuere Zutaten sind, die das Raumbild gewiß etwas beeinträchtigen, doch hängt das mit der durchaus sinnvollen Nutzung des Saals für den Gottesdienst im Landeskrankenhaus (und gelegentlich auch für Konzerte) zusammen. Vorwegzunehmen ist außerdem, was den meisten Besuchern gleich als erste Frage einfällt: wie es denn mit dem Inhalt der Bibliothek, den Büchern also, bestellt sei. Die Antwort hat auf eines der vielen üblen Beispiele zu verweisen, wie im Gefolge der Säkularisation mit Klosterbesitz umgegangen wurde. Von den rund 30 000 Bänden, darunter 117 kostbaren Handschriften und 58 Inkunabeln, ist in Schussenried nichts als gähnende Leere zurückgeblieben.

Wer aber nun glaubt, die leeren Regale seien erst zu diesem Zeitpunkt von außen zugedeckt und mit Malerei kaschiert worden, die falsche Tatsachen vorspiegelt, der irrt sich. Der Gedanke nämlich, die Büchergestelle abzudecken, war schon dem Bauherrn der Bibliothek, Abt Nikolaus Kloos, gekommen – vielleicht aus Sorge, fremde Besucher könnten das eine oder andere Buch mitgehen heißen, vielleicht zum Schutz der Bände, möglicherweise aber auch um einer einheitlichen Farbe der Regale willen.

Die Schussenrieder Bibliothek wäre nicht, was sie ist, wenn hier nicht Meister von ähnlichem Rang wie Dominikus Zimmermann gearbeitet hätten. So der Vorarlberger

Stukkateur Johann Jakob Schwarzmann, Fidel Sporer, der die Alabasterstatuen schuf, Johann Baptist Trunk, aus dessen Hand die Büsten und Putten auf der Galerie stammen, Franz Georg Hermann, der Maler des großen Deckenfreskos, mit seinem Sohn Franz Joseph und dem Saulgauer Vergolder Johann Georg Mesmer, nicht zu vergessen auch Josef Kopf aus Stafflangen, dessen Werk die Bücherschränke sind.

Eine bunte Vielfalt kommt da auf den Besucher zu: die Putti beispielsweise auf dem Emporengeländer, die mit Emblemen der Wissenschaft spielen, im Parterre die von einer offenbar streitbaren Puttenrasse symbolisierten Häresien, die sich auf einen Disput mit Kirchenlehrern in Lebensgröße einlassen; dann die Naturelemente und ihre Dienstbarmachung, dargestellt auf Grisaillemalereien unter der Galerie, darüber auf Eckbildern die Künste Musik, Malerei, Plastik und Architektur und auf kleinen sepiafarbenen Feldern die vier Kardinaltugenden. Doch das ganze große Aufgebot scheint letztlich nur dem einen Ziel der Vorbereitung und Hinleitung zu Hermanns Deckengemälde zu dienen, das das Wirken der göttlichen Weisheit in den Wissenschaften und Künsten, der Medizin, in den verschiedensten Bereichen und Tätigkeiten des Lebens nach einem gewaltigen Programm aufzuzeigen versucht.

Ein zur 800-Jahrfeier 1983 eingerichtetes *Klostermuseum* zeigt in sieben Räumen Mobiliar, Skulpturen, Gemälde, Handschriften, liturgisches Gerät und noch vielerlei andere Kunst, die seit der Säkularisation an verschiedenen Orten und in Tresoren gehütet wurde. (Geöffnet von Ostern bis Allerheiligen samstags 9.30–11.30 und 13.30–17.30 Uhr, sonntags 13.30–17.30 Uhr, sonst nach Anmeldung, Tel.: 0 75 83 / 22 40 oder 26 16.) – Andererseits vermittelt ein Freilichtmuseum im Ortsteil *Kürnbach* Anschauungsunterricht über ländliche Bau- und Lebensweisen in früherer Zeit.

Steinhausen (Bad Schussenried)

Die schönste Dorfkirche der Welt, wie man sie allenthalben nennt – und der nächste Kuhstall kaum weiter als ein Steinwurf: in Steinhausen, das seinen Namen vom 1239 erstmals beurkundeten Ortsadel derer von Steinhausen hat, klingt beides zu einem harmonischen, ländlich-würzigen Akkord zusammen (Abb. 115). Der hat allerdings Anno 1733 einen geistlichen Herrn um Amt und Würde gebracht.

Didakus Ströbele, damals Abt des Schussenrieder Prämonstratenserstifts, an das Steinhausen im 14. Jahrhundert übergegangen war, mußte sich bei Gelegenheit einer Visitation nicht nur seine zu große Nachsicht gegenüber seinen Klostergeistlichen vorhalten lassen, sondern vor allem auch dies, daß er mit dem Neubau einer Kirche an der Stelle des alten, kleineren Gotteshauses sich übernommen und das genehmigte Baukonto haushoch überzogen hatte. Statt der 9000 Gulden, die der Voranschlag auswies, waren in der Bauzeit von 1727 bis Anfang 1733 genau 43 721 Gulden und sechseinhalb Kreuzer fällig geworden, die noch fehlenden Altäre, Kanzel und Orgel gar nicht gerechnet, erst recht nicht das bescheidenere Zubehör vom neu beschafften Kelch bis zu den ebenfalls neuen Meßgewändern.

Was heutzutage manchen ›öffentlichen‹ Bauherrn, der emsig an teuren Denkmälern seiner Amtszeit bastelt, in persona wenig kümmert, hatten die Kritiker des Didakus Ströbele schon weit vorausschauend bedacht: die Folgekosten. Bei dem Schussenrieder Chronisten Pater Vinzenz Rodenbach liest sich das so: »Von wegen continuierlichen repariren dises weithschichtigen gebäw, also woran baldt außen, baldt innen, baldt oben, baldt unten was mancquiert und widerumb ergänzet, mithin aber zue ewigen Zeiten daran zue flickhen seyn wird.«

Von Grund auf ›geflickt‹ wurde die Steinhauser Pfarrkirche St. Peter und Paul, die zugleich Wallfahrtskirche Unserer Lieben Frau ist, zuletzt in den jüngsten 70er Jahren. Angesichts der wiedergewonnenen Pracht redet schon gar keiner mehr von der Pleite, unter deren Folgen Didakus Ströbele gewiß am allermeisten gelitten hat. Die Triebfeder, eines der köstlichsten Denkmäler des oberschwäbischen Barock zu errichten, war ja zuvörderst der Wille gewesen, Platz zu schaffen für die immer größer werdende Marienwallfahrt nach Steinhausen, von deren frühesten Anfängen man übrigens kaum etwas weiß.

Der nämliche Dominikus Zimmermann, der zuvor die nahegelegene Kirche der Dominikanerinnen in Sießen bei Saulgau gebaut hatte, war von der Sießener Priorin nach Steinhausen empfohlen worden. Das ›feine Rißel‹, das er dorthin mitbrachte, wurde vom Pater Kellermeister Rodenbach auf Anhieb richtig bewertet: »Es stünde mithin inner drei oder vier Jahren ein so prächtige Kürchen auf dem Platz, welche sowohl wegen ihrer künstlichen Oval-Architektur als unvergleichlicher Malerei, wie auch außerordentlich schöner Stukkatur und übrige meisterliche Arbeit von männiglichen bewundert und als eine der herrlichsten im ganzen Revier, dürfte keck sagen, im ganzen Schwabenland, billig gerühmt wird.«

Wer freilich diese Kirche als ›Gesamtkunstwerk‹ außer acht läßt und den Blick nur einseitig auf die Ovalarchitektur Steinhausens richtet, kann leicht zu der Vorstellung verleitet werden, es handele sich da nur um eine Vorübung Zimmermanns zur Wieskirche. Doch genau dieser Schluß wäre falsch, denn der entscheidende Schritt geschah hier in Steinhausen, und dies nicht etwa vorsichtig tastend, sondern gleich mit einer Konsequenz und Vollkommenheit, wie sie auf den ersten Versuch hin nur ein Genie herbeizuzwingen vermag. Mit St. Peter und Paul schuf Dominikus Zimmermann vor Johann Michael Fischer und Balthasar Neumann die erste deutsche Kirche mit einer Freipfeilerhalle auf dem Grundriß eines ovalen Zentralbaus. Überdies gelang ihm dabei eine so spannungsvolle Verbindung von wuchtig konturierter Außenarchitektur mit einem heiter bewegten, locker und letzlich doch auch wieder kraftvoll rhythmisierten Innenraum (Umschlagrückseite), wie sie ›die Wies‹ als Spätwerk in der Endzeit einer ganzen Stilepoche nicht mehr zustandebrachte. Unter jedem Gesichtspunkt erscheint Steinhausen als eine Schöpfung von eigenem Rang und Wert.

Der Bau versucht seinen Grundriß zunächst zu verbergen. Aus den ineinander verschränkten Satteldächern und den nach allen vier Himmelsrichtungen gekehrten prächtigen Giebeln wäre auf den ersten Blick eher eine Kreuzform herauszulesen und

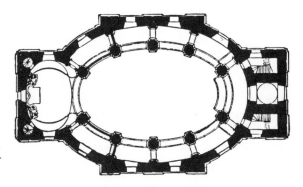

Steinhausen, Grundriß der Wallfahrts-kirche: eine Freipfeilerhalle als ovaler Zentralbau

demzufolge ein – wenn auch kleines – Querhaus zu vermuten. Erst unmittelbar gegenüber der Kirche wird deutlich, daß die Kreuzarme statische Funktion haben und als Mauerverstärkungen eine Art Widerlager zum Turm bilden.

Um so mehr tritt jetzt die Wohlgestaltetheit dieses Außenbaus ins Bild, die schmük-kende Ordnung der Fenster in den lichtgelben Wänden mit den farblich abgesetzten, vertikal gliedernden Riesenpilastern und den typisch Zimmermannschen Kartuschen-kapitellen aus Akanthusblättern und Muscheln darüber. Auch die horizontalen Akzente unterstreichen die vollkommene Harmonie, die hier waltet: der profilierte Sockel zuunterst, dann ein unter dem Dach umlaufendes, mit Zimmermannschen Schnecken besetztes Gesimsband und schließlich das vorkragende Dachgesims.

Der erste Eindruck drinnen ist so, als sei die Natur mit ihrem unerschöpflichen Reichtum an Formen und Farben, an Wundern des Wachsens und Blühens mit hineinge-nommen worden in das Gotteshaus. Wo über dem inneren Oval die zehn schlanken Freipfeiler enden, scheinen die Gewölbe wie Baumkronen aus ihnen herauszuwach-sen, und nicht einmal die bemalte Decke möchte man ein Dach nennen, sondern eher ein Fenster zum Himmel. Gerade die Zone des Übergangs, wo das Gebaute von Domi-nikus Zimmermann auch seine Stuckzier erhielt und der dabei behilfliche Bruder Johann Baptist mit seinem Deckenfresko anschloß, berührend und zum Teil auch ver-klammernd das eine mit dem anderen – diese Zone also ist eine der vollkommensten Leistungen jener Zeit, ja die Stukkaturen allein rechtfertigten es schon, Steinhausen als eines der großen Meisterwerke des 18. Jahrhunderts zu bezeichnen.

Gehören die Apostelfiguren zu Häupten jedes Pfeilers als ›Stützen der geistlichen Kirche‹ noch zu einem liturgischen Programm, so tobt sich im übrigen der Stuck nach Herzenslust aus. Gewiß sind da auch alle die zum bekannten Repertoire gehörenden Schmuckformen zugegen, die Girlanden und Masken, die Rosen und Krönchen, Vasen und Teile einer Balustrade. Eine Besonderheit aber sind schon die mit Gitterwerk be-setzten Felder an den Gewölbeansätzen, die zu den originellsten Stuck-Ideen des 18. Jahrhunderts gehören. Und ganz und gar nach der Art von Steinhausen ist der Wildwuchs von Flora und Fauna aus der nächsten Umgebung, den Zimmermann in

Gips nachbildete: Akelei und Margerite, Glockenblume und Dahlie, Sonnenblume und Nelke, an den Oberfenstern die Tiere aus dem Ried, Schmetterlinge und Schnecken, Fuchs und Fichtenkreuzschnabel, Biene und Heuschrecke, Specht und Wiedehopf, die Schwalbe mit ihren Jungen im Nest und noch vieles mehr. Der eine mag das im Wortsinne ein-fältige Gemüt, das aus solchen Kunstwerken spricht, nachsichtig belächeln und seiner Wege gehen; ein anderer läßt sich um so lieber anrühren von so viel inniger Naturverbundenheit, hält für ein paar Augenblicke inne und sieht hinterher, wenn auch er weiterzieht, die Landschaft ringsum vielleicht doch mit etwas veränderten, hellsichtiger gewordenen Augen . . .

Zuvor sollte er allerdings noch bemerken, in welcher Fülle und Vielfalt auch der Freskenmaler Elemente der Natur, Bäume, Brunnen, Wolken und Licht in seine Kompositionen einbezog. Mit dem großen Deckenfresko des Hauptovals schuf er einen Landschaftsraum, in dem die allegorischen Bilder, die erzählten Begebenheiten, die verschiedenen Figurengruppen nur scheinbar unvermittelt, in Wahrheit jedoch perspektivisch genau hinorientiert auf das zentrale Ereignis der Marienglorie beieinander stehen. Und alles erscheint da ganz leicht gefügt, in vorwiegend lichte Farben getaucht, voller Atmosphäre und mit dem Behagen ausgebreitet, ohne das ein Rokokoidyll keines wäre.

Für weniger bedeutend darf man die Fresken im äußeren Umgang mit Szenen aus dem Marienleben oder die Marienverehrung des Prämonstratenser-Seligen Hermann Joseph über der Orgel halten. Dafür ist das Chorfresko ein Meisterwerk, das einen Höhepunkt im Schaffen des Johann Baptist Zimmermann markiert und uns die farbliche Transparenz seiner Malweise besonders deutlich vor Augen führt. Dargestellt ist die Erwartung der Ankunft Christi im Himmel, die im Zusammenhang zu sehen ist mit dem großen, von Martin Kuen gemalten Hochaltarblatt (Kreuzabnahme) und dem kleineren Oberblatt (Himmelfahrt) sowie auch mit der Vespergruppe vor dem Altar, die das eigentliche Ziel der Marienwallfahrten nach Steinhausen ist. Diese in Holz geschnitzte Pietà aus den Jahren um 1410, die ursprünglich in Schussenried gestanden hatte, ist als ein charakteristisches Beispiel schwäbischer Hochgotik zu verstehen. Die Krone der Maria – eine Augsburger Arbeit – ist allerdings eine sehr viel spätere Zutat.

Der Hochaltar fußt übrigens auf einem Entwurf von Dominikus Zimmermann. Er wurde wie die Nebenaltäre von Joachim Frühholz aus Weingarten erstellt. Für sich genommen, sind diese Altäre nicht unbedingt als überragende Arbeiten anzusehen, aber auch in ihrer gediegenen Qualität haben sie Wert und Bedeutung als wichtige Akzente in dem Kosmos des Steinhauser Raums.

Bad Buchau

Auf einer Moräneninsel, die einst mitten in der seither beträchtlich kleiner gewordenen Federsee hineinragte, gründete Adelinde, Gattin eines fränkischen Statthalters in

Alamannien, ums Jahr 770 einen Frauenkonvent, der 857 als Eigenkloster Ludwigs des Deutschen bezeugt ist. Um diese Zeit amtierte Ludwigs Tochter Irmengard als Äbtissin in Buchau, das anfänglich vielleicht eine Benediktinerinnenabtei war, seit Beginn des 10. Jahrhunderts mit Sicherheit ein Kanonissinnenstift und drei Jahrhunderte später ein freiweltliches Stift für adlige Damen. Nach der Säkularisation 1802 dienten die Gebäude als Oberamt und Rentamt, Schloß und Verwaltungssitz der Fürsten von Thurn und Taxis, Kindergärtnerinnenseminar, nach dem Zweiten Weltkrieg vorübergehend sogar als Kaserne. Seit 1947 beherbergen sie eine Kinderheilstätte der Caritas.

Die frühe Siedlung blieb klein beieinander und wurde dennoch 1320 eine Freie Reichsstadt, deren Bürger selbstbewußt genug waren, den regierenden Äbtissinnen Widerpart zu bieten, wenn sie's für nötig hielten. Heute erinnern nur noch wenige mittelalterliche Fachwerkbauten zwischen Geschäfts- und Bürgerhäusern des 19. und 20. Jahrhunderts an Buchaus reichsstädtische Vergangenheit.

1929 wurde unter dem Chor der Stifts- und heutigen *Pfarrkirche St. Cornelius und Cyprian* eine *Hallenkrypta* mit drei Schiffen, halbrunder Ostapsis und Kreuzgewölbe ausgegraben. Hinter der Westwand der Krypta, die möglicherweise schon im 10. Jahrhundert aufgemauert wurde, fand man auch das Grab der Adelinde und ihrer drei Söhne. Von wenigen Resten, die ein Brand 1032 übriggelassen hat, und auch von den ›gotisierenden‹ Formen nachträglich eingebauter Fenster abgesehen, gehört indes der heutige Außenbau zum alten Bestand einer gotischen Kirche des 14. oder 15. Jahrhunderts.

Um so mehr überrascht drinnen eine dreischiffige Halle mit emporenbesetzten Seitenschiffen, die viel mehr den Eindruck eines weltlichen Festsaals als einer Kirche vermittelt. Nicht einmal die halbrunde Chorapsis ist imstande, dieses Bild zu korrigieren. Der Baumeister Michel d'Ixnard hat es so gewollt. Es war Fürstäbtissin Maximiliana, die vorletzte Regentin des Buchauer Stifts, die ihn 1773 beauftragte, seine Vorstellungen in die geplante, von einer Bauleute-Kommission schon weitgehend vorbereitete ›Reparatur‹ der Stiftskirche einzubringen, aus der dann zu guter Letzt etwas ganz Neues entstand. St. Cornelius und Cyprian wurde nach d'Ixnards Entwurf geradezu ein Modellfall des frühen Klassizismus, dessen rationalistisches Denken auf klare horizontale und vertikale Gliederung, die Vorherrschaft des rechten Winkels, möglichst ungebrochene Flächen, flache Decken, glatte Pilaster und kühl ausgewogene Proportionen gerichtet war (Abb. 116). Kühle ist denn auch das erste Empfinden, das einen beim Betreten dieser Kirche umfängt, doch sogleich wieder gemildert durch das von drei Seiten ungehemmt einströmende, die satte Farbigkeit der Deckengemälde hervorhebende Tageslicht. In diesen prachtvollen Deckengemälden von Andreas Brugger klingt noch eine leise Erinnerung an den Barock nach. Von Johann Georg Meßmer stammen die Rundbilder über den Emporen, die noch den Geist des Rokoko vergegenwärtigen.

Johann Joseph Christian aus Riedlingen hat mit der plastischen Ausstattung der Buchauer Stiftskirche sein letztes bedeutendes Werk der Nachwelt hinterlassen; auch wenn er altershalber nicht überall selbst mehr Hand anlegen konnte und manches der

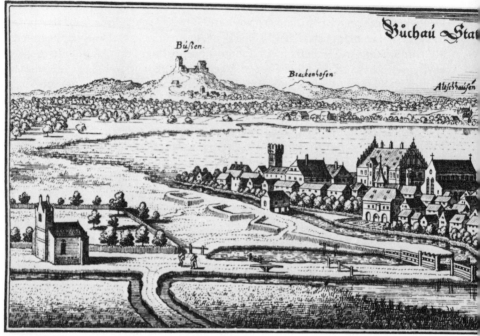

Stadt und Stift Buchau. Kupferstich von Matthäus Merian

Werkstatt oder anderen Meistern überließ, blieb seine Handschrift bestimmend für die Gesamtheit der Buchauer Plastik. Das ist um so erstaunlicher, als er an diesem Ort keineswegs so frei über seine Ideen verfügen konnte, wie er da und dort vielleicht gewollt hätte, denn verbindlich war auch für ihn das von d'Ixnard vorgezeichnete Grundkonzept. Dazu gehörte u. a. der Verzicht auf selbständige Altaraufbauten; an deren Stelle trat die gestaltete Wand, in oder vor der die Skulpturen ihren Platz zugewiesen bekamen.

Nur ein Künstler auf der Höhe reifer Meisterschaft konnte sich einen fremden Entwurf, wie ihn d'Ixnard u. a. auch für die Kreuzigungsgruppe in der Chornische hinter dem Hochaltar vorgab, so zu eigen machen, daß die Ausführung als ein Werk von unverwechselbar eigener Hand zum Vorschein kam. Verwundern mag dabei vielleicht, daß der Alternde ausgerechnet in dem Hauptmann Longinus, der als der Reichspatron galt und sich hier wie von einer Bühne herab nach vorn neigt, indes die beiden Marien und Johannes zum Gekreuzigten aufschauen, die zerbrechlichste aller seiner Gestalten schuf. Doch nicht nur sie, sondern auch viele beredte Details von Beichtstühlen und Nebenaltären muten in solcher Umgebung wie das letzte zarte Aufblühen einer versinkenden Stilperiode an. Obwohl Christian hier auch schon den beruhigenden und ver-

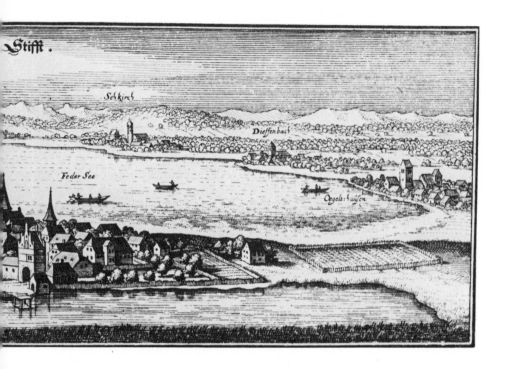

feinernden Einfluß französischer Kultur mit in sich hineinnahm, ist seine Kunst doch bis ans Ende seiner Tage eines der besten und schönsten Beispiele schwäbischer Rokokoskulptur geblieben. Geradezu modellhaft demonstrierte er sie in Buchau noch einmal mit der sehr dekorativ aufgefaßten und schwungvoll bewegten Gestalt der Maria vom Siege, die unmittelbar links vor dem Chor das Gegenstück zur Kanzel bildet. (Vor der Kirche eine Kreuzigungsgruppe von 1750 in dem von Otto Herbert Hajek 1958 entworfenen Ehrenmal.)

In dem umfangreichen Komplex der *Stiftsgebäude* bildet der Fürstenbau mit seinem repräsentativen Treppenhaus von Johann Kaspar Bagnato (1744) den Mittelpunkt. Der Kavaliersbau am äußeren Hof war schon im ersten Jahrzehnt des 18. Jahrhunderts errichtet worden, während die jüngeren Trakte mit dem Damenbau und die klassizistischen Raumausstattungen zu einem wesentlichen Teil das Werk d'Ixnards sind.

Im *Stiftsmuseum,* das im nahegelegenen ehemaligen Kaplaneigebäude neu eingerichtet wurde, sind jetzt bedeutende Werke christlicher Kunst aus der Zeit der Gotik und des Barock, die jahrzehntelang in Verbindung mit Kirche und Stift Buchau zwar immer wieder genannt wurden, aber nicht mehr zugänglich waren, wieder zu sehen

(Marienklage von 1430, Gnadenstuhl von 1480, Anna Selbdritt um 1500, Johannes-kopf von 1470, Vesperbilder, Paramente, liturgische Geräte u.a.m.). Das Museum ist samstags und sonntags 14–16 Uhr oder auf Anfrage (✆ 0 75 82/82 51) geöffnet.

Der nahe **Federsee** ist der bescheidene Rest eines verlandenden Gewässers, das einst ein von Moränenwällen des Rheingletschers umrandetes, mehr als 10 km langes und 5 km breites Becken ausfüllte. Ein breiter, solide gebauter Steg führt über Moor und Schilf mitten hinein in ein Naturparadies, das mit rund 1400 Hektar (einschließlich der Uferzonen) immer noch das größte Naturschutzgebiet Süddeutschlands ist. Hier lebt eine durch die Einflüsse der Zivilisation zwar schon erheblich beeinträchtigte, aber doch einzigartige Pflanzen-, Insekten- und Vogelgesellschaft.

Von dem uralten Siedlungsgebiet der Uferzone, auf dem auch die Stadt Buchau gründet, berichtet das bei den Parkplätzen am Zugang zum See gelegene, von dem Architekten Manfred Lehmbruck 1966/68 neu erbaute *Federseemuseum*. Es belegt, beginnend mit den primitiven Knochen- und Steinwerkzeugen aus einem altsteinzeit-lichen Jägerlager an der Schussenquelle (etwa 12 000 v. Chr.) bis hin zu den Werkzeug- und Schmuckfunden aus der Hallstatt-, Spätlatène- und Römerzeit ein umfangreiches Kapitel Menschheitsgeschichte.

Kappel (Bad Buchau)

Auf der Straße, die von Bad Buchau nach Kappel hinausführt, kommt man an dem kleinen, innen gut stuckierten Barockbau der *Wuhrkapelle* (spätgotische Muttergot-tes, neuer Altar von Professor Henselmann) vorbei. Die in einem befestigten Friedhof hoch über dem Dorf (mit schönem Ausblick zum Federsee, zum nahen Bussen und den fernen Voralpen) gelegene *Kappeler Kirche* war zu Zeiten, als im Stift noch die fürst-lichen und adligen Damen das Sagen hatten, die Pfarrkirche von Buchau, und das war sie schon 1229. Seit einem Um- und Erweiterungsbau im Jahr 1927 ist der alte romani-sche, später gotisch geschlossene Chor Seitenkapelle, aber gerade im Zuge jener Bauar-beiten kam darin erst richtig zum Vorschein, was der größte Reichtum dieser Kirche ist: eine Folge von Wandmalereien, deren Zusammenhang mit der Reichenau offensicht-lich ist, und die wie die Fresken der Niederzeller Kirche auf die Zeit um 1100 zu datie-ren sind.

Neben einer spätgotischen Kreuzigungsgruppe beim heutigen, nach Süden orien-tierten Hochaltar fällt das originelle Abendmahlrelief (Abb. 117) an der rechten Chor-bogenwand auf. Mit seinen bedeutend aussehenden Charakterköpfen und der liebens-werten Milieuschilderung läßt es an den etwas früher entstandenen Schussenrieder Marientod denken.

Stille Winkel am Rande der Alb

Saulgau – Sießen – Mengen und Ennetach – Habsthal – Meßkirch –
Wald – Pfullendorf – Königseggwald – Saulgau

Es ist, wie die Kapitelüberschrift verspricht, wahrhaftig eine stille, fast ein bißchen
außer der Zeit gebliebene Landschaft, durch die dieser zweite Rundweg von Saulgau
(s. S. 239) aus führen will. Eine Landschaft, die immerzu versuchen wird, uns aus dem
Konzept zu bringen, weil sie einlädt, länger in ihr zu verweilen, ihre Wiesen und
Wälder und die wellengleich in weite Horizonte hinein verfließenden Hügel zu erwan-
dern, statt eilig nur der Kunst nachzureisen. Wie nahe liegt da doch der Gedanke, man
könnte ja auch einmal einen Urlaub lang das eine mit dem anderen verbinden – nur
versuchsweise, versteht sich. Wer allerdings diese ganz andere Möglichkeit, sich dem
Lande und seiner Kunst zu nähern, das erste Mal richtig erschmeckt hat, gerät leicht in
die Gefahr, nicht mehr von ihr lassen zu wollen.

Sießen (Saulgau)

In Sießen empfängt einen der Friede, die Abgeschiedenheit einer kleinen ländlichen
Ansiedlung, deren Mittelpunkt das nach Saulgau gestiftete, 1259 hierher verlegte
Dominikanerinnenkloster ist. Die beiden Vorarlberger Franz Beer und Christian
Thumb errichteten in den Jahren 1716 bis 1722 die neue vierflügelige, um den quadratischen Kreuzgarten gruppierte *Klosteranlage,* deren besonderes Merkmal ihre
Schlichtheit ist. Doch gerade die großen schmucklosen Flächen sind es, die in Verbindung mit den um so mehr belebenden turmartigen Eckrisaliten dem Erscheinungsbild
der Sießener Klosterbauten den Charakter vornehmer Gediegenheit verleihen.
Der Baumeister der Sießener Dominikanerinnenkirche ist Dominikus Zimmermann. Nun wird zwar immer wieder behauptet, in Sießen habe Zimmermann nicht
einmal sein Gesellenstück, sondern erst eine Lehrlingsarbeit produziert; alles, was die
Besonderheit seines späteren Schaffens ausmache, fehle hier noch nahezu ganz oder sei
zumindest nicht über Ansätze hinausgekommen. Man kann aber, was hier gemeint ist,
ebenso gut anders sehen – und muß es wohl auch. Zimmermann sah sich in Sießen
einer Aufgabe gegenüber, die von Anfang an in der Beschränkung den Meister for-
derte. Die Sießener Priorin wollte sich jedenfalls nicht auf die Schulden und Risiken
einlassen, wie sie nachher der Bauherr von Steinhausen auf sich nahm.

Dennoch wurde zwischen 1725 und 1733 ein prächtiges Gotteshaus daraus. Sein kreuzförmiger Grundriß, den die querschiffartige Erweiterung des ersten Jochs vor dem halbkreisförmig abschließenden Hochchor erzeugt, ist indessen so zurückhaltend ausgeprägt und die Vereinheitlichung des Gesamtraums so nachdrücklich vorangetrieben, daß die Idee des Zentralbaus hier schon deutlich durchdringt. Auch die andere Zimmermannsche Vorstellung von der ›Zweischaligkeit‹ drückt sich in der Art und Weise aus, wie er die Wölbgurte auf Doppelpilaster setzt und die unbehandelten Umfassungswände außerhalb läßt. Für jedermann sichtbar ergeben sich Wandteile von unterschiedlicher Funktion und Bedeutung. Gewiß wird man Zentralraum und Raumschale in Steinhausen mit viel größerer Freiheit gestaltet und entfaltet finden, doch auf seine bescheidenere Weise vollkommen geglückt ist gewiß auch der Sießener Raum, den phantasievoll geschwungene Fenstergruppen mit hohen Rundbogen und baßgeigenförmigen Oberlichtern erhellen. Wie eine Theaterloge ragt in ihn der Nonnenchor hinein, in dessen Gestühl allerdings ein sehr dekoratives, kunstvoll geschnitztes Gitter auf der Brüstung den Einblick verwehrt. Das Nonnenoratorium unter der Empore ist durch eine Reihe von Bogenfenstern vom übrigen Kirchenschiff abgetrennt.

Den poesievollen, an die Arbeiten von Cuvilliés erinnernden Stuck im Stil des Frührokoko schuf Dominikus Zimmermann zusammen mit seinem Bruder Kaspar, während der andere Bruder Johann Baptist die Langhaus-Fresken malte und der Saulgauer Kirchenmaler Kasper Fuchs an der Empore und an der Brüstung tätig wurde. Die ursprüngliche Ausstattung wurde jedoch im ausgehenden 19. Jahrhundert durch schwerfällige Gebilde im Neorenaissancestil ersetzt.

Nach 1945 besann man sich wieder eines Besseren – so mit der Zurückrestaurierung der in Teilen veränderten Stuck- und Freskendekoration sowie dem Erwerb einer Kanzel und zweier barocker Seitenaltäre, auf die wieder alte Sießener Figuren zu stehen kamen. Die Stelle des Hochaltars nahm noch die längste Zeit das ungerahmte barocke Altarblatt von Matthäus Zehender (Maria bei der Übergabe des Ordensgewandes) ein, umgeben von sechs Barockskulpturen der Dominikanerheiligen, die zur früheren Altarausstattung gehört hatten. Blatt und Figuren sind seit 1988 integriert in einen von Professor Wolfgang Köberl, Innsbruck, entworfenen Stuckmarmoraltar im frühen Rokokostil, dessen Bau nach alten handwerklichen Techniken vom Modell bis zur Fertigstellung runde drei Jahre brauchte. Niemand weiß genau, wie die frühere Ausstattung der Sießener Kirche ausgesehen hat, aber daß sich die jetzige in Zimmermanns schönen Régence-Raum nahtlos einfügt, kann jedermann sehen (geöffnet werktags 10–12 und 14–17 Uhr, sonntags 10.30–11 und 13–17 Uhr).

Die Franziskanerschwestern, die 1860 die Dominikanerinnen ablösten, richteten im Kloster ein reichhaltiges Museum mit Werken ihrer Mitschwester Maria Innozentia Hummel (Hummel-Figuren!) ein (werktags 10–12 und 14–17 Uhr, sonntags 13.30–16 Uhr geöffnet).

Mengen und Ennetach

Auf keltischem Siedlungsgebiet, auf dem später auch die Römer eine Niederlassung hatten, gründete ein gewisser Mago um das Jahr 400 n. Chr. den Ort Magoingen. Heute heißt dieser Ort Mengen und war ursprünglich identisch mit dem jetzt vor der Stadt liegenden Ennetach. Von 917 bis 1276 gehört Mengen-Ennetach zum Herzogtum Schwaben, erhält 1276 Freiburger Recht, bleibt als eine der fünf Donaustädte Habsburger Besitz und kommt nach der Auflösung des alten Reiches 1806 an Württemberg. Die ältere Vorsiedlung, die außerhalb der Stadtmauer geblieben war, hieß bis ins 16. Jahrhundert Mengen Dorf oder Altmengen und seither erst Ennetach, weil sie jenseits (alamannisch: ennet) der Aach lag.

Mengen erfreut zunächst mit malerischen Gruppen von Fachwerkhäusern, deren stattlicher Habitus immerhin auf einigen Wohlstand schließen läßt. Eines dieser Häuser, die Alte Post, die 1686 erstmals als Posthalterei der Thurn und Taxis beurkundet ist, beherbergt seit 1968 ein *Heimatmuseum* mit beachtlichen Funden aus der Frühzeit dieses Siedlungsraumes, mit Beispielen bodenständiger Plastik und Malerei vom 16. bis 20. Jahrhundert sowie der bäuerlichen Kultur.

Die *Stadtpfarrkirche Unserer Lieben Frau*, eine ursprünglich gotische, 1734–42 von Peter Thumb barockisierte Basilika, birgt u. a. im südlichen Seitenschiff zwei große Gruppen in Ton aus dem frühen 16. Jahrhundert, die Ölberg und Grablegung darstellen, das Tafelbild einer Maria mit Heiligen und an der Stirnwand des nördlichen Seitenschiffs eine schöne spätgotische Muttergottes.

In der nahegelegenen *Martinskirche* sind noch Mauerreste aus der ersten, romanischen Bauperiode verblieben. Die heutige Anlage ist im übrigen Barock, allerdings mit mehrfachen Veränderungen aus neuerer Zeit.

Für den kunsthistorisch Interessierten ergiebiger ist die *Pfarrkirche St. Cornelius und Cyprian* im Ortsteil Ennetach. Auch hier reicht ein Teil der Anlage – der später gotisierte Turm – in romanische Zeit zurück, auch hier hat der Barock den älteren Baubestand aus dem 15. Jahrhundert verändert, und vollends wurde das Langhaus im späten 18. Jahrhundert in einen schlichten Saal verwandelt. Im architektonischen Zuschnitt dieses Langhauses steckt jedoch nach wie vor noch ein gutes Stück kraftvoller Mittelalterlichkeit, indes der Chor mit seinen dekorativen Gewölberippen und den Fischblasenmustern im Maßwerk der Fenster seine Herkunft aus der späten Gotik nicht nur deutlich, sondern auch auf vornehme Art bezeugt.

Dieser Chor ist gewiß der bedeutendste Raumteil der Ennetacher Kirche. Er birgt neben leicht erkennbarer neuerer Ausstattung (so u. a. Fenster von Professor Wilhelm Geyer aus Ulm und Steinblockaltar von Josef Henger aus Ravensburg) einige gute Stücke aus früherer Zeit, hervorzuheben vor allem das feingliedrige, bis zum Gewölbe hochreichende Sakramentshaus an der nördlichen Chorwand und eine Gruppe von Holzplastiken, die zum früheren Hochaltar gehörten und der Werkstatt, zumindest dem nächsten Umkreis von Jörg Syrlin d. J. in Ulm zuzuweisen sind. Eine ausdrucksvolle Madonna mit dem Jesuskind, das in der einen Hand die Weltkugel hält, wird von einigen Sachkennern für ein Werk des Bartholomäus Zeitblom gehalten, während mit Sicherheit von Syrlin der dreisitzige Levitenstuhl (1506) und das Chorgestühl (1509) stammen.

Ein früher im Chorraum stehender Taufstein von 1299 mit einem Fratzenrelief auf der Vorderseite, das nach altem Glauben den verderblichen Einfluß der sündhaften Welt abwehren soll, ist nach der letzten Restaurierung in die nach dem von allerlei Wundern heimgesuchten Bäuerlein Luibertus benannte Kapelle auf der Südseite verbracht worden. Eine Schnitzfigur des kreuztragenden Heilands beherrscht die Westwand der südlichen Vorhalle und dürfte gegen Ende des 15. Jh. entstanden sein.

Habsthal (Ostrach)

Auf dem Wege von Mengen nach Meßkirch lockt ein Abstecher über Rosna nach Habsthal, dem Ort eines im 13. Jahrhundert von Mengen hierher verlegten Dominikanerinnenklosters, das 1806 aufgehoben wurde und seit 1892 Benediktinerinnenkonvent ist. Gern zeigen die Schwestern ihre *Kirche*, die zugleich Pfarrkirche ist, doch außerhalb der Gottesdienste meistens geschlossen bleibt. Man wende sich also an die Klosterpforte, um einen zwar einfachen, aber sehr stimmungsvollen Barockbau (1680) des Jos (Jodokus) Beer aus dem Bregenzer Wald kennenzulernen.

Lockere Rocaillestukkatur ziert den im Westen von einem tiefen Nonnenchor durchbrochenen Raum. Die Deckengemälde im Chor (Verehrung der heiligen Hostie durch die Erdteile), im Langhaus (der heilige Dominikus) und über der Empore (Salve Regina) gehören zu den besten Arbeiten des Augsburger Freskenmalers Gottfried Bernhard Goetz (um 1748). Das Gemälde des stattlichen Hochaltars mit der Darstellung der Klostergründung wie auch die Bilder der beiden Seitenaltäre gehen auf Matthäus Zehender zurück. Von früheren Wandaltären im Schiff wie auch von der Stuckmarmorkanzel Feuchtmayers sind nur Reste, insbesondere die beiden Altarblätter verblieben. Beachtlich ist eine Pietà aus der Mitte des 18. Jahrhunderts auf dem südlichen Seitenaltar, und ausgesprochenen Seltenheitswert hat eine vermutlich um die gleiche Zeit geschaffene Holzplastikgruppe der Heiligen Familie in schreitender Bewegung am linken Seitenaltar (Abb. 120).

Meßkirch

Über *Krauchenwies* mit dem außerhalb gelegenen Wasserschlößchen, dem von einem Weinbrenner-Schüler erbauten fürstlichen Landhaus mitten im Ort und einem der schönsten Wirtshausschilder weit und breit (›Zum goldenen Adler‹ an der Hauptstraßenkreuzung) sind es 18 km nach dem 1080 erstgenannten Meßkirch; die Grundherren waren hier nacheinander die Grafen von Rohrdorf, die Truchsessen von Waldburg, die Herren von Zimmern und die Grafen von Helfenstein, bis Meßkirch 1627 fürstenbergisch und 1806 badisch wurde. Seine Zugehörigkeit zum oberschwäbischen Lebensraum und Menschenschlag hat es jedoch auch nach dieser Zeit niemals verleugnet. Und was hat dieser Menschenschlag gerade hier doch alles an schöpferischen Kräften freigesetzt: Martin Heidegger, der Philosoph, ist in Meßkirch geboren, auch Conradin Kreutzer, der Komponist, der Maler Johann Baptist Seele, der spätere Freiburger Erzbischof Conrad Gröber, der Schriftsteller und Chronist Gottfried Werner Graf von Zimmern, im 16. Jahrhundert wohl auch der ›Meister von Meßkirch‹, dem wir u. a. in den Wandgemälden des Klosters Heiligkreuztal wiederbegegnen, und nicht zuletzt ist des Predigers Abraham a Santa Clara zu gedenken, der – ganz in der Nähe zur Welt gekommen – längere Zeit in Meßkirch wirkte.

Zeuge einer bewegten Vergangenheit ist das 1986 als ›Kulturdenkmal von besonderer nationaler Bedeutung‹ in ein langjähriges Sanierungs- und Renovierungsprogramm aufgenommene *Zimmernsche Schloß* (heute im Besitz der Stadt). Es gilt als eines der frühesten und bedeutendsten Beispiele italienisch beeinflußter Renaissancearchitektur nördlich der Alpen. Jörg Schwartzenberger hat es 1557–1567 als vierflügelige Anlage mit vorspringenden Ecktürmen geplant und bis auf den dann auch in späterer Zeit nicht mehr ausgeführten Nordflügel erbaut. Der Festsaal mit seiner großflächig unterteilten Kassettendecke ist ein Vorläufer von Schwartzenbergers Rittersaal im Schloß Heiligenberg.

Die gegenüberliegende *Stadtkirche St. Martin* ist dem Ursprung nach eine spätgotische dreischiffige Basilika, die wiederum am Platz einer romanischen, in Teilen des Turmuntergeschosses noch erhaltenen Kirchenanlage stand. Unter der künstlerischen Leitung des Sigmaringer Malers Andreas Meinrad von Ow und beratender Mitwirkung von Franz Anton Bagnato wurde der Raum zwischen 1770 und 1782 zu einem weiten Saal mit eingezogenem Chor und zweigeschossiger Westempore vereinheitlicht. Entstanden ist dabei ein architektonisches Gebilde, dessen Reiz darauf beruht, daß in ihm zwar noch einmal der ganze Zauber des späten Rokoko auflebt, es aber mit den Korbbogenformen und dem flachen Spiegelgewölbe der Decke schon dem Frühklassizismus zugehört, während im Chor noch der Nachklang der Spätgotik vernehmlich ist – erfüllt das Ganze von einer durch und durch heiteren Stimmung.

Seine Festlichkeit verdankt der Raum insbesondere den frischen, farbenfrohen Deckenfresken Meinrad von Ows und den Stukkaturen von Johann Jakob Schwarzmann, die noch ganz im Stil des Rokoko zu begreifen sind. Den Hochaltar aber, der nach dem Willen Meinrad von Ows alle künstlerischen Bemühungen in diesem Gotteshaus krönen sollte, umweht ungeachtet seiner Rokokoformen schon merklich der kühle Hauch des Klassizismus. Der Donaueschinger Hofbildhauer Franz Xaver Bieheler hatte auch für die Seitenaltäre die Aufbauten und das plastische Dekor geschaffen, während die Altarblätter – mit einer Ausnahme – das Werk Meinrad von Ows sind. Interessant und originell ist die Verbindung des linken Seitenaltars am Chorbogen mit der Kanzel, des rechten mit einer Kleinorgel.

Das bedeutendste Altarbild, eine Anbetung der Könige, findet sich auf dem Drei-königsaltar an der Nordseite des Schiffs – eines der großen Kunstwerke aus der Hoch-blüte deutscher Renaissance, das der ›Meister von Meßkirch‹ ursprünglich für den Mittelteil eines mehrflügeligen Hochaltars im Chor der gotischen Kirche geschaffen hatte. Hervorragende Meßkircher Kunstwerke sind ferner das lebensgroße Bronze-Epitaph für den Grafen Gottfried Werner von Zimmern (eine Nürnberger Arbeit von 1558), das noch prächtigere, monumentalere für Wilhelm von Zimmern von Wolf-gang Neidhart aus Ulm (1599) und das elegante *Stuckmarmor-Epitaph* (Farbt. 14) von Johann Joseph Christian für Karl Friedrich von Fürstenberg-Meßkirch auf halber Höhe links im Chor.

Ein weiterer Kunstschatz der Kirche ist die seitlich angebaute, mit einem zierlichen Rokoko-Gitter versehene *Johann-Nepomuk-Kapelle* von 1733/34, in der das be-rühmte Brüderpaar der Asam tätig war: Egid Quirin für Stuck und Altarbau, für die Malerei andererseits Cosmas Damian, der mit dem Hochaltarblatt eines seiner letzten und reifsten Bilder schuf.

In dem freundlichen Landstädtchen Meßkirch findet man neben manchem ansehn-lichen Bürgerhaus und dem 1898 im Neurenaissance-Stil errichteten Rathaus auch die jetzt altkatholische *Liebfrauenkirche* am Ufer der Ablach aus der Mittte des 14. Jahr-hunderts mit später von Schwartzenberger veränderter Fassade und ebenfalls umge-staltetem Turm. Die reichen Laubwerkkapitelle sowie die gemalten Scheiben im Chor und Teile des plastischen Schmucks gehen noch auf die Erbauungszeit zurück, wäh-rend die Muttergottes im Hochaltar und vier Heilige ulmischer Herkunft eher gegen 1500 hin zu datieren sind.

Wald

Ein Kleinod, das relativ wenig bekannt wurde, ist die *Kirche* des 1212 gegründeten Zisterzienserinnenklosters Wald auf halbem Wege zwischen Meßkirch und Pfullen-dorf – in ihrer heutigen Erscheinung ein Neubau nach Plänen von Jos Beer aus den Jah-ren 1696–98. Zwar nur ein schlichtes, einschiffiges Rechteck von bescheidenen Dimen-sionen mit eingezogenem Chor und Stichkappentonne, ist dieser Kirchenraum doch eine wohlgelungene Einheit von nobler Architektur, farbenfroh leuchtender Malerei mit einem prachtvollen Langhausfresko (Abb. 121) des Meinrad von Ow (Besuch der heiligen Humboldina bei ihrem Bruder Bernhard von Clairvaux) als Höhepunkt und den reich belebten Rocailleformen des Stucks von Johann Jakob Schwarzmann. Ge-mälde von Jakob Karl Stauder im Hoch- und nördlichen Seitenaltar, ein Altarblatt von Franz Georg Hermann auf der Gegenseite, Kanzel und Oratorium der Äbtissin, ein Vesperbild aus dem späten 17. Jh. sowie eine ulmische Muttergottes (um 1550) ge-hören zur weiteren Ausstattung, an der im übrigen auch die Klostergebäude nicht arm sind. Der sogenannte Gastflügel ist seit 1949 eine Heimschule der Liobaschwestern.

Pfullendorf

Schöne alte Bürger- und Gasthäuser, Klosterbauten und Pfleghöfe, viele von ihnen in prächtigem Fachwerk, sind im Stadtkern über der feuchten Niederung, dem ›Pfuhl‹, dem das mittelalterliche Pfullendorf seinen Namen verdankt, versammelt und verleihen dem Ort die behagliche Atmosphäre. Das berühmteste Fachwerkhaus, eines der ältesten zudem in ganz Süddeutschland, ist das *Schoberhaus* (Abb. 123) in der Pfarrhofstraße, ein Bohlenständerbau, von dem feststeht, daß er 1336 mehr oder weniger verändert, aber schon 1257 von seinen Besitzern, den Rittern von Magenbuch, bewohnt wurde. Rückseits liegt das Haus auf der Stadtmauer auf, ist gleichsam über sie gestülpt – ein nicht nur in diesem Punkt, sondern in seiner ganzen eigenwilligen Erscheinung ziemlich einzigartiger Bau.

Im Umkreis der Pfarrkirche imponieren die mittelalterliche *Markthalle*, auch ›Greth‹ genannt, und nahebei das Rathaus der Stadt, die um 1180 von den Grafen von Pfullendorf an Kaiser Friedrich I. gekommen war, 1220 von Kaiser Friedrich II. die Stadtwürde erhalten und sich als meistens von den Zünften regierte Reichsstadt bis 1803 behauptet hat. Seither ist sie badisch.

Das *Rathaus* von 1524 wurde von Franz Anton Bagnato, dem Sohn Johann Kaspars, um 1785 erweiternd verändert und birgt u. a. in den Fenstern des großen Ratssaals ein reichliches Dutzend von Christoph Stimmer d. Ä. 1524/25 bemalte Wappenscheiben, wie sie zu jener Zeit benachbarte und befreundete Klöster, Städte und Fürsten aus Anlaß eines Rathausbaus gern stifteten. Es sind ausnahmslos hervorragende Beispiele der Renaissance-Glasmalerei.

Die *Pfarrkirche St. Jakob* ist hervorgegangen aus einem gotischen Bau vor 1348, der im Innern später ins Barocke gewendet wurde, und dies mit einem Überschwang, der einen ziemlich sprachlos macht. Anfangs war hier der Stukkateur Johann Georg Graf aus Konstanz am Werk gewesen, doch vor allem des Chors bemächtigte sich dann der damals erst 21jährige Vorarlberger Johann Jakob Schwarzmann, dem wir zuletzt in Wald und Meßkirch begegnet waren, mit dem jugendlichen Ungestüm und der Erfindungskraft eines Genies. Mit Kronen, Posaunen, Kanonenrohren, einem Wasserfall, mit Palmen, Blumengirlanden, tropischen Pflanzen in Vasen auf Pfeilergesimsen und allen nur denkbaren Dekorformen des Rokoko umgibt er ein verzwicktes theologisches Programm, das u. a. auf die Ewige Stadt und das Apokalyptische Weib verweist, und er verzaubert damit den ganzen zweigeteilten Chorraum mit dem vorzüglich gearbeiteten, schweren Gestühl von Franz Magnus Hops. Und wieder ist Meinrad von Ow der Freskenmaler, der hier mit einer Huldigung an den heiligen Jakobus unter einer illusionären Kuppelarchitektur, einer Marienkrönung und Themen des Rosenkranzes im Chor, im Langhaus und in den Seitenschiffen wie auch mit der Ausmalung der zweigeschossigen Empore einige seiner bedeutendsten Werke schuf. Ein Altarblatt des Giulio Benso an dem über einer gotischen Steinmensa aufgerichteten Hochaltar (mit Figuren von Hegenauer und Stukkaturen von Schwarzmann) ist 1866 auf Betreiben der

Kirchengemeinde durch ein Altargemälde des Freiburgers Wilhelm Dürr im nazareni-
schen Stil ersetzt worden.

Die beiden etwas schräg gestellten Seitenaltäre am Choreingang mit ihren vorzüglichen Gemälden von Franz Joseph Spiegler sind vielleicht doch etwas zu vorbehaltlos,
nur weil ›ein berühmter Stukkateur aus Weingarten‹ sie gefertigt hat, dem Joseph
Anton Feuchtmayer zugeschrieben worden. Die ungleich stärkere Wirkung geht
jedenfalls von den Altären an den Ostenden der beiden Seitenschiffe aus: vom Rosenkranzaltar mit neun noch original erhaltenen (von insgesamt fünfzehn) Reliefmedail-
lons des Martin Zürn, mit Heiligenfiguren aus der Werkstatt seines Bruders Jörg Zürn
und einer schönen Muttergottes von Franz Magnus Hops; andererseits vom gotischen,
wenn auch in Teilen erneuerten *Flügelaltar* (Abb. 122) im südlichen Seitenschiff (um
1450), einer guten seeschwäbischen Arbeit auf einer eher noch bedeutenderen
ulmischen Predella mit dem von Engeln gehaltenen Schweißtuch der Veronika. Der
Ulmer Bartholomäus Zeitblom wird für das Staffelbild in Anspruch genommen.

Zu den noch gut erhaltenen Resten des Pfullendorfer Stadtberings gehört als besondere Sehenswürdigkeit das großmächtige *Obertor* (Abb. 124). Mit seinem Torhaus,
dem 38 Meter hohen Vierkantturm darüber, dem von zwei Rundtürmen flankierten
Vortor, mit Treppengiebeln, Erkertürmchen und Satteldach, mit Kreuzigungsrelief
und Stadtwappen über dem Torausgang präsentiert es sich wie ein Stück aus einem
alten Bilderbuch.

Ein paar hundert Meter weit draußen an der Straße nach Mengen bietet sich dann
noch eine Gelegenheit, in der *Wallfahrtskirche Maria Schray* die Eindrücke aus den Be-
gegnungen mit Werken des Andreas von Ow und des Johann Jakob Schwarzmann vollends abzurunden.

Königseggwald

Ein kleiner, ruhiger Ort, von altersher Besitz der Herren von Königsegg, die 1629
Reichsgrafen wurden und als Königsegg-Aulendorf (neben einer zweiten, bayerischen
Linie der Königsegg-Rothenfels) ihren Verwaltungssitz hierher verlegten: eine ländliche Residenz also ist Königseggwald, und in der Tat scheint es so, als ordne sich das
ganze Dorf dem Schlosse zu, nicht etwa nur das Rent- und Forstamt, das einmal ein
Franziskanerinnenkloster war, und auch nicht andere stattliche Gebäude des 18. und
19. Jahrhunderts allein.

Das *Schloß*, das von der gräflichen Familie bewohnt wird, dessen Schauseite von der
Kirche her jedoch gut einzusehen ist, imponiert als vorbildlich instandgehaltene klas-
sizistische Anlage, die vornehme Gediegenheit ausstrahlt. Michel d'Ixnard war der
Baumeister.

Die ungeachtet älterer Teile, des später barockisierten Turms vor allem, auf das Ende
des 15. Jahrhunderts zu datierende *Pfarrkirche St. Georg* ist der interessante Fall einer

Pseudohalle, das heißt hier: einer dreischiffigen Basilika ohne Fenster im Hochschiff und mit einem allen Schiffen gemeinsamen Dach. Schöne, schlank aufsteigende Gewölbe, Wandmalereien zu seiten des Chorbogens, ein Kreuzigungsfresko aus den Jahren um 1330 (Abb. 126), Reste eines spätgotischen Flügelaltars, ein Wandtabernakel, das spätgotische Taufbecken und – meist wenig beachtet – eine Ölbergszene an der hinteren südlichen Seitenschiffwand sind es wert, daß man diese sorgsam renovierte Kirche nicht links liegen läßt.

Unterm höchsten steinernen Turm der Welt

Ulm – Wiblingen – Erbach – Oberdischingen – Laupheim – Rißtissen –
Ehingen – Schelklingen – Blaubeuren – Ulm

Vom Flußlauf der Iller, dem Bodensee und allenfalls noch von einem Stück Donau
abgesehen, kennt Oberschwaben keine genau bestimmbaren Grenzen, sondern nur
fließende Übergänge zu den Nachbargebieten. Dafür aber hat es in der Stadt Ulm das
eine große, repräsentative Eingangstor, in dessen Geschichte sich zugleich die historische Vielfalt der oberschwäbischen Landschaft wiederfindet, die gleichen Probleme
zu lösen, die gleichen Gegensätze zwischen Kaiser und Stadt, Herrschaft und Untertanen, Patriziat und Zunftverfassung, Katholizismus und Protestantismus auszutragen
waren.

Ulm

Die bewegte Geschichte Ulms beginnt mit einem alamannischen Herzogs- und späteren Königshof, der um die Mitte des 8. Jahrhunderts den Franken zufällt. Als Karl der
Große das Kloster Reichenau mit beträchtlichem Besitz in und um Ulm ausstattet, ist
die Grundlage für eine gediegene Feindschaft zwischen den Äbten der Reichenau und
der späteren Stadt gelegt. 854 erscheint in Urkunden erstmals der zur Pfalz gewordene
Königshof als ›Hulma palatium regium‹. Um 1164 verleiht Kaiser Friedrich I. dem
Markt Ulm Stadtrecht, 1274 wird die Reichsunmittelbarkeit verbrieft. 1316 beginnt
die große Stadterweiterung. 1354 behaupten sich die in den Zünften organisierten
Bürger gegen das Patriziat, 1397 wird die demokratische Verfassung im ›Großen
Schwörbrief‹ festgeschrieben. Auf ihrer Grundlage entwickelt sich Ulm zu einer der
politisch und wirtschaftlich einflußreichsten großen Städte des späten Mittelalters.
1530 setzt sich die Reformation mit den bösen Folgen des Bildersturms für viele
Ulmer Kirchen, Kapellen und ihre Ausstattung durch. 1546 unterwirft Karl V. die
Stadt und setzt zwei Jahre später einen aristokratischen Rat ein. Andererseits wird im
ausgehenden 16. Jahrhundert ein großer Teil jenes unvergeßlich schönen, altdeutsch-
bürgerlichen Ulm gebaut, das den Dreißigjährigen Krieg unzerstört überdauert, aber
im Zweiten Weltkrieg zu vier Fünftel untergeht. 1802 kommt Ulm an Bayern, 1810
wird es württembergisch, wobei es ein Drittel seiner Gemarkung an das (bayerische)
Neu-Ulm verliert. Die von 1605 an errichteten Bastionen werden nach 1842 in den

Ulm um 1810. Kolorierter Kupferstich von J. Haus

Ausbau Ulms zur Bundesfestung integriert; die Feuertaufe ist dieser Festung zum Glück erspart geblieben, nicht aber der Feuerregen in den Bombennächten des Jahres 1944. Das Wahrzeichen Ulms, der *Münsterturm* (Abb. 127), hat ihn überstanden.

Die Stadt zählte 12 000 Einwohner, als 1377 der Grundstein zum Münster gelegt wurde, das nie etwas anderes war als eine Pfarrkirche, als solche allerdings Ausdruck des Selbstgefühls und des Wohlstands der Bürgerschaft. Die bedeutendsten Baumeister der Zeit, die Parler, Ensinger, Kuen, Engelberg und Böblinger begleiteten die mittelalterliche Baugeschichte des Münsters, dessen Länge den Kölner Dom noch übertrifft, während ihm die überbaute Fläche einen Platz zwischen Straßburg und Köln zuweist und das auf 29 000 Personen veranschlagte Fassungsvermögen in einem geradezu abenteuerlichen Verhältnis zur mittelalterlichen Einwohnerzahl steht.

Als der Rat der Stadt 1533 die Einstellung des Münsterbaus verfügte, stand vom Turm nur der Unterbau bis zur Galerie in 70 m Höhe. Erst das romantische 19. Jahrhundert holte – wie in Köln – die alten Pläne wieder hervor und vollendete das unfertig Gebliebene. 1877 und 1880 wurden die Chortürme gebaut, 1885–90 der Hauptturm, der mit 162 Metern zum höchsten steinernen Turm der Welt wurde. Ihm ist im Erdgeschoß eine dreibogige Eingangshalle vorgelegt, die das Hauptportal den unge-

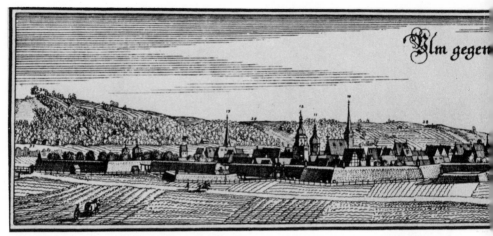

Ulm gegen Südwesten. Kupferstich von Matthäus Merian

wöhnlichen Dimensionen des Turmbaus anpaßt. Die Freipfeiler und Bögen der Vorhalle wurden – wie die großenteils von der älteren Kirche übernommenen Bogenfelder über den vier.Seitenportalen – mit reichem figürlichem Schmuck versehen. An der Vorhalle sind es Arbeiten eines künstlerischen Schöngeistes, denen gegenüber der *Schmerzensmann* (Abb. 128) Hans Multschers von 1429 am Mittelpfeiler des eigentlichen Portals einen wie Donnerschlag anrührt – so sprechend sind Ausdruck und Gebärde dieses hart an der Wirklichkeit bleibenden spätgotischen Meisterwerks (seit 1976 eine Kopie, das Original im Münster).

Im Innern verwundert zunächst die Steilheit des Mittelschiffs, das nahezu dreimal so hoch wie breit ist, und dessen Arkaden so eng zusammenrücken, daß sich die Seitenräume erst von einem nahen Standpunkt aus öffnen. Erst recht befremdlich ist es, wie dieses Hochschiff im Osten auf einen sehr viel niedrigeren Chor prallt und die durch Blendfenster gegliederte, mit einer monumentalen Darstellung des Jüngsten Gerichts (1471) bemalte Ostwand über dem Triumphbogen viel mehr als Schnitt, denn als Übergang erlebt wird. Schuld daran sind die gegensätzlichen Raumtendenzen in den älteren Plänen der Parler und den jüngeren des Ulrich von Ensingen, der für seinen Riesenturm das Gegengewicht eines hohen Langhauses brauchte.

Wenngleich der Bildersturm den größten Teil der Ausstattung, darunter auch die meisten der über sechzig Altäre zerschlagen hat, ist der verbliebene Rest noch über die Maßen reich an bedeutenden Kunstwerken. Um nur einige der wichtigsten zu nennen: Die Kanzel, deren ursprüngliches Brüstungsrelief zerstört, deren Schalldeckel als geradezu virtuose Schreinerarbeit von Jörg Syrlin d. J. erhalten blieb; die verzierten Konsolen an den Mittelschiffpfeilern der Basilika, darunter die hervorragenden beiden Frauenbüsten des sogenannten ›Reißnadelmeisters‹ am fünften und sechsten Pfeiler;

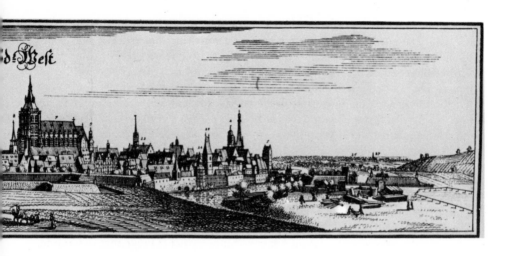

das 26 m hohe Sakramentshaus links am Choreingang; das Triumphkreuz, das allerdings nur eine Kopie des Originals aus der Werkstatt von Michael Erhart (jetzt in Wiblingen) ist; die farbige Verglasung des Chors, in der noch sechs Fenster von Jacob Acker (um 1400–1420) und Peter von Andlau (um 1480) überdauert haben; der gerettete Privataltar der Patrizierfamilie Hutz von Martin Schaffner (1521) anstelle des zerstörten Choraltars von Syrlin und Erhart; das großartige *Chorgestühl* (Abb. 131) aus Eiche von Jörg Syrlin d. Ä. mit seinen vielerlei Gestalten, Philosophen, Gelehrten und Dichtern der Antike, Sibyllen, Propheten, Aposteln und Heiligen (die 98 Plätze waren weder für ein Kloster noch für ein Domkapitel, sondern schlicht für den Rat der Stadt Ulm bestimmt); die Kapelle der Patrizierfamilie Besserer an der Südseite des Chors mit ihren künstlerisch erstrangigen Glasfenstern (um 1430) und einem Kruzifixus aus der Erhart-Werkstatt; das im südlichen Seitenschiff um einen Pfeiler herumgeführte Weihwasserbecken; nahebei das von einem Steinbaldachin überdeckte Taufbecken; an der Ostwand des Südseitenschiffs der Altar der Patrizierfamilie Karg, dessen steinerner Schrein zwar schwer verstümmelt wurde, doch auch in diesem Zustand immer noch die Kunst des Meisters Hans Multscher ehrt; die Neidhart-Kapelle auf der Nordseite mit zwei schönen Altären; schließlich das Martinsfenster mit den Passionsszenen des Ulmer Malers Hans Acker über dem Portal: eine Aufzählung nur, knapp und unvollständig, aber doch, so ist zu hoffen, zur Orientierung geeignet. – Ein Rest des Kirchhofs, der das Münster einmal umgab, ist die jetzt griechisch-orthodoxe *Valentinskapelle* an der Südostseite.

Jenseits des Münsterplatzes im Südwesten beherrscht der schloßartige, von Hans Fischer als Kornmagazin errichtete *Neue Bau* (1584–93) mit Treppenturm und Brunnen (auf einer Säule die hl. Hildegard, Gemahlin Karls des Großen) im Innenhof die

Szene. Er ist, wie das meiste in der Altstadt, ein Werk des Wiederaufbaus in alter Form nach 1945. Das gilt auch für das *Schwörhaus* in der gleichnamigen Gasse, von dessen Balkon herab alljährlich am ›Schwörmontag‹ der Oberbürgermeister Bericht erstattet und die Bürgerschaft den Eid auf die Stadtverfassung, den Schwörbrief von 1397, erneuert. Den Christophorusbrunnen vor dem Haus schuf Jörg Syrlin d. Ä.

Die Staufenmauer am Wege zum Schiefen Haus ist ein Rest der Befestigung der Ulmer Königspfalz, das *Schiefe Haus* (Abb. 132) selbst ein malerischer Fachwerk-Wohnbau aus dem 15./16. Jahrhundert. In dem umliegenden *Fischerviertel* ist noch ein zusammenhängendes Stück Alt-Ulm über den Krieg hinweg gerettet worden. Von der *Wilhelmshöhe,* der ehemaligen Bastion Lauseck, führt an der hier noch relativ gut erhaltenen Stadtmauer ein Promenadenweg mit reizvollem Blick auf die (abends beleuchtete) Altstadt (Farbt. 49). In dieser Gegend hat Ulm auch seinen leicht ›Schiefen Turm‹, den Metzgerturm von 1345.

Das *Rathaus* von 1419 wurde 1370 als Kaufhaus erbaut. Der erneuerten Bemalung der Fassaden lag im späten 16. Jahrhundert ein humanistisches Programm zu Grunde. Den Südgiebel schmücken die Wappen der mit Ulm durch Handel verbundenen Städte und Länder, auf der Kanzel unter dem Ostgiebel mit der berühmten *Astronomischen*

Ulm   1 Münster   2 Schuhhaus   3 Neuer Bau   4 Schwörhaus   5 Schiefes Haus   6 Altes Fischerviertel 7 Wilhelmshöhe   8 Metzgerturm   9 Rathaus und Marktbrunnen (Fischkasten)   10 Kiechelhaus (Museum) und Delphinbrunnen   11 Ochsenhäuser Hof   12 Ehinger Hof (Reichenauer Hof)   13 Kornhaus

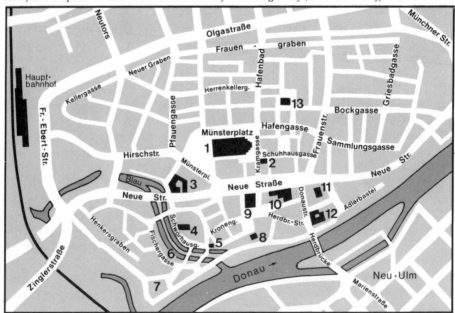

Münster zu Ulm. Nach einer Lithographie von Domenico Quaglio, 1820

Uhr (Abb. 125) hatte einst der Kaiser die Huldigungen der Bürgerschaft entgegengenommen. Der sogenannte ›Fischkasten‹ vor der Südseite des Rathauses wird seiner Herkunft wegen auch Syrlinbrunnen genannt.

Ein weiterer Wasserspender, der Delphinbrunnen, steht vor dem Kiechelhaus an der Neuen Straße (Nr. 92–96), dem *Ulmer Museum* mit seinen vielseitigen Beständen an Kunst und Kunsthandwerk, auch an vor- und frühgeschichtlichen Funden aus Ulm und Oberschwaben. Das *Schuhhaus* (1537) im Osten des Münsters war einst Zunfthaus der Schuhmacher mit einem Tanz- und Fechtsaal für die Patrizier. Der *Ochsenhäuser Hof* nahe der Ecke Neue Straße/Donaustraße wartet mit einer wuchtigen Säulenhalle im Obergeschoß auf, während der Reichenauer oder *Ehinger Hof* (Versorgungsamt) wenig unterhalb an der Donau einen hübschen Arkadenhof präsentiert und außerdem in seinem alten Ostflügel Fresken aus der Zeit um 1400 mit damals seltener weltlicher Thematik birgt.

Eine einzigartige Einrichtung beherbergt Ulm mit dem zwischen südlicher Stadtausfahrt in Richtung Sigmaringen und der Donau gelegenen *Deutschen Brotmuseum* (Fürsteneckerstraße 17). Aus einem Bestand von rund 8000 Objekten zur Kulturgeschichte des Brotes von der Steinzeit bis heute zeigt es rund 500 Geräte, Dokumente, Kunstwerke, Dioramen u. a. m.

Wiblingen (Ulm)

Das ehemalige Benediktinerkloster ›de Guibelingo‹ verdankt seine Existenz einer Stiftung der Grafen von Kirchberg (1093), die hier bis ins 15. Jahrhundert ihre Grablege hatten. Es verfügte, als es säkularisiert wurde, über beträchtlichen Landbesitz, und überdies hing ihm der Ruf einer bedeutenden Stätte der Wissenschaft an.

Die letzte große Bauzeit begann 1714 mit der Erneuerung des Klosters. Für den zunächst noch aufgeschobenen Bau der Kirche hatte Johann Michael Fischer Entwürfe geliefert, doch zu deren Ausführung kam er nicht mehr. Der Lindenberger Architekt Johann Georg Specht übernahm nach dem Tode Fischers das Projekt, aber auch er mußte, als der Rohbau stand, hinter Januarius Zick zurücktreten. 1783 wurde die als

Ansicht von Wiblingen, 1813. Federzeichnung von P. Michael Braig

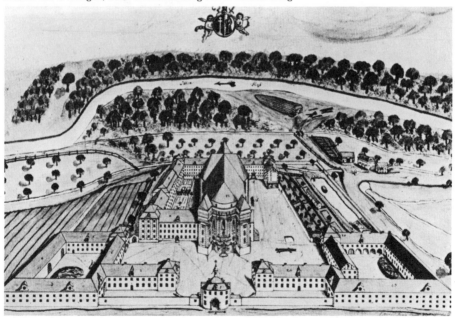

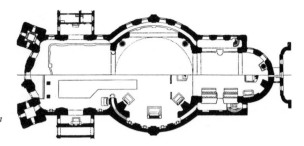

Wiblingen, Grundriß der ehemaligen Abteikirche

Mittelachse der Klosteranlage fungierende Kirche, deren Türme übrigens auf halber Höhe steckenblieben, geweiht. Nachdem das Stift 1806 an Württemberg gefallen war, wurde es Residenz des Königshauses. Später dienten die Gebäude (bis zum Ende des Zweiten Weltkriegs) als Kaserne, Lazarett und Krankenhaus, heute sind darin ein Altenheim und Teile der Universität Ulm untergebracht.

Die *Kirche,* in deren Planung Fischer die im Mittelteil verwirklichte, mit St. Gallen zu verbindende Zentralraumidee eingebracht hatte, knüpft mit dem Grundriß und den großzügigen Dimensionen durchaus noch am Barock an, aber Zick, der laut Vertrag ›alles nach antiquem Geschmack‹ einzurichten hatte, vollzieht die Wende zur klaren Ordnung und distanzierenden Kühle des Klassizismus. Seine Mittel als Maler der Gewölbefresken sind zwar noch ganz aus dem reichen Repertoire des Barock geschöpft, doch in der Anwendung so diszipliniert, daß die Deckengemälde schon mehr den Charakter von Tafelbildern angenommen haben. Ins Bild paßt auch der Umstand, daß in der Wiblinger Kirche der Stuck keine nennenswerte Rolle mehr spielt, wohingegen die korinthischen Kolossalpilaster ganz neue Akzente setzen.

Auch die Ausstattung hält sich zurück. Ihre wichtigsten Teile sind das mit einem Orgelprospekt kombinierte Chorgestühl mit der Schnitzarbeit von Johann Joseph und Franz Joseph Christian aus Riedlingen, die von Benedikt Sporer nach einem Entwurf von Zick ausgeführte Kanzel und als symmetriebildendes Gegenstück die Figurengruppe ›Aussendung des Apostels‹ über dem Taufbecken von Johann Georg Schneck sowie der von Zick als Säulenädikula entworfene Hochaltar mit der Stuckmarmorarbeit von Benedikt Sporer und Figuralplastik von Schneck. Ein Rokokoaltar, der eine Marienklage umfängt, ist in der rechten Seitenkapelle aufgestellt. Die beherrschende räumliche und geistige Mitte des Raumes ist der spätgotische *Kruzifixus* (Abb. 130) aus dem Ulmer Münster, der im allgemeinen Jörg Syrlin, aber auch Michael Erhart zugeschrieben wird. Überhaupt ist die Botschaft vom Kreuz Christi das zentrale Wiblinger Thema, das unmittelbar zusammenhängt mit der hier seit der Klostergründung geübten Verehrung einer Reliquie vom Kreuzesholz.

In den von Christian Wiedemann errichteten Nordtrakt der Klosteranlage hatte Abt Meinrad Hamberger (1728–1762) einen zweigeschossigen *Bibliothekssaal* (Farbt. 48) einbauen lassen, um die seit dem 16. Jahrhundert ständig angewachsene Sammlung von Büchern und Handschriften angemessen unterzubringen. Mit seiner festlichen

Ausstattung, der umlaufenden, jeweils in der Mitte der Rechteckseiten in den Raum vorspringenden Galerie, dem von Martin Kuen ausgemalten Muldengewölbe, der Stuckplastik und den weiß gefaßten, überlebensgroßen Schnitzfiguren zwischen den Säulen, die die Hauptdisziplinen der weltlichen Wissenschaften und die klösterlichen Tugenden versinnbildlichen, markiert der Wiblinger Bibliothekssaal neben Schussenried den Höhepunkt klösterlicher Bibliotheksbauten des Rokoko in Schwaben – ganz im Gegensatz zur Kirche, die die Spätzeit einer Entwicklung anzeigt.

Erbach

Schloß und Kirche Erbach sind, zusammen mit den Wirtschaftsgebäuden und einer burgähnlichen Bewehrung, das noch intakte Beispiel eines hochmittelalterlichen Adelssitzes, den das Haus Habsburg als einer der zahlreichen Vorbesitzer 1535 an den kaiserlichen Rat Hans von Baumgarten verkaufte, und der seit 1628 den Freiherren von Ulm-Erbach gehört.

Zwei Stufengiebel und vier Rundtürme geben dem *Schloßbau,* auf den man über die Grabenbrücke, durch ein Torhaus und mit einem Seitenblick zum Renaissancebrunnen im Hof zugeht, das charaktervolle Gesicht. Teile des Schlosses wurden als Museum im Renaissance- und Barockstil eingerichtet.

Die 1767–69 von Franz Kleinhans errichtete *Pfarrkirche St. Martin* gilt aufgrund ihrer schlicht-eleganten Außenarchitektur und dem harmonisch gegliederten Innenraum als ein sehenswertes Beispiel für den behutsamen Übergang vom Rokoko zu den frühesten Formen des Klassizismus. Die vornehme Stuckdekoration stammt von Ignaz und Anton Finsterwalder, während die Deckenfresken ein reifes Spätwerk von Martin Kuen sind (Rosenkranzfest und Dankprozession nach dem Seesieg bei Lepanto über die Türken im Langhaus, Tod des Kirchenpatrons im Chor). Die Kreuzwegstationen und zum größten Teil auch die Seitenaltarbilder malte Kuens Lehrer Johann Baptist Bergmüller. Neben der schönen Rokokokanzel ragt das spätgotisch-ulmische Holzbildwerk einer Madonna auf der Mondsichel am Hochaltar von Ignaz Finsterwalder besonders hervor.

Oberdischingen

Man denkt an ein Dorf und fährt in eine kleine Redidenz ein: Die Herren, die aus dem Dorf ein – wie der Volksmund meinte – Klein-Paris zu machen versuchten, waren von 1661 bis 1805 die Grafen Schenk von Castell. Die den Marktplatz vertretende *Herrengasse* mit zweigeschossigen, von Mansarddächern gedeckten Beamtenkurien beiderseits täuscht, indem sie sich trichterförmig verjüngt, eine größere Tiefe vor als sie in Wahrheit hat – ein optischer Trick, um das Wenige für mehr erscheinen zu lassen.

Das Schloß ist niedergebrannt; nur der dreiflügelige *Kanzleibau* (Abb. 134) von 1767 steht noch. Ihm gegenüber wurde nach 1800 die neue *Pfarrkirche Namen Jesu* als überkuppelte, in den Umriß eines griechischen Kreuzes eingestellte Rotunde errichtet. Mit deren kühler antikischer Statur stimmt auch die zurückhaltende Ausstattung überein. Aus dem Rahmen des Bescheidenen fallen allerdings sieben hervorragend gearbeitete steinerne Passionsreliefs des ›Meisters Anton‹ aus der Spätgotik, die sich in der Blaubeurer Klosterkirche befunden hatten. Beachtenswert ist auch eine feingliedrige Rokoko-Madonna zwischen dem rechten vorderen Säulenpaar.

Laupheim

Franz Anton Bagnatos Schloßbau für die Grafen von Reuttner im nahen *Achstetten* folgen in Laupheim gleich zwei Herrschaftssitze. Dem auf einem Hügel gelegenen Komplex von *Großlaupheim* (Abb. 133) mit Altem und Neuem Schloßbau (16. und 18. Jahrhundert) sowie der Amtsvogtei steht innerhalb der Stadt *Kleinlaupheim* gegenüber, jetzt Sitz von Amtsgericht und Landespolizei. Hier lohnt sich – von der schönen Fassade abgesehen – auch ein Blick in das repräsentative Treppenhaus.

Zu den bedeutenderen Bauwerken der Stadt gehören das *Heiliggeist-Spital* (um 1585) und die *Stadtpfarrkirche St. Peter und Paul* mit ihrem gotischen Turm und einem Neubau nach 1623. Daß die schmucke, im 15. Jahrhundert errichtete und später barockisierte *Gottesackerkapelle* mit einer eisernen Kette umspannt ist, hängt mit einem volkstümlichen Kult um den heiligen Leonhard, den Viehpatron der Bauern, zusammen.

Rißtissen (Ehingen)

Aus der frühklassizistischen *Pfarrkirche St. Pankratius und Dorothea* in Rißtissen wurde mit der jüngsten Renovierung ein Schmuckstück erster Ordnung. In dem saalartigen Innenraum, der ungeachtet des den Kirchenpatronen auf dem Tempera-Deckengemälde des Langhauses widerfahrenden Martyriums von einer hellen, heiteren Atmosphäre erfüllt ist, sind weniger die Details der überwiegend barocken, aber auch jüngeren und älteren Ausstattung, als viel mehr ihr harmonisch geordneter Zusammenklang zu würdigen. Ungesicherte Verweise darauf, eine Figur des hl. Josef im Schrein des rechten Seitenaltars stamme von Johann Baptist Hops oder die Altarblätter aus der Vorläuferkirche (jetzt an der Chorwand) von dem Maler Franz Joseph Spiegler, sprechen zumindest für deren Qualität. Herausragendes Einzelstück ist eine spätgotische Madonna (um 1495) am linken Seitenaltar. – In den Sockel des Außenbaus sind an Ort und Stelle vorgefundene Römersteine eingelassen, und im Winkel zwischen Sakristeianbau und südlicher Chorwand wurden mehrere bedeutende

Ehingen an der Donau. Aquarell von Caspar Obach (um 1845)

Grabdenkmäler der im benachbarten Schloß ansässigen Familie Schenk von Stauffenberg zusammengefaßt.

Interessierte Kunstfreunde erhalten über das Pfarrhaus auch Zugang zur *Friedhofskapelle St. Leonhard.* Sie birgt als wertvollsten Besitz einen spätgotischen Schreinaltar ulmischer Herkunft mit vorzüglichen Schnitzfiguren und gemalten Flügeltafeln, deren eine mit der Jahreszahl 1483 die Meistersignatur Jakob Acker trägt.

Ehingen

Das mittelalterliche Ehingen, das die Grafen von Berg in der ersten Hälfte des 13. Jahrhunderts gegründet hatten, und das später drei Jahrhunderte lang habsburgischer Besitz gewesen war, ist durch Brandkatastrophen untergegangen. Um so mehr blieb von dem barocken Stadtbild des Wiederaufbaus erhalten, so auch die aus einer spätgotischen Hallenkirche hervorgegangene *Pfarrkirche St. Blasius,* eines der größten nichtklösterlichen Gotteshäuser der Barockzeit in Oberschwaben.

Den in seinen Proportionen etwas unharmonisch wirkenden, weil unverhältnismäßig breiten Saalraum, der von zwölf Seitenkapellen begleitet wird, überspannt ein einziges flaches Muldengewölbe, in dessen kleinteiliger Freskenfolge die Legende des heiligen Blasius erzählt wird. Von den zahlreichen Seitenaltären werden der Auferstehungs-, der Maria-Krönungs- und der Verkündigungsaltar, der Kunsthistorikern übrigens als eines der schönsten Werke seiner Art aus der Spätrenaissance gilt, Melchoir Binder zugeschrieben. Darüber hinaus ist auf ein Hochrelief der Beweinung Christi (um 1520) in einer der Seitenkapellen, auf eine Muttergottes des frühen 18. Jahrhunderts zur linken und die Rokokofigur des Johannes von Nepomuk zur rechten Seite des Chors sowie auf den Taufstein von 1515 hinzuweisen.

Nach einem Stadtbrand 1749 wurde der Chor von Johann Kaspar Bagnato neu errichtet. Wenn auch Signaturen und archivalische Hinweise fehlen, spricht heute doch alles dafür, daß der Stukkateur Franz Pozzi und der Maler Josef Ignaz Appiani für die Dekoration sorgten, deren Hauptstück eine dramatische Komposition des Abendmahls im Rahmen einer illusionistischen Scheinarchitektur ist.

Die zum Ehinger Kollegium gehörende *Konviktskirche Herz Jesu* (Abb. 137) erhebt sich mit ihrer von mächtigen Freipfeilern getragenen Zentralkuppel auf dem Grundriß eines griechischen Kreuzes und erinnert insoweit ein wenig an Oberdischingen. Doch wird in Ehingen die klassisch klare Form von einem sehr barocken Pathos überlagert. Als Baumeister wird Franz Beer vermutet, der auch das *Konviktsgebäude* (Abb. 135) schuf. Unbekannt sind die Meister der Deckenfresken und der Stuckdekoration, die auf italienische Anregungen hinweist. Von der alten Ausstattung sind ein Altarblatt des Marientodes von Johann Georg Bergmüller und ein weiteres, französisches mit der Auferweckung des Lazarus als Wandgemälde wiedergekehrt.

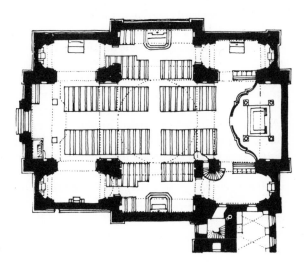

Ehingen, Konviktskirche, Grundriß

Die *Liebfrauenkirche* in der Unterstadt bewahrt in ihrem Hochaltar die aus Kalkstein gehauene Ehinger Gnadenmadonna aus einer Nachfolgewerkstatt von Hans Multscher. Die ebenfalls bemerkenswerte Kanzel ordnete Spahr noch Dominikus Hermenegild Herberger zu, sie wird aber heute wie die Barockaltäre und Beichtstühle mit dem Tiroler Franziskanerbruder Cletus Schaller in Verbindung gebracht. Dafür wird Herberger für die fein geformten Statuen zweier Jesuitenheiliger und der heiligen Elisabeth und Clara auf den vorderen Seitenaltären in Anspruch genommen, während Johann Joseph Christian als der Bildhauer der Nepomuk-Konsolfigur an der Südwand gilt. Der Chorbogenkruzifixus wird ins 16. Jahrhundert datiert.

Stattliche Wohnbauten, mehrere Klosterhöfe, das Spital in den Mauern des ehemaligen Franziskanerklosters, das einstige *Ritterhaus des Donaukantons* (Landratsamt) oder auch das frühere *Ständehaus* am Marktplatz (Amtsgericht) mit dem im Stil des Rokoko geschmückten Ständesaal sind nur einige der Glanzlichter Ehingens, das einmal als die ›heimliche Metropole‹ Österreich-Oberschwabens galt.

In der Nähe von Ehingen, in Richtung Zwiefalten, lohnt das Schloß Mochental mit seinem Besenmuseum und einer Galerie für zeitgenössische Kunst einen Besuch (Führungen nach Voranmeldung, Tel. 07375/418, 419).

Blaubeuren

Genau genommen gehört Blaubeuren nicht mehr zum Thema, doch da es, wenn man schon nicht auf der gleichen Straße wieder nach Ulm zurückkehren will, so passend an einem nördlichen Umweg liegt (und dabei auch der Ort *Schelklingen* mit einem groß angelegten Freskenzyklus in der um 1300 entstandenen Kapelle St. Afra auf dem alten Friedhof berührt wird), sei davon wenigstens das Wichtigste noch kurz erwähnt. Dieses Wichtigste in dem alten benediktinischen Klosterbezirk, einer beispielhaften mittelalterlichen Klosteranlage, ist die durch den Turm zwischen Chor und Langhaus zweigeteilte *Kirche* und hier wiederum der Chorteil, der auch ohne das abhanden gekommene Sakramentshaus und die alte Verglasung einer der schönsten Chorbauten der deutschen Spätgotik ist. Das Chorgestühl, eine reiche und bei allem Reichtum zierliche Schnitzarbeit, gilt als Meisterwerk Jörg Syrlins d. J.

Wertvollster Blaubeurer Besitz ist indes der seit seiner Weihe 1493 hier verbliebene *Hochaltar* (Farbt. 46) von Gregor (und Michael) Erhart mit den Tafelmalereien dreier Meister, von denen allerdings nur Bartholomäus Zeitblom und Bernhard Strigel aus Memmingen sicher festzustellen waren. Es handelte sich um einen Wandelaltar, der zu verschiedenen Fest- und Alltagszeiten verschiedene bildliche Darstellungen auf die Schauseite bringt: im geschlossenen Zustand das Leiden Christi, im einfach geöffneten Begebenheiten aus dem Leben Johannes des Täufers, im zweimal geöffneten Geburt und Anbetung Christi durch die drei Könige. Es sind wahre Wunder bildnerischer Gestaltung in Schnitzarbeit und Malerei, die diesen Altar mit den künstlerisch bedeu-

Blaubeuren. Aus der Merianschen Topographie (1643)

tendsten Altarschöpfungen der deutschen Spätgotik auf eine Ebene stellen. (Geöffnet
Mitte März bis Ende September 9–12 und 14–18 Uhr, übrige Jahreszeit 14–16 Uhr,
samstags und sonntags auch 10–12 Uhr.)

Nicht allein zur Kunst, sondern auch zur Erhellung der Urgeschichte hat Blaubeuren
Bedeutendes beizutragen. Gerade die Blaubeurer Alb mit ihren unterirdischen Höh-
lensystemen, Grotten und den ihr entquellenden Wasserläufen vermittelt hierzu vielfältigen Anschauungsunterricht. Die Entwicklung und das Leben der eiszeitlichen
und der frühen nacheiszeitlichen Steinzeit-Menschen stehen im Mittelpunkt des von
der Stadt Blaubeuren und der Universität Tübingen getragenen *Urgeschichtlichen
Museums.* Sie werden mit vielen Fundstücken – Werkzeugen, Waffen, Kunstwerken,
Schmuck, Resten von Feuerstellen, Jagdbeute u. a. m. – belegt. (Geöffnet 1. April bis
31. Oktober dienstags bis sonntags 10–17 Uhr, in den Wintermonaten nur sonntags
und auf Anfrage von größeren Gruppen, Tel.: 0 73 44 / 13 17.)

Jenseits der oberhalb des Klosters verlaufenden Straße entspringt in dem sagenum-
wobenen *Blautopf* jenes kleine Flüßchen Blau, das sich nicht weit von der Quelle
mit der Ach vereinigen und der Donau beim Fischerviertel in Ulm zueilen wird, wo sich
der Kreis nicht nur dieser Rundreise, sondern aller unserer Betrachtungen zur Kunst in
Oberschwaben und im Bodenseeraum schließen wird.

Ädikula Rahmender Aufbau um Portale, plastische Bildwerke oder Gemälde (von lat. aedicula = Häuschen, Tempelchen)

Antependium Verkleidung des Altarunterbaus aus Stoff, Holz oder Metall, ggf. mit materialgerechtem Schmuck

Apsis Halbrunder, später auch mehreckiger, meistens mit einer Halbkuppel überwölbter Raumteil, der ursprünglich für den Altar, den Sitz des Bischofs und/oder der Priester bestimmt war. Durch die Ausdehnung der Choranlage schon im frühen Mittelalter und die veränderte architektonische Funktion der Apsis in der Gotik ging ihre anfängliche Bestimmung verloren

Arkade(n) Auf Säulen oder Pfeilern ruhender Mauerbogen (in fortlaufender Reihe)

Auszug, Altarauszug Der kleine Oberteil eines Altaraufbaus, seit der Renaissance anstelle des gotischen Sprengwerks; der Auszug umschließt in der Regel eine Figurengruppe oder ein Gemälde

Bandelwerk Eine aus Frankreich übernommene Ornamentform, für die ein Schlingwerk von Bändern charakteristisch ist, zeitlich begrenzt auf die erste Hälfte des 18. Jahrhunderts

Basilika Amtssitz des Archon basileus, des obersten Richters im alten Athen, drei- oder fünfschiffige Gerichts- und Handelshalle der Römer. In frühchristlicher und romanischer Zeit eine Kirchenform mit Mittel- und Querschiff sowie zwei oder vier niedrigeren Seitenschiffen, über deren Dachstühlen das Mittelschiff seine eigenen Fenster hat

Bergfried Hauptturm einer Burganlage und letzte Zuflucht der Burgbewohner bei feindlicher Belagerung

Blende Einem Baukörper eingefügte oder vorgesetzte, rein dekorative Scheinarchitektur (Blendarkade, Blendbogen, Blendfenster)

Chor Ostteil einer Kirche, ursprünglich für den Chorgesang der Mönche bestimmt, in der Regel bestehend aus einem quadratischen Raumteil in Verlängerung des Mittelschiffs (Chorquadrat) und der nach Osten zurückgeschobenen Apsis

Dachreiter Glockentürmchen, das dem Dachfirst aufsitzt, vor allem von den Zisterziensern und den Bettelorden statt hoher und kostspieliger Türme bevorzugt

Epitaph Gedächtnismal mit Inschrift und bildlicher Darstellung, meist über einem Grab

Fassung Bemalung von plastischen Bildwerken aus Holz oder Stein

Fiale Schlankes gotisches Türmchen als Bekrönung eines Strebepfeilers oder Baldachins

Fischblase Leitornament der späten Gotik, das sich nicht mehr an die strengen geometrischen Formen des hochgotischen Maßwerks hält, sondern viel mehr der Blase eines Fisches ähnlich ist

Fresko Malerei auf noch feuchtem Wand- oder Deckenputz, die mit dem Putz trocknet und abbindet; daher besonders widerstandsfähig

Fries Meist waagerechter Streifen mit ornamentalen oder figürlichen Darstellungen für Schmuck, Gliederung oder Abschluß einer Wand

Gewände Die eine Fenster- oder Türöffnung seitlich begrenzende schräge Einschnittfläche im Mauerwerk

Grisaille Malerei in verschiedenen Grautönen ohne weitere Farbe

Gurt Rund- oder Spitzbogen zur gurtartigen Abgrenzung der Joche an einem Kreuzgewölbe oder zur Verstärkung eines Tonnengewölbes; Gurtbogen betonen die Jocheinteilung eines Schiffs

Hallenkirche Kirchenform mit annähernd gleich hohen Schiffen (im Gegensatz zur Basilika)

Joch Die jeweils durch vier Stützen bezeichnete Raumeinheit über rechteckigem oder quadratischem Grundriß in mehrschiffigen Räumen, die durch Pfeiler oder Säulen gegliedert sind

Kämpfer Die vorspringende Platte auf Pfeilern oder Säulen, auf der Bögen oder Gewölbe aufliegen

Kapitell Der Kopf einer Säule oder eines Pfeilers, Bindeglied zwischen den Stützen und den tragenden Elementen (Bogen oder Querbalken) eines Bauwerks, teils in schlichten Formen, teils reich ornamentiert

Kartusche Ornamental gerahmter Teil einer Flächendekoration, wobei nicht die umrahmte Fläche, sondern das Rahmengebilde selbst das entscheidende Merkmal ist

Krabbe Ein Blattornament gotischer Architektur (›Kriechblume‹), das an Helmen, Wimpergen, Bogenläufen u. a. m. emporzukriechen scheint

Kreuzgang Ein Geviert von meist überwölbten Gängen, das in der Regel an die Südseite von Kloster- und Stiftskirchen anschließt, einen Hof umgibt und seinen Namen von Kreuzprozessionen hat, die darin stattfanden

Krypta Unterirdischer Raum unter dem Chor insbesondere von romanischen Kirchen, meist mit Grabkammern oder auch zur Aufbewahrung von Reliquien

Laterne Mit Fenstern versehener Aufsatz über einer Gewölbeöffnung

Laube Der meist gewölbte Bogengang im Erdgeschoß eines Hauses, dem Bau teils vorgelagert, in den meisten Fällen jedoch voll integriert

Lettner Halbhohe, in der Spätgotik vielfach durchbrochene und reich gezierte, im Barock mehr und mehr aufgegebene Wand in Stifts-, Kathedral- und Klosterkirchen, die den für den Gottesdienst des Klerus bestimmten Altarraum von der übrigen Kirche trennte; auf der Lettnerwand eine über Treppen zugängliche Bühne

Lisene Ein nur wenig aus einer Wand hervortretender, senkrechter, glatter Mauerstreifen ohne Basis und Kapitell als gliederndes architektonisches Element

Maßwerk Geometrisch konstruiertes, schmückendes Bauelement, ›gemessen‹ mit dem Zirkel und verwendet ausschließlich an gotischen Bauwerken

Netzgewölbe Gewölbe, dessen Rippen netzartig die aus einem Halbkreis oder Spitzbogen entwickelte Wölbschale überdecken

Pfeiler Stütze über rechteckigem Grundriß

Pilaster Einer Wand vorgelegter, mehr oder weniger aus ihr heraustretender Pfeiler mit Basis und Kapitell

Predella (auch Staffel) Der Untersatz eines gotischen Altarschreins

Putto (Mz. Putti) Italienische, im Ursprung auf die Antike zurückgehende Erscheinungsform von Engelkindern, die zu Verkörperungen unbeschwerter Lebenslust wurden und stets nackt, feist und in drolliger Pose dargestellt sind

Querhaus, Querschiff Rechtwinklig zum Langhaus stehender Kirchenraum zwischen Chor und Schiff

Rippe Der gekrümmte, gemauerte Stab, der den Gratlinien eines Kreuzgewölbes oder der Fläche eines Tonnengewölbes anliegt, manchmal mit statischer Funktion, meistens aber nur dekoratives Element der Gliederung

Risalit Abgeleitet vom italienischen ›risalire‹ = vorspringen; bezeichnet einen Gebäudeteil, der in voller Höhe aus der Fassadenflucht hervortritt, und zwar unter Beachtung der Symmetrie. Man unterscheidet Mittel-, Seiten- und Eckrisalite

Rocaille Eine nach dem französischen Wort für Muschel benannte Ornamentform, die zu einem Leitornament des späten Barock wurde

Rustika Mauerwerk aus Steinblöcken (Buckelquadern), die in der Ansichtsfläche nur mit einem Randschlag bearbeitet sind

Saalkirche Eine einschiffige Kirche

Sakramentshaus Ursprünglich nur eine Nische in der Chorwand, in der die geweihte Hostie aufbewahrt wurde, in der nächsten Stufe ein verziertes Gehäuse, schließlich eine selbständige Kleinarchitektur

Säule Stütze über kreisförmigem Grundriß

Sprengwerk, Gesprenge Die Bekrönung eines gotischen Altarschreins

Stichkappengewölbe Eine Stichkappe ergibt sich aus dem Einschnitt eines kleinen, tonnenförmigen, quer zur Hauptachse stehenden Gewölbes in das Hauptgewölbe. Sie kommt insbesondere dort zum Zuge, wo in tonnengewölbten Räumen nicht auf hohe Fenster verzichtet werden kann. Die Verbindung von vier solcher Kappenstücke miteinander ergibt ein Kreuzgewölbe

Tambour Runder oder mehreckiger Unterbau einer Kuppel mit mehr oder weniger dicht gereihten Fenstern

Tonnengewölbe Eine Grundform für Wölbungen, die man sich – stark vereinfacht – als eine über den Raum gelegte halbierte Tonne vorstellen kann. Der Querschnitt kann ein Halbkreis, Kreissegment oder auch ein Spitzbogen sein

Triumphbogen Der den Chor vom Kirchenschiff trennende Mauerbogen

Vesperbild, Pietà Darstellung der Muttergottes mit dem Leichnam Christi auf dem Schoß

Vierung Raum, in dem sich Langhaus und Querschiff kreuzen und durchdringen

Volute Bandartiges Schmuckglied, das sich an den Enden spiralartig aufrollt

Vorlage Senkrechtes, einer Mauer oder einem Pfeiler vorgelegtes Architekturelement

Wandpfeilerschema Kennzeichnend für einen kirchlichen Raumtyp der Renaissance und des Barock mit kräftigen Pfeilern, die den Außenwänden vorgelegt sind. Zwischen den Pfeilern ergeben sich Nischen oder – bei entsprechender Tiefe – größere Kapellenräume, die häufig von Emporen überdeckt werden. Eine vorarlbergische Sonderform des ausgehenden 17. Jahrhunderts kombiniert das Wandpfeilerschema mit Querschiffen und Hallenchören

Weicher Stil Eine relativ kurze Episode spätgotischer Malerei und Plastik, etwa von 1380 bis 1430; reicher, fließender Faltenwurf in der Bekleidung von Figuren, fraulich zarter Gefühlsausdruck, möglichst nirgendwo harte Ecken und Kanten

Westwerk Einer Basilika im Westen vorgelegter, selbständiger Bauteil mit unterschiedlicher Höhe von Mittelstück und Seitenteilen; über einer Eingangshalle mit Seitenräumen lag in der Regel ein Altarraum, früher als Taufkapelle oder für Laiengottesdienste genutzt; ein Zusammenhang mit der germanischen Königshalle wird vermutet

Wimperg Giebelartige Bekrönung von Fenstern und Portalen in der Gotik

Zentralbau Ein Bauwerk, dessen Teile sämtlich auf einen Mittelpunkt bezogen sind; Grundriß kreisförmig, vieleckig, meist achteckig oder auch elliptisch, der Unterbau häufig durch Anbauten erweitert

Zwerchhaus Ein senkrecht zur Firstlinie sich erstreckender, ausgebauter Dachteil, der in der Regel mit einem Walmdach oder einem Giebel (Zwerchgiebel) abgeschlossen ist

Literaturverzeichnis (Auswahl)

Dehio, Georg: *Handbuch der deutschen Kunstdenkmäler (Baden-Württemberg)*, München 1964

Eckert, Gerhard: *Die Schweiz*, Köln 1978

Germania Benedictina, Band V: *Die Benediktinerklöster in Baden-Württemberg*, Ottobeuren-Augsburg 1975

Kiefer, Friedrich: *Naturkunde des Bodensees*, 2. Aufl., Sigmaringen 1972

Kiefer, Wilhelm: *Schwäbisches und alemannisches Land*, Weißenhorn 1976

Malraux, André/Parrot, André (Hrsg.): *Universum der Kunst. Die Zeit der Ottonen und Salier*, München 1973

Maurer, Helmut (Hrsg.): *Die Abtei Reichenau. Neue Beiträge zur Geschichte und Kultur des Inselklosters*, Sigmaringen 1974

Metz, Friedrich: *Vorderösterreich. Eine geschichtliche Landeskunde*, Freiburg 1967

Merian: Bodensee, Hamburg 1979

Richter, Georg: *Bodenseeraum*, Nürnberg 1977

Richter, Georg: *Oberschwaben*, Nürnberg 1974

Spahr, Gebhard: *Die Basilika Weingarten. Ein Barockjuwel in Oberschwaben*, Sigmaringen 1974

Spahr, Gebhard: *Oberschwäbische Barockstraße I (Ulm bis Tettnang), II (Wangen bis Ulm-Wiblingen), III (Leutkirch, Ottobeuren, Tannheim)*, Biberach 1977, 1978 und 1980

Stather, Hans: *Bodensee-Museumsführer*, Konstanz 1980

Streit, Conrad: *Ostschweiz/Graubünden*, Frankfurt 1976

Theiss, Konrad (Hrsg.): *Überlingen und der Linzgau*, Stuttgart und Aalen 1972

Uhlhorn, Friedrich/Schlesinger, Walter: *Die deutschen Territorien. Handbuch der deutschen Geschichte* von Bruno Gebhardt, Band 13 in der dtv-Ausgabe, München 1974

Württ. Museums-Verband: *Museen in Baden-Württemberg*, Stuttgart und Aalen 1977

Periodica:

Bodensee-Hefte (monatlich), Konstanz
Denkmalpflege in Baden-Württemberg (vierteljährlich), Stuttgart

Abbildungsnachweis

Farbtafeln und Schwarzweiß-Abbildungen

Wolfgang Fritz, Köln   Farbt. 11
Walter Imber, Laufen   Farbt. 3
Peter Klaes, Radevormwald   Farbt. 15, 37, 38, 48, 49
Wulf Ligges, Flaurling   Umschlagvorderseite, Farbt. 1
Werner Neumeister, München   Farbt. 4, 24, 25, 28, 29
Roland Rasemann, Leutkirch   Abb. 76
Ursula Pfistermeister, Fürnried   Farbt. 39, 42, 43, 46
C. L. Schmitt, München   Farbt. 9, 12, 21, 40
Marco Schneiders, Lindau   Farbt. 10, 18, 20, 32; Abb. 21
Toni Schneiders, Lindau   Farbt. 2, 5, 7, 8, 16, 17, 19, 27, 41; Abb. 1, 5, 19, 20, 56, 91, 93, 98−100, 103, 106, 129, 134, 135, 137
Achim Sperber, Hamburg   Farbt. 23
Werner Stuhler, Hergensweiler   Farbt. 22, 36; Abb. 2−4, 6−9, 17, 18, 23−28, 30, 35, 38, 41−44, 46, 49, 52, 53, 58, 59, 61, 67, 75, 77, 79−81, 83−85, 90, 94, 107, 108, 115, 118, 125, 127, 128

Der Autor stellte folgende Aufnahmen zur Verfügung: Umschlagklappe vorn, Umschlagrückseite, Farbt. 6, 13, 14, 26, 30, 31, 33−35, 44, 45, 47, 50; Abb. 10−16, 22, 29, 31−34, 36, 37, 39, 40, 45, 47, 48, 50, 51, 54, 55, 57, 60, 62−66, 68−74, 78, 82, 86−89, 92, 95−97, 101, 102, 104, 105, 109−114, 116, 117, 119−124, 126, 130−133, 136

Zeichnungen und Pläne im Text
(Die Zahlen bezeichnen die Seiten im Buch)

Bad Waldsee, Schnell-Kunstführer Nr. 517, 1980   193
Gutenzell, St. Kosmas und Damian, Gutenzell 1976   205
Erich Hofmann / Werbestudio Gebrüder Hofmann, Konstanz   20/21
Maria Steinbach, Schnell-Kunstführer Nr. 205, 1977   226
Das Münster zu Überlingen, Schnell-Kunstführer Nr. 540, 1979   73
Das Münster Unserer Lieben Frau zu Konstanz, Schnell-Kunstführer Nr. 581, 1978   28
Reichsabtei Ochsenhausen, Schnell-Kunstführer Nr. 304, 1962   204
Ulm-Wiblingen, Ehemalige Benediktinerabtei, Kirche und Bibliothekssaal, Schnell-Kunstführer Nr. 1038, 1979   289

Alle anderen Textillustrationen stellte freundlicherweise die Badische Landesbibliothek Karlsruhe zur Verfügung.

Raum für Ihre Reisenotizen

Raum für Ihre Reisenotizen

Raum für Ihre Reisenotizen

Praktische Reisehinweise

Reisen am Bodensee und in Oberschwaben sind ungeachtet der Grenzen zwischen den drei Anrainerstaaten problemlos, denn überall spricht man deutsch, wenn auch jeder auf seine Weise, der Schweizer anders als der Oberschwabe und der Konstanzer ›Seehase‹ wiederum mit einer eigenen Dialektfarbe. Am Ende ist es doch immer dasselbe: Man kommt hier an, packt die Koffer aus und fühlt sich wie zu Hause.

Dies liegt eben nicht allein an der erholsamen Landschaft oder an der anheimelnden Atmosphäre der Städte und Dörfer, sondern mehr noch an dem Menschenschlag, der hier daheim und anders ist als der ›Nordschwabe‹: bienenfleißig zwar allemal auch, wenn es darauf ankommt, aber nicht so sehr versessen darauf, zu leben um der Arbeit und des Sparens willen, sondern eher umgekehrt. Es ist eine besondere, ländlich-herzhafte Art von Savoir-vivre, die sich da über gute und schlechte Zeiten hinweg erhalten hat und den Umgang miteinander so freundlich stimmt.

Reisen nur mit dem Auto?

Beileibe nicht! Noch ist allerdings das Auto das Verkehrsmittel Nummer Eins für Ferienreisende, und weil es so ist, richtet sich auch die Gliederung dieses Kunst-Reiseführers nach autotouristischen Gesichtspunkten, ohne daß damit die praktische Verwendbarkeit für jede andere Form des Reisens im mindesten eingeschränkt wäre: beispielsweise mit der Eisenbahn, die mit Fernverbindungen aus allen Himmelsrichtungen an den Schienenstrang rund um den Bodensee heranführt und auch den oberschwäbischen Raum gut bedient. So gut jedenfalls, daß in Verbindung mit einem flächendeckenden Buslinniennetz jeder Ort leicht zu erreichen ist.

Von Ulm aus führen drei Bahnlinien südwärts: die eine über Blaubeuren, Ehingen und Herbertingen nach Mengen und Sigmaringen, die andere über Laupheim, Biberach, Bad Schussenried, Aulendorf und Ravensburg nach Friedrichshafen, die dritte über Memmingen, Leutkirch, Kißlegg und Wangen nach Lindau. Eine Querspange verbindet Herbertingen über Saulgau, Aulendorf und Bad Waldsee mit Kißlegg.

Am Bodensee selbst ist die Eisenbahn ein nach wie vor empfehlenswertes Verkehrsmittel, denn da gibt es nicht nur die Uferstrecken, an denen die meisten seenahen Orte ihre Bahnhöfe haben, sondern auch zahlreiche Schiffs- und Fährlinien hinüber und herüber. Zeitfahrtausweise der deutschen, österreichischen und schweizerischen Bundesbahnen, die zur Benutzung aller Eisenbahnverbindungen und Kursschiffe rings um den See berechtigen, sind ein attraktives Angebot auch an den Autofahrer, der sich so aus dem Verkehrsgedränge heraushalten und trotzdem eine Menge sehen und erleben kann – intensiver meistens, als wenn er sich vom eigenen Auto dauernd zur Eile und zu immer neuen Zielen drängen ließe.

Für ›Feinschmecker‹ unter den Bahnreisenden hat die Ostschweiz überdies noch ein paar besondere Delikatessen anzubieten, die, wenn schon nicht mehr streng zum Thema dieses Buches, so doch auf alle Fälle zum vielseitigen Urlaubsangebot der Gegend gehören. Es handelt sich um ein rundes halbes Dutzend Privatbahnen, die nicht nur zu lohnenden Ausflugszielen hinführen, sondern schon unterwegs das geruhsame Erlebnis des über die Maßen schönen voralpinen Hügellandes vermitteln.

Von Rheineck aus, knapp diesseits der Grenze zu Österreich, erklimmt eine Zahnradbahn die Höhe von Walzenhausen, den ›Balkon der Ostschweiz‹. Und ein den Kennern lange schon geläufi-

ger Tip ist's, von hier aus noch die Dreiviertelstunde Wegs zum Aussichtspunkt Meldegg zu gehen, wenn möglich in den späten Nachmittagsstunden eines Samstags. Wer hier einmal angesichts der alpinen Bergwelt, des Bodensees und des oberschwäbischen Landes dahinter die Viertelstunde erlebt hat, in der ein hundertstimmiger Glockenchor vom Seeufer wie von den Städten und Dörfern im schweizerischen und österreichischen Rheintal herauf den Sonntag einläutet, der wird immer wiederkommen wollen, wenn er in der Nähe ist.

Eine weitere Zahnradbahn verbindet Rorschach mit dem auf einer Aussichtsterrasse liegenden Kurort Heiden. In Romanshorn beginnt die Bodensee-Toggenburg-Bahn, die über St. Gallen, Herisau und Rapperswil bis nach Arth-Goldau an der Gotthardbahn führt. St. Gallen ist der Ausgangspunkt einer Bahn nach Speicher und Trogen mitten hinein in ein herrliches Wandergebiet, einer weiteren noch nach Gais und Appenzell, die am Endpunkt mit der Appenzellerbahn zusammentrifft. Diese wiederum beginnt in Herisau und erschließt die weitere Umgebung des Säntismassivs. Freie Fahrt heißt es schließlich im Schweizer Teil des Konstanzer Bahnhofs für die Mittel-Thurgau-Bahn, die zunächst auf dem thurgauischen Seerücken verläuft, dann in Weinfelden die Bahnlinie Romanshorn – Zürich kreuzt und in Wil Anschlüsse u. a. nach St. Gallen erreicht.

Wenn aber schon so ausführlich von Ostschweizer Eisenbahn-Attraktionen die Rede ist, so darf darüber ein vorarlbergisches Gegenstück, die Bregenzerwaldbahn, nicht vergessen werden. Sie be-

Bregenz

Vorarlberger Landesmuseum
Täglich außer montags 9–12, 14–17 Uhr

Bei Ehingen

Schloß Mochental mit Besenmuseum und Galerie für moderne Kunst
Dienstags bis freitags 10–12, 14–17 Uhr, samstags 14–17 Uhr, sonntags 10–17 Uhr.

Erbach

Schloßmuseum
April bis Oktober sonntags und feiertags ab 14 Uhr, sonst nach Vereinbarung Tel.: (0 73 05) 46 46.

Friedrichshafen

Städtisches Bodensee-Museum mit Zeppelin-Abteilung
Täglich außer montags 10–12 und 14–17 Uhr, mittwochs bis 19 Uhr, von Juni bis September durchgehend geöffnet.

Heiligenberg

Schloß
Ostern bis Oktober täglich 8–12 und 13–18 Uhr, sonst nach Vereinbarung, Tel.: (0 75 54) 2 42 und 2 43.

Kißlegg

Altes Schloß
Dienstags bis sonntags 10–12, 14–17 Uhr.
Neues Schloß
Dienstags 14 Uhr, im Sommer auch montags und donnerstags 10.30 Uhr, sonst auf Anfrage bei der Kurverwaltung, Tel.: (0 75 63) 1 81 31 oder 18 10.

Konstanz

Kunstverein Konstanz, Wessenberghaus
Dienstags bis samstags 14.30–17 Uhr, sonntags 11–13 Uhr.

Rosgarten-Museum und
Bodensee-Naturmuseum
Dienstags bis sonntags 10–17 Uhr.
Hus-Gedenkstätte
Täglich 10–12 Uhr, montags bis samstags 14–16 Uhr.

Langenargen

Museum am Marktplatz
Täglich außer montags 10–12 und 15–17 Uhr.
Manieristensammlung im Schloß
Mai bis September täglich 14–18 Uhr.

Leutkirch

Heimatmuseum im Kornhaus
Mittwochs 15–18 Uhr, sonn- und feiertags 10–12 und 14–17 Uhr.

Lindau

Kulturgeschichtliche Sammlungen der Stadt im Haus zum Cavazzen
Dienstags bis samstags 9–12 und 14–17 Uhr, sonntags 10–12 Uhr.

Meersburg

Altes Schloß
Täglich 9–18 Uhr; November bis Februar 10.30–17 Uhr.

Neues Schloß mit Dornier- und Heimatmuseum
April bis 15. Oktober täglich 9.30–12 und 13.30–17.30 Uhr.

Droste-Museum im ›Fürstenhäusle‹
Ostern bis 15. Oktober täglich 10–12.30 und 14–18 Uhr, sonn- und feiertags 14–18 Uhr.

Mengen

Heimatmuseum
Mai bis November 1. und 3. Sonntag im Monat 14–17 Uhr.

Meßkirch

Städtisches Heimatmuseum (u. a. Konradin-Kreutzer-Gedenkzimmer und Erinnerungsstücke an Abraham a Santa Clara) Tägl. 9–12 und 14–17 Uhr (Schlüssel beim Stadtbauamt im Nebengebäude).

Ravensburg

Städtisches Museum im Vogthaus
Dienstags bis samstags 15–17 Uhr, sonntags 10–12 und 15–17 Uhr.

Riedlingen

Heimatmuseum
Montags bis freitags 9–12 Uhr und auf Anfrage beim Hausmeister oder telefonisch unter Tel.: (0 73 71) 35 74.

Rorschach

Heimatmuseum im Kornhaus
Dienstags bis samstags 9.30–11.30 und 14–17 Uhr, sonntags 10–12 und 14–17 Uhr. Von November bis März geschlossen.

Salem

Feuerwehrmuseum im Schloß
Juni bis August montags bis samstags 9–12 und 13–17 Uhr, sonn- u. feiertags 11–17 Uhr. April, Mai, September und Oktober nur mittwochs bis sonntags.

St. Gallen

Historisches Museum
Juni bis September täglich außer montags 10–12 und 14–17 Uhr; Oktober bis Mai dienstags bis samstags 14–16 Uhr, sonntags 10–12 Uhr.

Heimatmuseum und Gemäldegalerie im Kirchhoferhaus
Juni bis September dienstags bis sonntags 10–12 und 14–16 Uhr, Oktober bis Mai dienstags bis samstags 14–16 Uhr, sonntags 10–12 und 14–16 Uhr.

Industrie- und Gewerbemuseum (Textilmuseum)
Werktags 10–12 und 14–16 Uhr.

Bad Schussenried

Freilichtmuseum Kürnbach
April bis Oktober dienstags bis samstags 9–18 Uhr, sonntags 11–18 Uhr.

Steckborn

Heimatmuseum im Turmhaus
Mai bis Oktober mittwochs, donnerstags, samstags, sonntags 15–17 Uhr.

Stein am Rhein

Kloster- und Heimatmuseum im Kloster St. Georgen
Täglich 9–12 und 13.30–17 Uhr, von Dezember bis Februar geschlossen.

Rathaus-Sammlung (Glasgemälde, Rüstungen, Waffen)
Montags bis freitags 8.30–11.30 und 14–17 Uhr.

Überlingen

Städtisches Museum
Dienstags bis samstags 9–12.30 und 14–17 Uhr, April bis Oktober sonntags 10–15 Uhr.

Historisches Waffenmuseum im Zeughaus
April bis Oktober montags bis samstags 10–12 Uhr.

Ulm

Ulmer Museum
Juni bis September täglich 10–17 Uhr,
Oktober bis Mai täglich 11–12 und 14–17
Uhr.

Prähistorische Sammlungen
Marktplatz 9; geöffnet wie Ulmer Museum

Deutsches Brotmuseum
Fürsteneckerstraße 17; montags bis freitags 10–17 Uhr, sonntags 10–13 und
14–17 Uhr.

Unteruhldingen

Freilichtmuseum Deutscher Vorzeit
April bis Oktober täglich 8–18 Uhr, November bis März samstags, sonntags 9–17
Uhr.

Waldburg

Die Waldburg
Dienstags bis sonntags 9–17 Uhr.

Bad Waldsee

Städtisches Museum im Kornhaus
Mai bis September samstags und sonntags 9.30–11.30 Uhr und auf Anfrage
unter Tel.: (0 75 24) 1 01

Wangen im Allgäu

Stadtmuseum in der Eselsmühle mit Käsereimuseum
April bis Oktober dienstags, mittwochs,
freitags 15–18 Uhr, mittwochs und sonntags 10–12 Uhr.

Eichendorff- und Freytag-Museum
Atzenberg 31; dienstags 15–17 Uhr,
mittwochs und sonntags 10–12 Uhr sowie auf Anfrage, Tel.: (0 75 22) 38 40

Weingarten

Alamannenmuseum
Mittwochs, samstags und sonntags 15–17
Uhr und auf Anfrage,
Tel.: (07 51) 40 51 25

Wolfegg

*Automobil-Museum beim Schloß
Wolfegg*
15. März bis 15. November werktags
9–12 und 13–18 Uhr, sonntags 9–17
Uhr. Im Winter nur sonntags 9–17 Uhr.

Bauernhaus-Freilichtmuseum
April bis Oktober dienstags bis samstags
10–12 und 14–17 Uhr, sonn- und feiertags 10–17 Uhr, 15. Juni bis 15. September jeweils bis 18 Uhr.

Küche und Keller

In einem Landstrich, in dem so vielerlei
Küchen miteinander konkurrieren wie
gerade um den Bodensee herum, ist es
nicht weiter verwunderlich, daß auch das
Essen zu einem Stück Urlaubsfreude werden kann. Wohl pflegen die Badener und
die Württemberger, die Bayern wie die
österreichischen Nachbarn ihre eigenen
kulinarischen Traditionen und merkt der
Gast auch bei den Schweizern sogleich,
daß er bei ihnen und nicht bei beliebigen
Köchen zu Tische sitzt. Und doch hat sich
da im Laufe der Zeit schon manches ein
wenig vermengt, hat einer dem anderen
in die Töpfe geguckt, und eben daher
kommt es auch, daß hier wie dort eine erfreuliche Vielfalt die Speisekarte lesenswert macht.

Nun sind Schweiz und Österreich für deutsche Urlauber seit jeher klassische Ferienländer, und insofern erübrigt es sich wohl, deren Küche lang und breit vorzustellen, es sei denn mit dem Hinweis auf ein paar besonders bodenseenahe Spezialitäten wie den Bauernschüblig, die St. Galler Bratwurst, das Zürcher Sahnegeschnetzelte oder die Käswähe, die im Appenzellischen auch Kästönneli heißt und ein Fladen, ein flacher Käsekuchen ist. In Vorarlberg stößt man in der bunten Palette österreichischer Küchenkünste zwischen Lebernockerlsuppe und Apfelstrudel gelegentlich auf die Kässpätzle, wie man sie auch im benachbarten Allgäu zu schätzen weiß, wenngleich der Kalorien wegen immer nur mit schlechtem Gewissen.

Das Köstlichste freilich, das die Bodenseegegend zu bieten hat, sind die Fische. Dabei steht an Menge und Beliebtheit der Blaufelchen weit obenan, ein überaus schmackhafter, wenn auch leicht etwas trockener Edelfisch, der blau im Sud oder nach der Art der Müllerin in Butter gebraten gleichermaßen vorzüglich schmeckt. Wer ihn irgendwo frisch aus dem Rauch angeboten bekommt, sollte, wenn er überhaupt für Fisch etwas übrig hat, nicht Nein sagen. Es gibt Feinschmecker, die auf diese Zubereitung schwören.

Noch delikater sind die Saiblinge und die Lachsforellen mit ihrem rötlichen zarten Fleisch, das sich sowohl mit geschmolzener Butter wie auch mit einer dezent abgeschmeckten Meerrettichsahne ausgezeichnet verträgt. Ein Räuber wie die Forelle ist die Trüsche, die in der Regel gebraten und mit ihrer relativ großen Leber zusammen serviert wird. Der Barsch, den

die Schweizer Egli nennen, und der im übrigen auch Kretzer heißt, findet vor allem als Filet in Verbindung mit leichten Weißwein- und Sahnesoßen viele Liebhaber. Nur noch im Untersee bei Öhningen und Stein am Rhein ist die lachsartige Äsche zu Hause, während Aal, Hecht, Karpfen, Schleie und Zander im ganzen See gefangen werden.

Die größten Räuber von allen hier lebenden Fischen sind die nicht mehr sehr vielen, doch relativ häufig noch im Gnadensee bei Radolfzell und landeinwärts auch im Mindelsee vorkommenden Welse, Weller oder Waller, die bis zu zwei Meter lang werden können. Die Behauptung, daß ihr Fleisch nicht sehr geschätzt werde, muß ins Reich der Fabel verwiesen werden, denn von ungefähr kommt es ja nicht, daß Welse neuerdings in immer größerer Zahl auch in Zuchtteichen gehalten und großgezogen werden. Eines Besseren belehren lassen kann man sich in diesem Punkt nirgends so gründlich wie in der Nachbarschaft des Federsees, wo der Wels sozusagen der ›Hausfisch‹ ist und am Ende seiner Tage in vielerlei unübertrefflichen Variationen auf den Tisch kommt. Da ist vor allem Saulgau eine bekannte Adresse.

Womit unsere kulinarischen Betrachtungen mitten in Oberschwaben angelangt sind, wo einst der Schokoladepudding erfunden wurde, weil Schokolade für sich allein viel zu teuer gewesen wäre, und wo Krebse, die wir heute als Delikatesse schätzen, vor Jahrhunderten ein Armeleuteessen waren, weil es sie massenweise gab. Man hat sie auch lecker zuzubereiten verstanden, gefüllt beispielsweise, wie dieses Rezept aus alter Zeit verrät:

... nimm schöne große krebse, siede sie, darnach thue die schalen darvon, hacke die krebse mit petersilgen klein, nimm frisches schmaltz, muscathenblüthe, ingber, pfeffer, saltz und geriebene semmel, rühre es wohl untereinander, fülle es in die hülsen, stecke allweg zwey gegeneinander, lege sie auf den rost, begieß mit butter, du magst sie wohl auch an ein spießlein stecken und mit butter betrieffen ...

Natürlich ist das ganze umfangreiche Repertoire der schwäbischen Küche vom Rostbraten über die Spätzle, Knöpfle, Maultäschle und Dampfnudeln, den Gaisburger Marsch (einen Rindfleisch-Suppeneintopf) und die sauren Kartoffelrädle bis zu den Linsen nach schwäbischer Art auch in Oberschwaben greifbar. Doch auf ein paar Gerichte versteht man sich hier besonders gut, etwa auf Kutteln, Nieren, Lunge oder Leber in einer sauren, mit Braunmehl gebundenen und mit Sahne verfeinerten Soße, die Kuttelsuppe, den gefüllten Saumagen mit angemachtem Schweinebauch, Maultaschen mit Fischfülle, Froschschenkel, in Rosmarin und Salbei gebratenen Aal u. a. m. Sogar ein frisch in Schweineschmalz gebakkenes Kümmelbrot avanciert hier für Leute, die's mögen, zum Leckerbissen. Letzteres sind ganz unbestritten die vielerlei Spargel- und die Hopfensprossengerichte, wie sie in Tettnang und in der weiteren Umgebung zur entsprechenden Jahreszeit aus eigenem Anbau serviert werden.

Keine Angst: wem die bodenständige oberschwäbische Küche – alles in allem – zu schwer und füllig vorkommt (was sie unter der Hand geschickter Köche gar nicht zu sein braucht), der muß trotzdem nicht hungern, denn selbstverständlich hat sich die einfache wie die gehobene Gastronomie auch hier längst auf Gäste von überallher eingestellt, um sie wie überall zu bewirten. Aber das ist kein Thema mehr.

Wohl aber ist eines der Wein, der am Bodensee wächst, denn er hat hier eine uralte Tradition, die vornehmlich von den Klöstern gepflegt wurde. Allem Vernehmen nach muß es allerdings in früheren Zeiten um die Qualität der hier angebauten säuerlichen Elblinge nicht sonderlich gut bestellt gewesen sein. Doch dies hat sich nachhaltig geändert. Eine den Böden und der Lage angemessene Sortenwahl und fachgerechte Pflege sorgen dafür, daß im südlichsten Anbaugebiet Deutschlands hervorragende Qualitätsweine wachsen – der Menge nach freilich viel zu wenig, als daß man sie überall kaufen könnte, doch zum Glück genug, daß es an Ort und Stelle für alle reicht.

Müller-Thurgau, Blauer Spätburgunder, der jedoch überwiegend zu roséfarbenem Weißherbst verarbeitet wird, sind auf der deutschen Seite die Hauptsorten, während Ruländer und Traminer, ungeachtet ihrer von Kennern hochgeschätzten Eigenschaften, nur einen relativ kleinen Anteil haben. Den Markt teilen sich das Staatsweingut Meersburg, die Güter des Markgrafen Max von Baden sowie der Spitalverwaltung Überlingen und Konstanz mit der 1881 von Pfarrer Heinrich Hansjakob gegründeten Hagnauer und der fünf Jahre später folgenden Meersburger Winzergenossenschaft. Auch auf der Reichenau, wo der Weinbau zwar gegenüber der Gemüseproduktion stark zurückging, jedoch nie ganz zum Erliegen kam, hat er wieder festeren Tritt gefaßt und stützt sich dort auf eine eigene Winzergenossenschaft.

Vorzügliche, bis auf einige Spätlesen durchgegorene, ›trockene‹ und charaktervolle Weine gedeihen auch in der Ostschweiz, wobei der Blauburgunder den Löwenanteil stellt, gefolgt vom Müller-Thurgau, der hier Heimatrecht wie sonst nirgendwo hat. Denn in Tägerwilen, ei-

nem Dorf am Rheinlauf zwischen Bodensee und Untersee, wurde 1850 der Weinbauforscher Hermann Müller-Thurgau geboren. Er züchtete die Riesling-Silvaner-Rebe und trug so zu seinem Teil zur Weiterentwicklung einer Kultur bei, zu der dem ursprünglichsten Wortsinne nach der Acker- und Weinbau genau so gehören wie die Werke der Kunst, von denen dieses Buch in erster Linie handelte.

Autor und Verlag bemühen sich darum, die Praktischen Reiseinformationen aktuell zu halten, können aber keine Gewähr für die Richtigkeit jeder einzelnen Angabe übernehmen – Anschriften wie Telefonnummern, Öffnungszeiten wie Währungskurse etc. ändern sich oft kurzfristig. Wir bitten um Verständnis und werden Korrekturhinweise gerne aufgreifen (DuMont Buchverlag, Postfach 10 04 68, 5000 Köln 1).

Register

317

DuMont Kunst-Reiseführer

Alle Bände mit vielen, zum Teil farbigen Abbildungen; dazu Zeichnungen, Karten, Grundrisse, praktische Reisehinweise.

»Richtig reisen«